元陸上自衛隊幹部学校防衛法制教官
千葉科学大学危機管理学部教授
佐藤庫八

「日露陸戦国際法論」を読み解く

武力紛争法の研究

並木書房

はじめに

戦争、戦闘にはルール（規則）があります。

『日露陸戦国際法論』は、日露戦争において大日本帝国陸軍が、国際の法規慣例を守り、いかに戦ったかを記録し、法的評価を加えた本です。また同書は、歴史書、外交書としての性格を有しています。

著者は、満洲軍総司令部附国際法事務嘱託、法学博士・文学博士の有賀《ありが》長雄《ながお》氏です。

有賀博士は、国際法を遵守して戦うことが、文明国の一員であることの証明であり、一日も早く日本が文明国と認められる道と考えられたのでしょう。このことが、同書を日本語版で発刊する以前にフランス語版で欧米諸国に向けて刊行した理由であったと思います。さらには、明治政府の懸案である不平等条約の改訂の一助となるとの思いもあったと推測しています。

同書は、緒言と二〇章一四四節、付録（外国新聞・雑誌及び学者の批評）からなり、当時としては一〇五〇頁を超す大著です。

本書では、この中から現代戦に適用可能な章節を抜粋して解説を加えるものです。

その要領は、まず掲載する章節のポイントとなる原文を紹介し、次にそのテーマに関する有賀博士の見解を要約して、最後に筆者の意見を述べるというかたちを基本としています。さらに各章の最後に「まとめ」として、現代の視点から重要項目の解説を付記しました。

ジュネーブ条約第一追加議定書第八三条は条約の周知義務を定めています。具体的には自国の軍隊及び文民たる住民に周知させるため、軍隊の教育課目に条約等の学習を取り入れること、文民たる住民による学習を奨励することを約束するとしています。さらに条約等の運用に責任を有する軍当局は、条約の内容を熟知しなければならないとも規定しています。

条約の締結国である我が国の措置はどうでしょう。自衛隊で教育は行われているものの熟知といえる段階にはないと思います。一方、国民に対する普及措置は皆無といえます。

我が国に対する武力攻撃が生起した場合、交戦者資格を有する戦闘員である自衛官と、非戦闘員である一般国民とは国際法上の権利義務が違います。そのような事態がもし起きたとき、どのように対応したらよいのか。したがって、ジュネーブ条約は平素から普及すべきと求めているのです。

「武力紛争法」は、過去幾多の戦争を経験し、軍事上の必要性、人道上の観点からやって良いこと、悪いことを整理したものです。一つひとつの条文には人類の多くの血が流れていると考えなければなりません。極端な言い方をすれば、血で書かれていると言えるでしょう。

したがって、その条文の解釈、適用を的確に行う必要があります。そのための方法の一つが戦史から学ぶことです。戦史の中でも、部隊の行動を国際法上の視点から整理したものが望ましいのですが、そのようなものは多くはありません。

その少ない戦史の中にあって、今なお役に立つのが有賀博士の『日露陸戦国際法論』です。日露戦争時の主要な条約は、一八九九年の陸戦規則です。この条約は日露戦争後の一九〇七年に一部改正、または追加され、現在に至っています。同書は一八九九年の条約に基づいて記述されていますが、条文に大差はありません。

条文の解釈、適用に関しては、現在においても十分に参考となり得るものです。

筆者は陸上自衛隊幹部学校で教官として、「武力紛争法」を教育していましたが、戦争、戦闘を知らない者としては、同書が唯一の参考書でした。

自衛官はもとより、広く国民の皆様方にも一読していただき、戦場は無制限の行為が認められる場ではなく、戦闘行為は一定の規則、ルールのもとに行われるということを認識していただければ幸いです。


最後になりますが、本書の刊行にあたり懇切かつ親身になってご指導いただいた並木書房社長奈須田若仁氏に感謝申し上げます。そして、自衛官当時、自衛隊の任務、行動の在り方についてご指導いただいた今は亡き先代社長奈須田敬氏に本書を捧げます。

佐藤庫八

目次

第九章　樺太占領 193

第十章　俘虜の取扱い 213

第一章　日露陸戦国際法論

一、『日露陸戦国際法論』発刊の経緯

日清戦争ノ先蹤ニ依リ、此ノ戦役ヲシテ文明戦争タルノ性質ヲ全世界ニ向テ公証センガ為ニハ、平和ノ後ニ至リ、特ニ此ノ戦役ニ関スル国際法上ノ著述ヲ為シ、海外ニ於テ之ヲ刊行スル必要アルベキヲ建議シ、賢明ナル大山総司令官及児玉総参謀長ハ直ニ其ノ議ヲ容レラレ、平和成リ帰朝ノ後、特ニ著者ニ向テ編集ヲ嘱託セラレタリ。

有賀博士は、明治三七年七月満洲に渡る軍艦内で行われた参謀会議において、「日露戦争が文明戦争(※)であったことを国際社会に証明するためには、戦争終了後、帝国陸軍が国際法を遵守してどのように戦ったかを記録・整理して、海外で発刊する必要がある」と提案した。

同博士は、日清戦争当時も国際法事務嘱託として従軍し、明治二九年『日清戦役国際法論』（陸軍大学校編）を著しており、その経験を踏まえての提言であった。

大山巌満洲軍総司令官及び児玉源太郎総参謀長は、この提案を直ちに受け入れ、戦争終結後、有賀博士に編纂することを依頼した。

同博士は、戦争終了後、帝国陸軍戦史部に保管している記録、各軍に従軍していた国際法事務職員の意見を聴取しつつ、二年の歳月をかけて第一次作業を終え、フランス語で著述した『日露陸戦国際法論』を明治四〇（一九〇七）年に欧米各国で発刊した。

その後、さらに事実の正確性を期すため、参謀本部の協力を得て二年間に及ぶ調査を行い、フランス語版を日本語に翻訳し直して、明治四四（一九一一）年七月に刊行されたのが『日露陸戦国際法論』である。

有賀博士が提言した国際社会の理解を得るという目的は達せられ、特にフランス陸軍からは謝電が贈られた。

（※）文明戦争とは、当時の国際の法規慣例を守って行われた文明国間の戦争のことである。当時の文明国とは、国際法上、欧米先進諸国及びそれと同等の国家を指していた。二〇世紀初頭までの伝統的国際法では欧米諸国の基準に照らして「文明国」に該当する国家のみが国際法の正当な主体として認められていた。陸戦規則の適用は当時の締約国のみに適用された。これを「総当事国条項」という。第二次世界大戦後は、この文明戦争という用語は使用されておらず、過去のものになっている。

二、『日露陸戦国際法論』の構成

『日露陸戦国際法論』は、序文と緒言、全二〇章及び附録からなっている。

序（陸軍大将奥保鞏《おくやすかた》）
自著
仏文日露戦争陸戦法規自序
序文（パウル・フォーシル博士）
緒言　日本軍と国際法
第一章　開戦及びその直接の結果
第二章　戦闘地域
第三章　交戦者及び非交戦者
第四章　俘虜（捕虜）
第五章　傷者及び病者
第六章　死者
第七章　衛生部員及び衛生機関
第八章　日本赤十字事業

第九章　害敵手段
第十章　旅順の攻囲砲撃
第十一章　旅順開城
第十二章　大連及び旅順における生命及び
　　私有財産保護
第十三章　軍律及び軍律裁判
第十四章　私有武器取締
第十五章　占領地行政
第十六章　占領地住民の負担
第十七章　宣教師並に清国陵寝及び城市の保護
第十八章　樺太占領
第十九章　陸上中立関係
第二十章　休戦及び講和
附録　外国新聞雑誌及び学者批判

三、有賀長雄について

有賀長雄博士の主要経歴は次のとおりである。


万延元（一八六〇）年一〇月一日、摂津国大坂で出生。

明治一五（一八八二）年、東京帝国大学文学部哲学科卒業、同大学の編集掛。

同一七（一八八四）年、元老院書記官。

同一九（一八八六）年、自費でベルリン大学、オーストリア大学留学。

同二二（一八八九）年、東京専門学校（早稲田大学）教授。

同二三（一八九〇）年、陸軍大学校国際法教授。

同二九（一八九六）年、海軍大学校国際法教授。

同四二（一九〇九）年、東京帝国大学文科大学社会学科講師。

大正二（一九一三）年、袁世凱の招聘を受け、大総統法律顧問として清国憲法制定に寄与。

同一〇（一九二一）年六月一七日、死去。


有賀博士の著書は数多くあり、特に東京大学卒業直後に著した『社会学』（全三巻）はスペンサーの社会学をもとにしたもので、我が国初の社会学体系書として知られている。ドイツ、オーストリア留学後は、社会学から国法学、国家学に転じ、帝国憲法発布の前月に著した『国家学』は国法学者としての地位を確固なものとした。

戦時国際法関連著書として『戦時国際公法』、『万国戦時公法』、『日清戦役国際法論』などがある。また、ハーグ万国平和会議、赤十字社万国総会などの国際会議に数多く参加している。

軍服姿の有賀長雄博士

司馬遼太郎の『坂の上の雲』にも有賀博士は紹介されている。旅順要塞を開城するにあたり、休戦交渉を開始する場面であり、以下抜粋する。

「有賀長雄は、万延元年のうまれである。国際法の権威として知られているが、東京大学では文学部で史学をまなび、法学博士のほかに、のち文学博士の称号ももった。法律はウィーンでまなび、特に戦時国際法にあかるい。

この有賀長雄を、乃木軍司令部付の文官として外征軍に参加させたところに、この当時の日本政府の戦争遂行感覚の特徴があるであろう。日本政府は明治初年以来、不平等条約の改正について苦心をはらってきたが、そのためにはなによりも国際法をまもるということに優等生たろうとした。このたびの対露戦においても、

――国際法にもとるようなことがいささかでもあってはならない。

として、軍司令官たちに大本営は入念に訓令して

いる。有賀長雄が、乃木の国際法の幕僚としてつけられたのは、そのためであった。

ついでながらかれは戦後、この日露戦争における日本の『国際法順法活動』というものについて著述した。

『日露陸戦国際法論』がそれで、この一書によって、日本は後進国ながら国際法についてはいたいたしいほどの優等生であったことを、欧米に知らせた」（司馬遼太郎『坂の上の雲』〔五〕文春文庫、二九六〜二九七頁）

四、フランス語版『日露陸戦国際法論』の発刊

有賀博士は、明治四〇（一九〇七）年にフランス語版『日露陸戦国際法論』を出版した。同書の序文には、刊行の目的と著述の範囲を簡潔に述べている。

「その目的は、著者が実戦を目撃した者の一人として日露戦役において得た教訓を諸外国の人々に知らしめることにある。また、その記述の範囲は、日露戦争の陸上作戦に関するもののみとする。

その理由は、著者が自ら関係したのは陸上作戦のみであり、陸上の作戦は両交戦者のほか一般の人々が知ることができない場所で起こったものであり、国際社会で知られていないものが多いからである。

これに反し、海上作戦については公海または中立国の領海で起きたことであり、直ちに公表されてきており、国際法学者の論議にあがっているからである。なお、海上法の問題については外交交渉を必要とするものもあり、関係国においては公表したくないものも存在しているのが実情である。これが本稿で取り上げない理由である」

出版にあたりフランスの国際法学者パウル・フォーシルは、フランス語版の校正を行うとともに、序文を寄せ、同書を高く評価している。

また、欧米諸国の評価は高く、特にフランス陸軍では、陸軍大臣の訓令で同書を陸軍の各駐屯地の図書館に備え付けることを命じているほどである。

有賀博士は、フランス陸軍が軍隊教育上有益な資料であると評価したことは、「日露戦役ノ性質ヲシテ文明戦争ノ性質ニ適ハシムルノ目的ハ達セラレタルモノト謂ウベク」であり、またフォーシル博士の序文で同書の価値を高く評価してくれたことを受け、「此ノ目的ヲ達シ得タルコトハ更ニ明ナリトス」と日本語版の自序（明治四四年五月）で述べている。

五、フォーシル博士の序文

戦争ハ法律学者ノ為メニ優秀ナル学校ナリ（中略）多クノ国ニ於テ国際法ノ専門家ハ戦場ニ出ツルコトヲ許サレス、（中略）独リ日本ニ於テハ大ニ事情ヲ異ニスルモノアリ。

フォーシル博士は、序文で『日露陸戦国際法論』の意義、記述内容の総括及び今後の課題について簡潔に述べている。同書を理解するためには貴重な序文である。

「戦争は、法律家にとって優秀な学校である。戦争間、日々に起こる事件は、時に即決を必要とする新たな問題が生じることがある。軍人は、そのような場合、その問題の本質を捉えず、問題解決が不十分な場合がある。

現在、多くの国において国際法の専門家は戦場に出ることは許されておらず、実戦が行われていない場所に置かれており、戦闘間の実習の好機会を利用できないことは残念である。ただし、日本だけは大いに事情を異にしている。

法律家を将校と共同で仕事をさせることが文明戦争に有利になることを自覚し、各軍の参謀部に学者及び外交官を配置し、法律問題が起こるたび

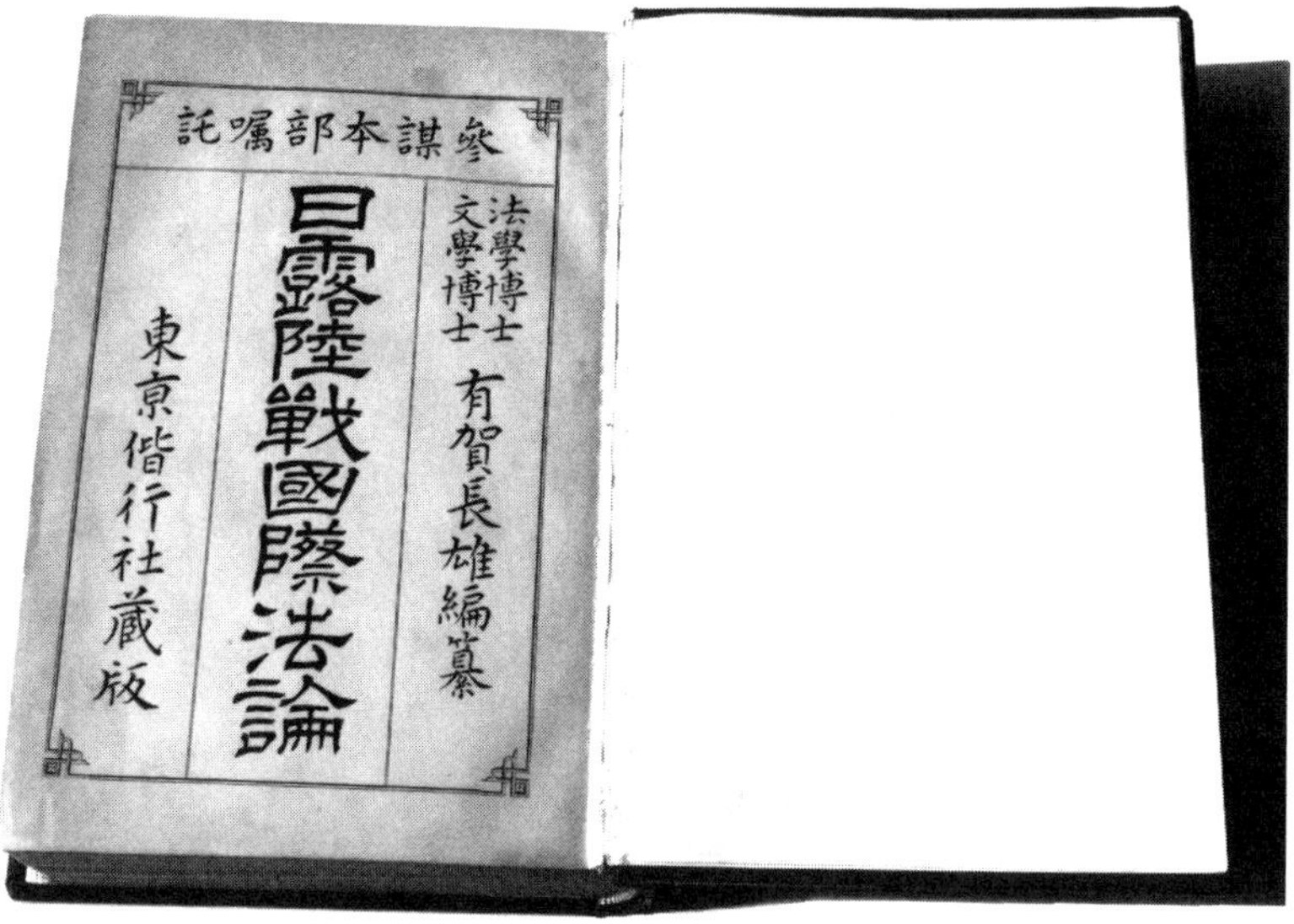

有賀長雄編『日露陸戦国際法論』（東京偕行社、明治44年7月5日発行）

に、彼らに諮問し、または敵対行為のために必要な訓令、規則、規約等を起案させたのである。

　このような対応は、かつて日清戦争においてすでに実施していたところであり、日露戦争においてはさらに機能を充実させたのである。つまり、各軍に二名の専門家を配属し、総司令部には主席法律顧問として有賀長雄氏を配置したのである。（中略）有賀博士は、各軍の法律顧問が処理した法律事項を、国際法の見地から日露戦争と陸戦規則との関係について詳細な検証を行う資料として利用したのである。これらの資料は、実地における目撃者の記録として正確で、価値あるものだった。

　また、有賀博士は、日露戦争を法律的に著述することのみに満足せず、なるべくその著書を日本の行動に関しては日露戦争の外交史としての性格を備えるよう着意された。

　この著書は、法律家及び歴史家にとって有益であるとともに、政府及び軍の将帥にとっても参考となるものである。軍用手票（軍票）及び満洲軍政委員の制度は将来の戦争においても有効なものである。

さらに、有賀氏は乃木軍の司令部に派遣され旅順の攻囲作戦に参加し、国際法関連事務の処理にあたり、旅順開城後は満洲軍司令部に復帰し、休戦及び講和に関する事務の日露両軍の交渉に携わった。事務処理にあたり、彼は常に軍事上の必要性と国際法の規則との調和について留意・着意したのである。

例えば、旅順開城においては、旅順は商業都市というより敵海軍の根拠地たる要塞地であり、その財産は露国の公有に属しているとの特性を踏まえて処理をした。つまり、露国の官吏《かんり》は、一旦捕虜として管理し、直ちに宣誓解放を許すとともに、旅順市の財産は、日本軍が占領中、市の自治を中止し、軍事行政に移行して処理した。

また、日露戦争において戦争法規の適用について特に困難を極めたが、その理由は戦争の全期にわたり戦場がほとんど満洲であったことである。満洲は中立国である清国の一地方であり、この関係を考察し日本軍の行動を詳細に分析し、常に戦争法規に合致するよう助言した。

さらに、傷病者の保護については特に留意されていた。旅順開城前に、露軍傷病者の救護上欠乏する医薬品等があれば日本赤十字社を通じてこれらを供給することを露国赤十字社バラショフ氏に提案した。また、開城規約に特に一箇条を設けて、露国の衛生要員は救護すべき傷病者がある間は旅順に残留することを義務づけた。赤十字標章はその保護の下にある人または物を安全にすることにあり、これを軍事用の目的に濫用することはできない。したがって、露国兵を輸送する一列車が少数の傷病兵を乗せ、日本軍が展開している地域を停車しないで通過するため赤十字旗を掲揚している場合、まず信号砲を発射して列車に停止を命じ、もし、停止しなければ列車そのものを射撃することを主張した。

有賀氏の意見で、特筆すべきものがある。それは、軍人の単独降伏に用いる様式を一定したことである。降伏に関する慣習は国により違いがあり、その意味が敵に通じないことがある。このことは、日露戦争間において、しばしば起きたことである。したがって、投降の意思を表明するため、画一された方法を定めることは何ら問題はない。

以上例示したのは、彼がいかなる信念をもって活動したかは彼の著作した中に見いだされるのである。彼は、常に文明戦争の原則に準拠するとともに、十分軍事上の必要性を顧慮したのである。彼は、理想家であるとともに、実際家であり日本の宏壮である所以をなす二性を兼具するものといえるのである。

国際公法一般雑誌主筆、国際法協会準会員

パウル・フォーシル」

六、日本語版発行上の着意事項

有賀博士は、フランス語から日本語版に翻訳するにあたり「凡例」で、どのような着意をもって作成したか述べている。

〔凡例〕

本書は、陸軍参謀本部の嘱託を受け編纂した日露戦争の国際法関係事務を資料として、これに自ら評価し、欧米各国の同学の志に提供するため、パリでフランス語で刊行したものを翻訳したものである。しかしながら、日本人には無用の説明は省き、また欧米人に示す必要はないが、日本人のために有益と思われるものはこれを補足している。

本書に記述したのは、大抵国際法の新事例となるべきもの、またはその旧原則の新適用となるべきものとし、通常の原則を通常に適用した場合は載せていない。これは、先年著述した『日清戦役国際法論』とその趣旨が異なる理由である。現在、日本は国際法の一般原則を通常適用することに何人も疑わないが故にある。

三七八戦役戦史部から得た事実はもちろんのこ

と、その他の事実についてもその出所を明示した。ただし、旅順開城及びその整理に関しては、公文以外に自ら記録処理したものも少なくない。しかしながら、その誤謬がないことを確かめるため、第三軍参謀であった津野田是重《つのだこれしげ》少佐の検閲を受けた。

有賀博士が、戦場において発生した事案について事実を正確に把握し、その事実に対する法的評価を適正に行って同書を作成したことが明確にわかる凡例である。

第一章のまとめ

■戦争は法律家にとって優秀な学校である

この「戦争は法律家にとって優秀な学校である」は、フォーシル博士の序文の冒頭の言葉である。

当時、多くの国では国際法の専門家が戦場に出ることはなかった。戦場における実習の好機会を利用できないことは残念であるとの言葉は、博士の国際法学者としての羨望の念から出たものであろう。

実戦が行われている現場に法学者が立ち、戦場で生起する法律問題に対し軍人と共同して国際法を適用し、適時に問題を解決していくという理想的なかたちを作りあげた日本を、フォーシル博士は高く評価している。

日本は、このような体制を十年前の日清戦争当時から採っており、日露戦争においてはさらに充実させたのである。

広く国際社会で、武力紛争時、軍隊に法律顧問を置くことを条約で定めたのは、一九七七年のジュネーブ条約第一追加議定書（第八二条）においてであり、日露戦争から七五年後のことである。

なぜ、大日本帝国は、世界に先駆けてこのような制度を設けたのか。まさに開戦の詔勅《しょうちょく》にある国際法に違反することがあってはならないということの具現策である。平素から「文明国の軍隊」として国際法の原則に則り行動することを指導されており、必然の流れの中で行われたのである。

また、有賀博士を始め国際法学者の実学を尊重する姿勢と、国家への忠誠心、国防意識の強さから戦場に出て活動することができたものと考えられる。

現在、武力紛争に適用される条約は、日露戦争当時とは比べものにならないほど増えている。戦闘の方法・手段、兵器の規制に関わるものだけではなく、平素から考慮しなければならない宇宙空間、環境、海洋、サイバー、人権など広範多岐にわたっている。

今後、指揮官に助言するとともに、自衛隊の学校教官とともに隊員に教育指導する法律顧問の必要性が増してくるものと考えられる。

しかし、第二次世界大戦後、日本の大学においては武力紛争に関わる条約等の教育、研究は、ほとんど行われてこなかった。したがって、研究者についてもごく限られている。

今後、条約加盟国の義務として軍隊における法律顧問の制度を確立させる必要がある。そのため、導入施策について、官民共同で検討し、施策に基づき実践していくことが求められている。

■日本陸軍は報告・記録を重視していた

有賀博士が『日露陸戦国際法論』を編纂するにあたって資料としたものは、三七八戦役（日露戦争、陸軍の正式呼称）戦史部の公文、その他の法律顧問の記録、自ら記録処理したものであった。戦場で発生した事案の事実を正確に把握して記述することに努められた。

戦場における事実を正確に把握することは、困難な作業である。最悪の場合、直接の当事者が戦死していたり、必要な証拠品等が破壊・消滅するという状況の中で事実を掴まなければならないからである。

事実を掴む第一歩は、事案が起きた第一線部隊からの報告である。そして、その報告の前提となる直接当事者の現場における報告と記録である。

本書を読むと部隊による「戦闘詳報」という報告書が多く出てくる。また、将兵の証言もその中に詳細に記述されている。「いつ、どこで、だれが、なにを、どうした」が簡潔に報告されている。当時の日本陸軍が報告、記録を重視していたことがよくわかる。

報告というのは軍隊のみならず、あらゆる組織で求められているものだ。報告を行うためには、報告する事案の発生当時の記録を残しておくことが重要である。

現在、スマートフォンなどの携帯機器で簡単に映像を残すことはできるし、時間と場所を特定することも可能である。だが単に映像を残すだけでは役に立たない。必要事項を記述しておくことが必要である。

記憶より記録であり、記録をまとめて一件の報告書を作成し、事後の施策へ反映していくことが重要である。

本書『日露陸戦国際法論』は、弾雨の中、軍司令官以下一兵卒まで文明戦争の基本である国際法を遵守していかに戦ったかを後世に残す貴重な報告書である。

第二章　日本軍と国際法

一、国際法の遵守施策

日本陸海軍ノ大元帥タル　天皇陛下ガ我ガ陸海軍ノ行動ヲシテ国際法ノ原則ニ準拠セシムル事ヲ以テ念慮トシ賜ヘルハ一朝一夕ニ非ス。故ニ戦争ノ法規慣例ニ関スル総テノ国際条約ニ加盟セシメ給ヒ、又陸海軍ノ参謀勤務ニ服スル将校ヲシテ此ノ法律ノ原則ニ暁通セシムルタメ、陸軍大学校及海軍大学校ニ於テ国際法ノ講座ヲ設ケシメラレタリ。

明治天皇は、国際法を遵守して戦闘行為を行うことを強く求められた。開戦の詔勅においても明記され、実行を強要されている。そのため、次の五点を重視施策として指示されている。

（一）戦争の法規慣例に関するすべての国際条約への加盟
（二）陸軍大学校及び海軍大学校における国際法講座の開設
（三）陸海軍省に平素から国際法専門家を配置
（四）開戦の詔勅に国際法遵守を明示
（五）満洲軍各軍に二名の国際法専門家の配置

（一）戦争の法規慣例に関する国際条約への加盟

日露戦争当時に日本が適用していた条約は、一八九九（明治三二）年の万国平和会議で制定された次の三つの条約・宣言及び一八六八年のサンクト・ペテルブルク宣言である。

①陸戦ノ法規慣例ニ関スル条約

②人体内ニ入テ容易ニ開展シ又ハ扁平ト為ルヘキ弾丸ノ使用ヲ各自ニ禁止スル宣言（ダムダム弾禁止宣言）

③窒息セシムヘキ瓦斯《ガス》又ハ有毒質ノ瓦斯ヲ撒布スルヲ唯一ノ目的トスル投射物ノ使用ヲ各自ニ禁止スル宣言

（二）陸軍・海軍大学校における国際法講座の開設

陸海軍の参謀勤務に就く将校に国際法の原則を理解させるため、国際法の講座が設けられた。日清戦争当時、陸軍大学校を卒業して参謀に就いた者は五十余名であったが、日露戦争では三百数十名となった。

これら卒業生を各部隊の参謀部に配属し、その兵学及び戦術上の知識を実地に応用するとともに、国際法に習熟させ日本軍の行動を文明戦争の法規慣例に沿うように努めたのである。

（三）陸海軍省への国際法専門家の配置

明治天皇は、参謀勤務に就く者だけが文明戦争の法規慣例に習熟するのみでは足りないと判断され、陸海軍の行政事務を法規慣例に則って行わせるため陸海軍省に参事官として国際法の専門家を置かれた。平時は国際法に関する各種法令の起草を行わせ、戦時は陸海軍大臣を助け、国際法により事務を処理することとされた。

陸軍省には法学博士秋山参事官が配置された。同参事官は、国際法の専門家であり、平時国際法及び戦時国際法の著作がある。日露戦争時は陸軍大臣の補佐官として務めるとともに、俘虜（捕虜）情報局員としても活躍し、戦後『日露戦争中日本における露国国民』を刊行している。また、サンクト・ペテルブルク公使館の書記官として駐在もしている。

海軍省には法学博士山川参事官、遠藤参事官二

名が配置され、秋山参事官と同様に海軍の法務行政に携わっている。山川参事官は横須賀捕獲審検所、遠藤参事官は佐世保捕獲審検所の評定官として実地に審検業務を行った。

（四）開戦の詔勅に国際法遵守を明示

明治天皇は、陸海軍の統帥事務及び軍政事務を国際法規に吻合《ふんごう》させることを重点に置かれ、開戦の詔勅において国際法の適用を周密に行うよう訓示されている。

朕茲《ここ》ニ露国ニ対シテ戦ヲ宣ス　朕ガ陸海軍ハ宜シク全力ヲ極メテ露国ト交戦ノ事ニ従フヘク朕ガ百僚有司ハ宜シク各々其ノ職務ニ率ヒ其ノ権能ニ応シテ国家ノ目的ヲ達スルニ努力スヘシ　凡ソ国際条規ノ範囲ニ於テ一切ノ手段ヲ盡《つく》シ遺算ナカランコトヲ期セヨ

明治二七年の日清戦争における宣戦布告の詔勅にも同趣旨の文言が記されている。

苟《いやしく》モ国際法ニ戻ラサル限リ各々権能ニ応シテ一切ノ手段ヲ尽スニ於テ必ス遺漏ナカラシムコトヲ期セヨ

このように君主が開戦の宣言において特に国際法を尊重する義務を明示することは他国の歴史に多く見ないと有賀博士は評価している。

（五）各軍への国際法専門家の配置

明治天皇は、将校の中には国際法に通じている者も多いとの認識はあったが、国際法の意図をさらに徹底することを望まれ、各軍に二名の専門家を配置された。

これらの専門家は国際法学会の会員から選抜された。身分としては、予備将校の資格をもって勤

西沙河子途上での休戦談判（明治38年9月13日）

務を命ぜられた者、また将校の身分のない者は高等文官相当官の待遇を受けて勤務した。

彼らの主たる任務は、陸戦の法規慣例に関する事件があるごとに、諮詢《しじゅん》を受け回答すること、あるいはこれらに関する訓令及び規則を立案することであった。

各軍に配置された専門家と主要な実績は次のとおりである。

満洲軍総司令部
法学博士有賀長雄：当初第三軍に配置、旅順開城交渉担当。爾後休戦・講和条約交渉担当
第一軍（黒木為楨《ためとも》）
法学士蜷川新：『黒木軍と国際法』発刊
法学士加福豊次：黒木軍の行動を国際法雑誌に掲載
第二軍（奥保鞏）
法学士佐竹準：占領地営口における国際法事案担当
仏法学士田中遜
第三軍（乃木希典）

法学士篠田治策：旅順開城受取委員、旅順市行政補佐
陸軍編修官兵藤為三郎：第三軍の国際法事案の収録分類整理

第四軍（野津道貫）
判事皆川治廣：陸戦法規提要の編纂・部隊配布
法学士高橋粂二

韓国駐剳《ちゅうさつ》軍
嘱託野澤武之助：韓国における政治・外交補佐

樺太軍
法学士蜷川新：当初第一軍、明治三八年四月以降樺太軍勤務、樺太民政署兼務、樺太占領後の処理

遼東守備軍
法制局参事官塚英蔵：戦後占領を企図し遼東半島の行政措置の準備、関東州民政署の長官

国際社会で軍隊に法律顧問を置くことを定めたのは、一九七七年のジュネーブ諸条約の第一追加議定書第八二条が初めてである。

日本は、フォーシル博士の序文にもあるとおり七〇年以上前の戦争において、各国にさきがけて軍隊に法律顧問を配置していた。軍隊の行動を国際的な法規慣例に則って行うよう強く求めていたことがわかる。

二、開戦とその直接の効果

（一）開戦の原因

故ニ朕ハ此ノ機ニ際シ切ニ妥協ニ由テ時局ヲ解決シ以テ平和ヲ恒久ニ維持セムコトヲ期シ、有司ヲシテ露国ニ提議シ、半年ノ久シキニ亘リテ屢次《るじ》折衝ヲ重ネシメタルモ、露国ハ一モ交譲ノ精神ヲ以テ之ヲ迎エス、曠日彌久《こうじつびきゅう》徒《いたずら》ニ時局ノ解決ヲ遷延セシメ、陽ニ平和ヲ唱道シ陰ニ海陸ノ軍備ヲ増大シ、以テ我ヲ屈従セシメムトス。（中略）韓国ノ安全ハ方ニ危急ニ瀕シ、帝国ノ国利ハ将ニ侵迫セ

ラレムトス。事既ニ茲ニ至ル、帝国カ平和ノ交渉ニ依リ求メムトシタル将来ノ保障ハ今日之ヲ旗鼓ノ間ニ求ムルノ外ナシ。

有賀博士は、日露開戦の原因に関する論文は数多く出されているが、明治三七年二月一〇日に明治天皇が発出された開戦の詔勅が、最もその原因を簡明に述べられていると評価している。

同博士は詔勅を次のように論評している。

「いずれの国の政府も国家、国民の発達を図る責任がある。独立国家として、ある条件がこの発達のために必要やむを得ないと認めながら、たまたま、その条件が他の国の発達条件と衝突したときに、これを貫徹しないで止めてしまった場合、国家、国民として果たすべき義務に背くものと言わざるを得ない。

清国の満洲における主権を維持させること、韓国をいずれの国の勢力にも屈服させないことは、日本の国家、国民の将来のために必要やむを得ない条件である。

他方、露国にとっては満洲を占有し、及び韓国を統御することは、これも国家国民の発達の最大要件といえる。したがって、露国政府もまたその国家国民の将来に対し責任を有しており、日本の主張に対し譲歩することはできないだろう。

日露両国は、双方の要求を調停する途があれば、もとよりこれに依る義務があるが、もし一方が到底調停の余地がないと判断したときは、兵力に訴えて解決するより外にとるべき途がない。

なぜならば、両国とも独立国家であり、いずれかの一方も他の一方に譲ることはない。地球は永久に相反する二個の意志を容れる余地がないので、早晩一方の実力をもって他の一方の意志を曲げさせる以外に方法はないのである」

この当時の明治政府の判断を、現在の法律に照らすと、武力攻撃事態の中の「武力攻撃が発生する明白な危険が切迫していると認められるに至った事態（切迫事態）」との判断であったのである。

さらに、有賀博士は、所見として戦争法規の制定の要因を述べている。

「今日の世界におけるすべての戦争は、みな同一の理由を原因とするものである。戦争は二国間の衝突を解決する最後の手段として、反対の一方の意志を屈服させることを唯一の目的とするものであるから、交戦する軍隊はこの目的を達するに必要以上の強力を用いず、また、その必要以上の惨害を加えることは必要ないのである。これが、海陸におけるすべての戦争法規が制定される要因である」

(二) 中立国に送付した開戦説明書

日本ハ暴力ニ訴フル前ニ総テノ平和手段ヲ盡サザリシ

これは「国際公法一般雑誌」第一三巻(一九〇七年)六二七頁に掲載されたレイ氏の論文の一節である。これに対し、有賀博士は次のように反論している。

「実際日本の行動は真にやむを得ないものであった。なぜなら、開戦の詔勅にもあるとおり、露国は『陽に平和を唱道し、陰に海陸の軍備を増大し』我を屈従しようとした」のである。この詔勅が空言《くうげん》ではなかったことは、露国政府が明治三七年二月二二日に出した宣明書に対し大日本帝国政府から各中立政府に宛てた開戦に至った宣明書を一読すると明らかである。

以下が宣明書の概要である。

「露国が衷心平和を愛する心がないことは、露国が徹頭徹尾妥協の精神をもって日本の交渉に応じず徒に時局を遷延《せんえん》している一方で海陸の軍備の拡張に汲々《きゅうきゅう》としていることをもって容易に認知できる。

例えば昨年(明治三六年)四月、二回目の満洲からの撤兵に際し、露国がその約束を履行しなかった以降、極東における露国の軍備増強の事実は次のとおりである。

増派遣軍艦	隻数	トン数
戦闘艦	三	三万八四八八
装甲巡洋艦	一	七七二六
巡洋艦	五	二万六四一七
駆逐艦	七	二四五〇
砲艦	一	一三二四
水雷敷設艦	二	六〇〇〇
合計	一九	八万二四一五

　このほかに、駆逐艦の組成材料を鉄道で旅順に急送し、すでに竣工しているものが七隻、また義勇艦隊汽船二隻をウラジオストック港で武装して軍艦旗を掲揚させている。さらに、戦闘艦一隻、巡洋艦三隻、駆逐艦七隻及び水雷艇四隻（合計三万七四〇〇トン）がウラジオストック港に向け航行中である。これらを合計すると増強艦隊は約一一万三千トンになる。

　陸軍は昨年六月二九日、西シベリア鉄道輸送試験の口実の下に、歩兵二個旅団、砲兵二個大隊、騎兵、輜重兵各若干を送ったのを始めとして、その後も将兵を輸送し、本年二月上旬までにその兵員数すでに四万人に達し、なお、必要な場合は二十万余の兵士を輸送することを計画している。

　これと同時に露国は旅順、ウラジオストック両軍港の砲塁を増築し、昼夜を分かたず工事を急ぎ、渾春、遼陽に西シベリア鉄道で大量の兵器弾薬を輸送し、十月中旬には野戦病院用器資材を積載した一四両の列車が本国を出発した。

　つまり、露国はいささかの妥協の意図はなく、専ら武力をもって日本を屈従しようと企図したのである。露国の軍事活動は、本年一月下旬から二月に入り、ますます急激に進展しており、一月二一日には旅順、大連から歩兵約二個大隊、砲兵若干を韓国北境に送り、同二八日にはアレキセーエフ提督は鴨緑江附近の部隊に作戦命令を下し、二月三日にはウラジオストック軍港知事が本国政府の命令によりいつでも戒厳令を布告することができることを受け、在留日本人にはハバロスクへ退去準備を行うよう在日本貿易事務官に要求した。旅順の露国艦隊は、修理中の軍艦一隻を除き外界に出し、また陸兵は遼陽から鴨緑江方面に向け出発させた。

これらの行動を見るに、誰が露国に戦意なし、または戦備なしと言うであろう。日本は事態切迫し、この上一日の猶予もなく、遂にやむを得ず、その無用の談判を断絶し、自衛のために必要な措置を執ることを決定した。したがって、戦争を挑発した責任は日本にはなく、専ら露国にあるのである」

(三) 宣戦布告をしない開戦

宣言をしないで開戦することの是非については、この当時においても各国で幅広く論じられていた。日露戦争当時には「開戦に関する条約」はなく、同条約が制定されるのは、日露戦争後の一九〇七年第二回万国平和会議のときである。

そのような状況の中で有賀博士は、有名な露国の国際法学者であり旧知の間柄でもあるマルテンス博士が(※)「日本は宣戦布告なく戦争状態に至った」ことを非難する論文(「一般国際法雑誌」第九巻〔一九〇四年〕一四八頁)に対して反論している。

(※) フョードル・フョドヴィッチ・マルテンス(一八四五~一九〇九) 露国帝政時代を通じ内外に最も名声を博した露国の国際法学者。第一・第二回ハーグ平和会議の露国代表として活躍し、陸戦規則前文のマルテンス条項の提案者として有名。日露戦争当時は露国の捕虜情報局長、またポーツマス講和会議の露国代表。

まずマルテンス博士の論文の概要は次のとおりである。

「私は開戦のために宣言を必要としないということについての信念は固く、三〇年前も今日も変わることはない。

しかし、私はかつて文明国の国民が不意に他の国民を襲撃する権利があると主張したことはない。双方が確固たる事実により相互の間に交戦状態が存在し、いつ敵対行為が始まるかどうかわからないことを承知しておくことは絶対に必要である。

すなわち、宣戦が必要ないと言えるのは、このように反対の一方が目前の事実によりいつ敵対行為を受けるか計り知れないと承知する場合においてのみ省くことができるのである。これが一八五三年のシノープの海戦でトルコに対して決して不意ではなかったと言えるのである。なぜならば、事実において戦争が、すでに露土（トルコ）両国の間に存在していたからである。

外交官を召還することは、決して直ちに抗敵を開始する十分な理由としてはならない。例えば、ギリシャとルーマニアはザッパ事件のために数十年間外交関係を絶っていた。しかし、二国はかつて交戦状態にはならず、また一方より他方に向かって抗敵を行わなかった。

さらに言えば、双方が互いに閉鎖した決闘場に立って真剣勝負がまさに始まろうとすることを自覚することが絶対に必要である。事実を公平に審査すると露国は、日本から開戦宣言を受けたが、現在の事情において一九〇四（明治三七）年二月六日の交渉以後、直ちに抗敵動作を開始せざるを得ないことを予期する理由が認められなかった。このことについては正確な事実を見ればわかることである。

① サンクト・ペテルブルクにおいて日本公使館の通牒《つうちょう》提出により日露の間に外交関係が断絶したのを知り得たのは二月六日の午後であること。

② この通牒によって談判及び外交関係が破れたことを確信した。しかし、ひと言も抗敵が始まることに言及していない。もし、この通牒にこれに関する数語が加わっていたならば、すべての疑惑を除き中世封建の時代において欧州国民が実行したと同じように公明な戦争が行われたのである。日

本は好んで卑劣な戦争を行ったのである。

③日本政府は通牒を提出するとき、解決に向けた文書がすでに日本に向けて発送されており、また十分互譲の精神をもって回答されていることを承知しているはずである。

④最後に、最も重い罪を非難する。

すなわち、日本政府はサンクト・ペテルブルクにおいては単に外交関係の断絶を明言するにとどめながら、同時に海軍の攻撃を準備し、四八時間を経ない間にこれを実行したことである。

事情は上記のとおりであり、アジアにおける露国官憲は日露談判決裂の通知とほとんど同時に旅順において攻撃を受けたのである。これらの事実を考えるとき、日本が開戦の宣告を省いたことは、相当前から準備して臆することなく断行した卑劣戦争の計略であると言わざるを得ない。

私は、この事実を欧米文明国民の採用した慣例から見て、正当と認めることはできない。とにかく、日本の行為は深く露国の感情を害したのである。私は、今後何世紀にわたり、この傷害を治癒していくべきか計り知れないのである」

以上がマルテンス博士の宣戦布告を行わず開戦に至ったことに対する認識であった。これに対し有賀博士は、マルテンス博士の指摘した四点に対する反論を行っている。

①について

露国政府が日本政府の通牒提出により外交交渉断絶を知ったのは明治三七年二月六日の午後であることは、すべて事実である。

②について

この通牒にひと言も開戦に関する文言がないというのは正確ではない。その中に次の一文がある。

「帝国政府は左の一途を採用すると同時に、自らその損害を受けたる地位を鞏固《きょうこ》にし、かつ、これを防衛するため並びに帝国の既得権及び正当利益を擁護するため最良と思惟する独立の行動をとることの権利を保留す」と述べている。

すべて平和の外交関係はこの通牒それ自身により終止したのであり、残るところの手段は戦争以外に果たす途以外にはないではないか。

③について

この指摘についても事実と異なる。

日本政府は、開戦の前にも後にも回答を受け取ったことはない。したがって、そのいかなる精神で作られたものか知るよしもない。そのような事実を見れば、前後の次第自ずと明らかである。すなわち、ラムズドルフ伯爵は二月四日の午後栗野公使を外務省に招き、露国政府の回答がローゼン男爵に転送するようにアレキセーエフ太守に向かって発せられたことを伝えた。栗野公使は直ちにこのことを東京に電報で送った。

しかし、この電報が東京に着いたのは二月五日午後五時で、露国と外交決裂に関する電報が東京を発した三時間後であった（筆者注：この電報の東京発は午後二時一五分であった）。

ラムズドルフ伯爵は口頭でアレキセーエフ太守に発した回答の内容を栗野公使に述べた。しかし、栗野公使はこのために日本の通牒を露国外相に提出することを遅滞してはならないと判断をした。その理由は次のとおりである。
（ア）栗野公使の観るところよれば、この回答において露国は日本政府が要求する緊要な点について譲歩せず、特に満洲における清国の領土保全を尊重する約束を行うことに譲歩しない。このことは、日本が清国との条約により得た権利を保存するため非常に重要なことであった。
（イ）なお、またラムズドルフ伯爵自身の言にもよるが、アレキセーエフ太守は地方の状況を斟酌して多少の変更を加えることについて許されていなかった。

④ について

日本海軍の夜襲は談判決裂後四八時間を経ずして準備し、実施したことは事実である。また、露国船舶の拿捕が韓国の領海において二月六日午前九時から始まったことも事実である。

しかし、マルテンス博士の論文中、我々が決して認めることができない箇所がある。「日本は、旅順艦隊の如く露国の国民をも不意に襲撃した」という一文である。

日本が旅順艦隊を不意に攻撃したことは否定しない。しかし、日本は決して一般住民を攻撃したことはない。我が国は卑劣な戦争を行ったのではない。露国政府は種々の方法によって戦争の危険が切迫しつつあることを知っていたのである。

（四）開戦の時刻―明治三七年二月六日午前七時

国際法ニ於テ一ノ重大ナル問題ハ精密ニ何日ノ何時ヲ以テ日露両国ノ間ニ交戦状態ノ成立シタル時ト為スベキカニ関スルモノ是ナリ。

いつから戦争状態が生じたのか、これはいつの時代においても重大な問題である。公私を問わずあらゆる法的な権利義務に関する問題が生起するからだ。

日露戦争当時、一般的には、戦争は二月八日から九日の夜中に日本の艦隊が露国の旅順艦隊を襲撃したときから始まったと思われていた。これによれば、日本海軍が二月六日に露国商船を拿捕したこと、及び八日午前に釜山と馬山浦の郵便局を差し押さえしたことは違法と言わざるを得ない。

しかし、当時の法律学者はこれと異なる見解を述べている。その見解とは、交戦状態は外交関係が断絶し、係争国の一方が戦争を行う決心をし、反対の一方に向かって公然とその決心に基づき実行に着手したときから始まるというものであった。

この説によれば、戦争は明治三七年二月六日午前七時、日本の連合艦隊が露国海軍に対して戦争すべき命令を受け、佐世保軍港を出発したときから始まることになる。この間の状況は次のとおりであった。

明治三七年二月四日、露国の旅順艦隊が旅順港を出た日の午後、東京の宮城内で元老及び国務各大臣による御前会議が開かれ、露国と開戦することが決定された。

爾後、外交官憲と陸海軍官憲は直ちに別々にその行動に着手した。

外務省においては、二月四日から五日にかけて訓令の暗号起案等を行い、五日午後二時一五分にこれを発送した。外交関係の断絶を声明する通牒は、二月六日午後四時に栗野公使からラムズドルフ伯に提出されるとともに、東京においては露国公使ローゼン男爵に通知された。

また、陸海軍の行動も迅速に行われた。四日夜一〇時二〇分、小倉に駐屯する第十二師団に「臨時派遣隊の編成を実施し、これを韓国に派遣すること」が命令された。

この派遣隊は、二月五日午後四時半から六日午前二時一六分までの間に佐世保軍港の御用船に乗り込んだ。これと同時に海軍は、陸軍の御用船を護送して仁川に向かう旨の命令を佐世保軍港に停泊する艦隊に下した。

この際、明治天皇は連合艦隊司令長官に勅諭を下され、のちにこれは軍人一般に下されることとなった。

朕ハ東洋ノ平和ヲ以テ朕カ衷心ノ欣幸トスル所ナルガ故ニ清韓ノ両国ニ関スル時局ノ問題ニ付朕カ政府ヲシテ昨年来露国ト交渉セシメタリ。然ルニ露国政府ハ東洋平和ヲ顧念スル誠意ナキコトヲ確認スルノ止ムヲ得ザルニ達シタリ。蓋《けだ》シ清韓両国領土ノ保全ハ我日本ノ独立自衛ト密接ノ関係ヲ有ス。是ニ於テ朕ハ朕カ政府ニ命シテ露国ト交渉ヲ絶チ、我独立自衛ノ為ニ自由ノ行動ヲ執ラシムルコトニ決定セリ。朕ハ卿等ノ忠勇勇武ニ信頼シ、其ノ目的ヲ達シ以テ帝国ノ光栄ヲ全フセムコトヲ期ス。

「連合艦隊は、二月六日午前七時に佐世保及び対馬を出発した。すなわち、これが露国と戦争するという日本の意図を行動として起こしたときであり、まさしくこの瞬間をもって日露間に交戦状態が成立したときである」と有賀博士は述べているのである。

(五) 外交官の召還

外交上の最後通牒により戦争状態に入ったとき、双方の外交官を召還することは慣行として行われてきた。日露双方の外交官の状況についてみてみる。

サンクト・ペテルブルクの駐露日本公使は、二月五日、外交関係の断絶を声明する公文をラムズドルフ伯に提出すること、及び公使館員を率いて引き揚げることを訓令されていた。この訓令を受け、栗野公使は、二月一〇日公使館員を伴いベルリンに向け出発した。この間、露国政府はその保護に十分な注意を払い、公使一行は無事ベルリンに到着することができたのである。

一方、駐日露国公使ローゼン男爵は、二月六日、小村外務大臣との会見において外交関係が断絶したとの通告を受けた。これにより露国皇帝から日本を去るべき命令を受け、公使館員を伴い二月一二日、欧州に向け出発した。

出発に先立ち天皇、皇后両陛下から特に御使が差し遣わされ、数々の記念品が贈賜されている。また、出発に際しては、宮中及び政府高官の多くが停車場で見送り、開戦など知らないという情景であったと記録されている。

(六) 京城の露国公使

在京城駐露公使パブロフは、日本政府の行った圧迫により韓国を去ることを余儀なくされたと風聞されているが、これは事実に反すると有賀博士は述べている。

「日本政府が発表した外交文書(明治三七・一二・一五官報)によれば、仁川開戦の後、露国公使自ら引き揚げを希望し、在京城駐仏代理公使を経由して日本の駐韓公使と協議している。日本の駐韓公使は外務大臣の訓令を待ってこれに同意し、かつ十分な便宜と保護を与えたのである。

また、露国公使館を警備していた露国陸海軍の兵士が公使とともに退去することも許可している。

これに関する二月一〇日の林公使から小村外務大臣宛の電報によれば、仏国代理公使が林公使を訪ね、『露国公使は自ら京城を立ち退くことを希望していること、撤退に際し十分な便宜と保護を与えること、露国公使は明日当地を出発、仏国軍艦で芝罘《チーフー》に退去することを望んでいること、さらに露国公使館の家屋敷地は仏国国旗を掲揚し、少数の仏国護衛兵を配置することを申し入れた』とのことであった。

同日、小村外務大臣は、『露国公使が撤退する際、露国護衛兵が武器を携帯し公使及び公使館員を守護し退却するよう取り計らうこと。なお、必要があれば、さらに我が日本軍兵士をもって一行を警護し、公使以下に危害が及ばないように注意を払うこと。また露国公使館の家屋敷地に仏国国旗を掲揚し、仏国兵士で護衛させることについて帝国政府としては異存ない』と返電している。

二月一一日、林公使は、『露国公使は明早朝当地を出発することに決定した。本官は仏国代理公使と協議し、露国公使館と仁川波止場に至るまでの間の安全を確保するとともに、陸軍と協議し停車場及び波止場に各一個中隊を配置し、移動間は憲兵で警衛することを取り決めたところ、露国公使は仏国公使を通じて我の厚意に謝意を述べた。また、仏国軍艦パスカルは、露国公使を乗せる上は我が海軍当局の指図により、その仁川出発の日時を確定することになる。また仏艦パスカルには露艦の生存者二百名が収容されており、内二十数名は重傷者で到底他の船舶に移すことは難しいため、重傷者のみは露国公使とともに同軍艦で芝罘に送ることはやむを得ない。他の軽傷者及び健常者はなるべく他艦に移すように取り図る』旨を打電している。

小村外務大臣は、一二日林公使宛に『露艦生存者中重傷者二十数名を公使とともに芝罘に送る件は帝国政府として何ら異議なし。在仁川司令官に対してはその筋より必要な訓令を発することとなる』と返電した。

同日、京城の三増領事は小村外務大臣に『露国公使始め在留露国人一同露国公使館護衛と共に、同朝九時二五分、西大門停車場発臨時汽車で仁川に向け当地を引き揚げた。（中略）各国公使及び在留諸外国人等告別のため多数停車場に来集し、特に伊地知（幸介）少将は仁川まで見送りのため同乗した』と電報を送っている。

このように露国公使が自ら意を決して京城を去ったのはどのような理由によるのか。上記引用した公文においては、ひと言も露国政府の召還によるものはなく、公使が任地を去ったのは本国政府の命令によるものでなく、まったく自己の意思で行ったと推定せざるを得なかったのである。

仮に日本外交のため露国公使が京城にいることが不都合であれば、日本政府は韓国に対する保護権をもって韓国政府に要求し、露国公使に撤退を命ずることができた」

当時公使館付陸軍武官伊地知少将が有賀博士に語ったところによると、露国海軍が仁川海戦に敗れ、旅順とウラジオストックとの間の交通が遮断されるや、パブロフ公使はこのような場合において最も必要な冷静と勇気を失い、今にも我が身に危害が及ぶことを恐れて戦慄し、終始伊地知少将の身体にぴったりと寄り添い、人の襲撃を避けようとしたとのことであった。

(七) 敵国民の取扱い

(ア) 日本の方針

長崎そのほか日本諸港における露国領事の引き揚げは無事に行われた。

日本に居住する露国国民の取扱いに関する日本政府の方針は、引き続き在留を希望する者にはこれを許可し、退去することを希望する者は自由に帰国させた。また新たに来日する者についてもあえて拒まない、というものであった。

日本の法令に基づき彼らの生命、身体、名誉、財産を保護し、また帝国裁判所に救済を求める者についてもこれを認めることとしていた。

このような露国国民の取扱いは、桂内務大臣から発出された内務省訓令第一号（二月九日）、第二号（二月一〇日）に基づき行われた。

(イ) 日本国内の露国国民の保護―ニコライ教正の取扱い

日本に在留する露国国民は多くはなかった。その中で、特異な例としてニコライ教正に対する日本の対応が紹介されている。

ニコライ教正は、明治維新の頃日本に来て以来約四〇年間皇居に近い小高い丘の教会堂で布教活動を続けていた。同教会堂は、在露国公使館の附属の建物と思われていたが、実は篤志家が布教のために建てた私有の建物だった。この間、ニコライ教正は多くの信者を得ていた。この教会堂は帝都の中心に建っていたにもかかわらず、日本国民から蔑視されていなかった。それは、我が国において信教の自由が憲法で保障されていたからであった。

しかし、日露間の開戦により新たな事情が生じた。それは、ニコライ教正及びその信徒が我が陸海軍の行動を敵に知らせて我が国の不利になるようにするかもしれないと疑う者が出てくることであった。さらにこの疑念が一変して敵愾心となり、万一容易ならない事件が生じた場合は遺憾なことであり、明治政府は開戦の当初から教正及びその教会堂の保護に注意をしていたのである。

二月六日、小村外務大臣は露国公使ローゼン男爵と会見し、外交関係の断絶を通告するに際し、在留露国民、特にニコライ教正の進退について協議をした。教正に撤退する意思があれば、帝国政府はこれに十分な便宜を与えるし、もし日本に留まる意思であれば最も十分な保護を与える旨を伝えたのである。

露国公使は、直ちに日本政府の厚意を伝え、教正の決心を促した。しかし、教正は、翌七日午後一時から教会職員及び信徒を召集して会議を開き、日本に留まる旨の演説を行ったのである。

これに対し信徒らは、異口同音に教正が日本に留まることは、日本の利益と信徒の幸福の妨げになるものではないと応えた。これを受け、教正は警官の護衛を受け、露国公使館に赴きローゼン男爵に退去しない旨を回答した。また、信徒総代は、翌日内務省及び警視庁に出頭して教会と教正の保護について上申をしたのである。

日本政府は特に警察官に命じて、ニコライ教正及び教会堂を保護させ、戦争中は何事も起こらなかった。

しかし、戦後講和条約の内容が発表されるや、内容に不満のある住民が多少の暴行を行い、その余勢を駆って教会堂に詰めかけようとしたことがあった。このため、不測事態が起こることを防止するため兵員を配置していたところ、不平市民も兵と敵対することを望まず平穏に引き揚げたのであった。

（八）在留日本国民の保護

露国及び満洲の在留日本国民の保護について有賀博士は多く記述しているが、旅順港における露国の日本国民の取扱いのみ紹介する。

日本政府は露国及び満洲における帝国領事引き揚げの後、露国及び満洲に残留する帝国臣民及びその財産の保護をアメリカ合衆国に依頼することとし、合衆国政府はこれを快諾した。

しかし、日本人が最も多く居住しているシベリア及び満洲地方は、露国政府が外国領事の駐在を許可していない地域であり、合衆国政府の保護はこの地方には及んでいなかったのである。したがって、帝国政府はやむなくウラジオストック、ハルピン、大連、旅順等における帝国臣民は領事とともに引き揚げさせるとの方針をとった。この件について、おもしろい一件があったと有賀博士は紹介している。

「二月八日つまり開戦三日後、旅順艦隊への夜襲に先立つこと数時間前、在芝罘の水野領事は旅順、大連に在留する帝国臣民を連れ帰るため派遣された。アレキセーエフ提督はこれに十分な便宜を与え、水野領事はすべての居留民を伴い、九日無事芝罘に帰った」。これは不思議なことであったと、有賀博士は述べている。

旅順対岸の芝罘に駐在する水野領事が旅順、大連に行くべき命令を受けたときは、すでに外交交渉が決裂した後であった。アレキセーエフ総督は決裂したことについて通知を受けていたはずだが、帝国臣民の引き揚げに便宜を与えたのである。また、二カ所の露国官憲は日本人が引き揚げを急いでいるのを目撃しながら、これをもって日本が敵対行為を始めようとする意思があると判断しなかったのである。

有賀博士は、当時の状況に照らして露国海軍が不意に襲撃されることをなぜ予測できなかったのか、理解に苦しむと述べている。あるいは、同提督は、水野領事の派遣をもって日本が開戦の意思を露国に示したものの、これに臆しない態度を示すため、わざと水野領事を厚遇したものではないかとも述べている。

しかし、露国官憲はいったん夜襲があった後、たちまちその態度を一変した。

二月一六日の水野領事の電報（要約）は、旅順からの避難民の窮状を次のように伝えている。

「二月八日の夜、日本行きの英国船ラスベラ号は軍港内にあり、いったん乗船した日本人は下船を命ぜられ上陸していた。その夜半、我が水雷艇の砲撃があり、翌九日午前二時頃警察署長は、アレキセーエフ総督の命令を受け日本人にいっさい港外に出ることを禁止した。

日本艦隊が砲撃している間、日本人の大半は芝罘行き英国温州号に乗り込まされた。同船には八人の露軍哨兵が乗船し、一度乗船した者には上陸を許可しなかった。同日夕刻までに旅順在留の日本人すべてが乗船したが、一〇日になっても露国は出国を許可しなかった。

乗船している二百余名の日本人は食事を与えられず飢餓に瀕し、哨兵が持っている食品を買い求めて飢えをしのいでいた。日本人総代はアレキセーエフ総督にこの窮乏を救って欲しい旨を請願した。同総督は、同日午後一〇時に米一〇俵、ビスケット半ダースを送ってよこした。船内の日本人は、これを粥にして露命をつなげたのである。

一一日には飲料水が不足したので、補給を依頼したが、何ら応ずることがなかった。一二日になってようやく水を補給してきた。

温州号の錨地は同港の最も入口にあたり、日本人の中には日本艦隊再挙の際、同邦人に配慮して軍機（戦機）を失うことになるのではないかと危惧する者もいた。

一三日になり日本総代は、再びアレキセーエフ総督に、乳幼児のいる婦人及び妊婦だけには滋養物を与えるように申し入れた。

また、この日ハルピンから避難民一〇三人が到着、彼らは移動途中荷物も所持金もことごとく強奪されていた。この避難民を加え、温州号の日本人は総計三百余名となり、その困難はますます加わったが、一同よく耐え静粛謹慎を守った。

そして、二月一四日午後四時出港を許され、港外数マイルの所で一同帝国万歳を三唱し、一五日朝芝罘に到着、領事館の国旗を見て初めて安堵の思いをした」

二月一四日、小村外務大臣は満洲における日本人に対する虐待について二通の電報を受け取った。在天津帝国総領事及び北京駐在の日本公使からの電報である。

これによると、旅順に残された日本人は帝国政府とアメリカ合衆国政府との外交交渉により出発することができたが、それ以外の地域における日本人は悲惨な状態にあるということが判明した。

この事態を受け、小村外務大臣は再び高平駐米公使に訓令し、米国政府に日本人の保護に関する協力を依頼した。訓令の概要は次のとおりである。

「日本政府は今なお満洲に在留する臣民の安寧に関し深く憂慮している。ここに再び米国政府に対し、その在露大使へ然るべき訓令を与え、もってこれら日本人を通常交戦国の臣民で秩序及び平和を妨害しない者に与えられると同一の保護及び待遇を与えられることを請うの必要を認める」

日本政府の抗議は約一週間後、ようやくその効力を生じ、引き揚げ日本人に相当の保護と便宜が与えられるようになったのである。

露国領土で日本人が最も多く在留しているのはウラジオストックであった。しかしながら、露国は同地に外国の領事官を駐在させることを認めていなかった。

したがって、日本は川上俊彦氏を貿易事務官として派遣し、帝国の臣民及び通商の保護にあたらせていた。同氏が邦人の引き揚げに苦心したことは、帰国後、東京日々新聞の通信員に述べ、報道（明治三七年二月二一日）されている。

第二章のまとめ

■自衛官は国際法規・慣例に通暁し遵守せよ

明治天皇の国際法遵守施策は徹底されていた。単に守れというのでは徹底しない。日本軍の戦闘行動をほかの文明国軍隊と同様に行わせる施策を追求し、実行され、成果に結びつけられた。

国際条約に加盟し、教育を実施させ、陸海軍省（行政機関）に専門家を配置し、戦闘間、各軍に法律顧問を同行させ助言を行わせ、詔勅をもって全将兵に国際法の遵守について厳命されている。文明国として果たすべき義務を履行することを徹底させた。

軍司令官以下全将兵も、よくその施策の意義を理解し、違反行為のないように行動している。欧米諸国の武力紛争に関する規則は、軍事上の必要性、人道、騎士道の考え方を踏まえて作成されている。戦いに決まりがあることは日本軍の将兵は理解していたし、騎士道とは違うが武士道という戦士として守るべき道を踏まえて行動した。欧米諸国の考え方をよく受け入れていたのである。

現在、国際法遵守義務は、憲法第九八条第二項と自衛隊法第八八条第二項に定めている。

特に自衛隊法第八八条は、防衛出動時の武力の行使についての規定である。

第一項は、防衛出動を命ぜられた自衛隊は我が国を防衛するため必要な武力を行使することができるとしている。

第二項は、武力の行使に際しては、国際の法規及び慣例によるべき場合にあってはこれを遵守することを規定している。

したがって、武力の行使に関わる自衛隊の部隊及び隊員は、国際の法規及び慣例に通暁《つうぎょう》しておくことが法律で求められているのである。

また、国際法においても国際法の遵守義務、普及義務が規定されている。

陸戦ノ法規慣例ニ関スル条約（一九〇七年、陸戦規則）第一条は、締約国はその陸軍軍隊に対し本条約に附属する陸戦の法規慣例に関する規則に適合する訓令を発すべし、と定め、陸軍軍人に対する普及義務を求めている。

戦争犠牲者の保護を目的として制定されたジュネーブ条約は、第一次世界大戦以降、総力戦の様相を呈してきた状況に鑑み、軍人のみならず一般住民に対しても条約の内容を周知することを求めた。

ジュネーブ第四条約（一九四九年、文民条約）第一四四条は、条約の原則を自国のすべての住民に知らせるため、平時・有事を問わず条約本文をできる限り普及させることを定めている。

ジュネーブ条約第一追加議定書（一九七七年）第八三条は、平時において、自国においてできる限り広い範囲にジュネーブ諸条約及び議定書を周知させるため、軍隊の教育課目に条約の内容を採り入れること及び一般住民には学習を奨励することを定めている。

かつては、軍隊に対してのみ義務づけていた条約内容の周知を平時から一般住民にまで拡大しているのである。

自衛隊では、教育課目に採り入れ、普及措置が図られているが、国民に対する措置はなされていない。

平成一六年、「国民保護法等事態対処法制」が制定されたが、条約内容の周知については規定されていない。武力攻撃事態等における国民自らの権利と義務を知っておくということは大事なことである。

おそらく法律に明文規定を設けない限り、国民が自主的に学んでいくということは期待しがたい。政府関係機関は、速やかに条約内容の普及措置施策を検討し、実施すべきである。

■陸軍大学校における国際法の教育

陸軍大学校（以下、陸大）は、明治一五年一一月一三日に設立された。設立当初は参謀を養成する所（陸大条例一条）と位置づけられていた。その後、養成者の範囲が高等官衙《かんが》副官、教官（明治二〇年四月）及び高等指揮官（明治二四年四月）に拡大された。

さらに、日露戦争直前の明治三四年一〇月、陸大条例が改正され、「才幹ある少壮士官を選抜して高等用兵に関する学術を修めしめ、併せて軍事研究に枢要なる緒科の学識を増進せしむる所」とされた。養成者の範囲の拡大に伴い教育科目も見直し拡大された。科目は軍事学を中心に行われたが、明治二四年の養成者の拡大に伴い、軍事学を補助する普通学が設けられた。

国際法は、当時「万国公法」と呼ばれ、普通学の一科目として開講された。陸大の修学期間は三年で、国際法は三年次に行われていた。

「旧陸軍の国際法教育」について研究されている喜多義人氏によると次のような逸話等を紹介されている（「陸戦研究」平成一二年三月号、四～八頁、陸戦学会）。

「陸大の国際法講座開設には、大山巖陸相の尽力が大きかったと言われている。フランス留学中に普仏戦争を観戦し、勝利に乗じたプロシャ軍の違法行為がいかに世論の批判を受けたかを見聞していた大山は、戦争法規を遵守することが国際世論を味方につけるうえでいかに必要かを痛感していたのである。

陸大で最初に国際法を講じたのは、嘱託講師有賀長雄であった。有賀の講義は、親切丁寧で回りくどくなく、非常に簡明で要領を得たものであった。陸大一七期生の南次郎（のちの大将、陸相）は、つぎのように回想している。

『有賀さんの講座は何時でも午後一時からで、其の時分にはお腹は張って居るし、午後の疲れも出て一日中で一番眠い時間である。然るにも拘わらず博士の講述の時には睡眠者は一人もいなかった、皆非常に緊張してその講義を傾聴した。

また、有賀さんの講義内容や研究課題が戦場で現実に起こり得る国際法問題を想定したものであり、

日露戦のときには有賀さんが講述したことを片っ端から実行すればよく、大変助かった』」

明治三四年の国際法の教育科目は次のとおりであった。

平時公法ノ大要

戦時公法—陸戦ニ関スル法規慣例、海戦ニ関スル法規慣例

局外中立—陸上中立例規、海上中立例規

右ノ外時間ノ余裕アレハ国際法ノ進歩シタル形勢ノ大略ヲ講スヘシ

筆者が陸上自衛隊幹部学校の教官当時は、海戦及び中立については簡述し、陸戦の法規慣例、ジュネーブ諸条約、同追加議定書、兵器に関する規制条約、国連憲章を中心に講義を行った。戦争違法化のなか、有賀博士の時代のように戦場の実例を得ることが難しく、米軍等の保有する資料を活用して行っていた。

教育時間は、第三年次に二七回講義することが予定されていた。明治四〇年の資料では夏季（四月～七月）が一〇五分、冬季（一二月～三月）が九五分であった。日露戦争直前の明治三六年度は二六回行われていた。（喜多義人、前掲書四頁）

明治二七年、有賀博士は陸大での講義をまとめて『戦時万国公法』を著し、陸大に寄贈している。同書は陸大の教科書として利用され、陸大当局者による緒言には、当時の我が国の国際法に対する態度がよく示されている。

戦時公法ハ参謀官ノ知ラサル可カラサル補助学ナリ、本邦ハ既ニ赤十字条約及海上法要義ニ加盟シ、陸戦海戦ニツキテモ宇内《うだい》列国ノ公法主義ニ拠ランコトヲ期ス。而シテ陸戦ニ於テ遵守スヘキノ条規ハ独リ死傷兵士ニ関スルモノアルノミナラス、俘虜、奇計、間諜、攻囲、砲撃、分捕《ぶんどり》、徴発、休戦、占領以下毎事一定ノ条規アリ。

実戦ニ向ウ者ハ往々咄嗟ノ際ニ於テ重要ナル公法ノ疑問ヲ決断セサルヘカラス。一歩ヲ誤ルトキハ非難ヲ国民ノ戦史ニ遺スノ虞レアルコト近時戦争ノ実例ニ徴シテ明ナリ。

前述した大山巌陸相の思いを陸軍首脳部が享有していたのである。

■戦いの法規の原則は不変である

現在、条約数はこの当時に比べて飛躍的に増えたが、戦いの法規の原則は不変である。

「交戦者ハ害敵手段の選択ニ付無制限ノ権利ヲ有スルモノニ非ス」と「交戦者が戦闘の方法及び手段を選ぶ権利は、無制限ではない」である。

戦闘員、特に指揮官は常にこのことを念頭に行動しなければならない。

また、戦争違法下の中においても、現実には戦闘はなくなってはいない。いつ、何が起きても対応できる準備を、明治時代と同様に整えておくことが重要である。

このため、主要な戦闘における国際法の問題について収集、分析、評価し、部隊の適正な行動に寄与する研究を行うとともに、研究者・教育者の育成についても検討する必要がある。

■開戦宣言と最後通牒

露国の国際法学者であるマルテンス博士は、日本は宣戦布告なく攻撃を開始したと批判をした。

日露戦争当時、開戦に関する条約はなく、宣戦布告は長年の慣行として行われてきた。明文の規定がない以上、条約違反にはならない。騎士道の精神に反する行為との一部の非難はあったが、軍事上の必要性からは正当なものとして列国は許容した。

マルテンス博士の論文の批判に対する有賀博士の反論は適切なものと思われる。具体的な事実を証明しつつ簡潔に論証されている。

また、一般住民に対する攻撃については、軍事目標主義に基づき日本軍は戦闘を行っており、そのような違反行為はないときっぱり否定している。さらに明治天皇の「開戦の詔勅」に反する行為は、あり得ないというのである。

日露戦争終了（一九〇五年）後の一九〇七年に開戦ニ関スル条約が制定された。

交戦国は「理由ヲ附シタル開戦宣言ノ形式又ハ条件附開戦宣言ヲ含ム最後通牒ノ形式ヲ有スル明瞭且事前の通告」をもって戦争を開始しなければならない旨を規定（第一条）している。

この手続・手順は、この条約の作成経緯及び従来の慣行に鑑み、一般に尊重すべき慣例として考えられてきた。

開戦宣言とは、一国が他国に対して平和状態を停止し、戦争状態が生ずることを告知する通告であり、最後通牒とは、一国が他国に対して両国間の紛議に関する友好的な交渉を停止し、最後の手段として、かつ、包括的に自国の主張する要求が容れられるべきことを示した外交上の書状をいう。

日露戦争において、開戦宣言とは開戦ノ詔勅（明治三七年二月一〇日）であり、最後通牒は明治三七年二月六日午後四時、ロシア政府に提出及び在日駐露公使に通知された。

なお、戦争開始に関する事前通告と戦闘の開始の間には具体的な時間間隔は定められていないことから、奇襲は可能であり、実際に奇襲から戦闘が始まることが多かった。

■国連憲章と「武力の行使」

開戦に関する条約の制定から第二次世界大戦終了までの間、多くの武力紛争があったが、事前通告をしなかったとして非難された戦争は次のとおりである。

国際連盟は、一九三一年の満洲事変において日本が中国に対し、また一九三五年のアビシニア戦争においてイタリアがエチオピアに対し、それぞれ事前通告をしなかったことを非難した。

ドイツが一九三九年にポーランドに侵入したとき、一九四一年ソビエトに対し攻撃を開始したとき、それぞれ事前通告をしなかったことについて、ニュルンベルク国際裁判において非難された。

一九四一年一二月八日の日本の真珠湾攻撃は、手続上の手違いからアメリカに事前通告をすることができなかったが、極東国際軍事裁判において非難された。

現在、国連憲章は武力による威嚇または武力の行使を違法としたため、開戦に関する条約による開戦宣言等をもって武力紛争を開始した場合にも、当該武力紛争を適法なものと主張することはできない。

適法な武力行使である自衛権（国連憲章第五一条）及び集団的措置（同第四二条）に基づいて執る武力行使を除くほか、最後通牒を発することも原則として国連憲章違反である。

他方、最後通牒を発することが事態により国連憲章の目的に照らして適法である場合もある。例えば、ある国の領域に対して侵略が行われ、それに対して実力をもって阻止するとの目的から最後通牒を発することができる。

過去の例としては、一九四八年五月一五日のエジプト政府のパレスチナ侵入、一九五六年のスエズ動乱、一九七一年一二月三日インド・パキスタン紛争、一九七三年の第四次中東戦争などである。

最近の例としては、一九九一年の湾岸戦争において前年の一一月二九日の安保理決議六七八は、イラクが一九九一年一月一五日以前にクウェートから撤退しなければ、必要なすべての措置を執ることを決定しており、これも最後通牒とみなすことができるだろう。

現代社会においては、武力紛争の法的地位のいかんにかかわらず、実際に生じた武力紛争の開始日時は国際法上、国内法上の重要な問題である。

国際法的には、紛争開始と同時に全部または一部の外交関係は断絶、領事活動も停止する。敵国民との通商関係の効力は停止し、敵性船舶に対する臨検捜索を行うことができるようになる。

国内法的には、国民の保険契約、裁判上の係争事項に影響が生じることとなる。紛争開始日時を境として、あらゆる権利義務関係に影響を及ぼすのである。

交戦国は、原則として、戦争の開始について中立国に通告しなければならない（開戦に関する条約第二条）。明治政府は、開戦の宣明書を中立国政府に送付し、開戦に至った経緯と日本の正当性について表明している。

日露戦争当時、明文規定はなかったが、慣行として行われていた宣戦布告及び中立国に対する通知を、日本政府は確実に行っていたのである。

■敵国民の取扱い

敵国国民の取扱いについて日露両国政府及び軍は、非対称的な取扱いを行った。

日本は、日本国内にいるロシア人について帰国を望む者は速やかにその処置をとり必要な便宜を与えた。ニコライ教正に対する処遇は信仰の自由と同氏に対する尊敬からの対応であり歴史的にも有名な事象であった。

駐日露国大使についても明治天皇から贈答品を下賜されるとともに盛大な見送りを受け帰還している。また、残留を希望する者は、その意思を尊重し、その者に対し暴行、迫害などが起きないように訓告し、必要な警護処置を執った。

一方、露国の対応は、今なお批判すべきことが少なくない。

満洲から帰国する日本人は暴行、殺戮、掠奪等にあっている（本文では、余りに凄惨な行為であったため紹介していない）。また、水、食料、医薬品等をほとんど支給することなく狭い船舶内に長期間拘束する非人道的な取扱いを行っている。

駐露日本大使及び外交官は、直接的な妨害行動はないものの、日本での対応とは異なり命からがらの逃避行のような状態で退避をしている。

当時の日本人は、国際条約の制定に主導的な役割を果たしてきた露国政府が、このような一般住民に対する軍隊の虐待行為を見逃していることに怒りをぶつけていた。

日露戦争当時、文民（条約上、国民・一般住民を文民という）を保護するという明文規定はなかった。武力紛争に関する国際法規慣例が確立していくに従い、武力紛争は軍隊相互間の闘争とし、文民は紛争の圏外にあり無害とすべきことが確立された原則とみなされてきたのだ。しかし、露軍はこれに反する行為を繰り返し行ってきた。

このため、第二回万国平和会議（一九〇七年）で戦争法規条約の改訂が審議されたとき、敵国の領域に残留する交戦国国民を抑留などしてはならないことは今さら繰り返す必要もない当然の法則であるから、文民保護に関する規則を設けるには及ばないとされた。その後、第一次世界大戦を経て第二次世界大戦前の一九三四年東京で開催された赤十字国際会議で文民保護に関する「東京案」が採択された。しかし、同案も制定されるには至らなかった。

敵国国民の取扱いを含め文民を保護するための条約が制定されるのは、第二次世界大戦後の一九四九年八月のジュネーブ第四条約（文民条約）が初めてであり、同条約を補完する一九七七年のジュネーブ条約第一議定書において、さらに保護規定が充実することになった。

いずれにせよ、日露戦争時の日本政府、日本軍の文民取扱いは、模範例となっている。

第三章　戦闘地域

一、戦闘地域の複雑な性質

日露ノ戦争ニ於テ真ニ敵国ノ領域ト称スヘキハ唯タ開戦第二年ノ七月ニ於テ我ガ独立第十三師団ガ占領シタル樺太アルノミ、主タル戦場トナリシハ戦争ノ直接当事者ニ非ザル韓国ノ全部ト清国ノ一地方トナリ。

日露戦争において敵国露国の領域といえるのは、明治三八年七月に独立第十三師団が占領した樺太だけである。主たる戦場となったのは、戦争の直接当事者でない韓国の全部と清国の一地方であると、有賀博士は断じている。

そのため、いろいろ検討すべき課題があった。韓国及び戦場となった清国の一地方は、それぞれ事情が異なっていたのである。

韓国については日本の保護国になる前と後に区分する必要があり、満洲については交戦中といえども清国官吏による行政下にあった所と、開戦前は露国の租借地としてその支配を受けていた所があったのである。

また、営口の開港地があった。この地は、明治三三年の北清事変以来、露国が軍事的に占領し、臨時行政下にあったが、第三国に対する条約上の関係から、日本も露国もこれを尊重しなければならない事情があった。

このように戦闘地域は複雑な事情を抱えていたのである。この状況の下で、戦闘間に適用される軍隊の権利及び義務を日露両軍が果たして一様にできるのか、あるいはその地域の性質が異なるためこれらの権利義務に変化があるのか、もし変化があるとすれば日本軍が実際に行っていたことは条理に適ったものなのか、これが本章で研究することであると有賀博士は述べている。

この当時適用され得る条約の規定は、一八九九年の陸戦規則第三款「敵国ノ領土ニ於ル軍ノ権力」であるが、この規定は厳密には樺太以外では適用できないのである。

二、開戦当初における韓国の法律上の地位

(一) 韓国の法律上の地位に関する議論

韓国が日本の保護下に入る以前、明治三七年二月六日から二三日までの間の法律上の地位について有賀博士は検討している。

韓国は、日露開戦のときまで独立国であった。日本は、明治七年二月二七日の江華条約でその独立を確認し、また日清戦争後、明治二八年四月一七日の馬関（下関）条約第一条で清国にこの独立を公認させた。

その後、日本及び露国は韓国の内政に干渉することはあったが、韓国の独立に関してはかつて異論を挟むことはなかった。加えて、韓国は欧米列国の外交官を受け入れ、また外国に外交官を派遣していた。したがって、日本は公使を派遣し、東京に韓国公使を駐在させていたのである。

また、韓国は、日露戦争がまさに起ころうとしてはいるが、まだ起きていないときからすでに局外中立の意思を表明していた。

これらの事実にかかわらず、日本は明治三七年二月八日、軍隊を仁川に上陸させた。

この行動は果たして合法といえるのか、これが検討課題である。

この課題については三つの議論があった。

第一は、ラムズドルフ伯が二月二二日、諸外国に駐在する露国の公使らに発した訓令で、日本の

国際法違反に言及している。

「これらの事実があるにもかかわらず、日本政府はことごとく従来の条約を無視して、未だ露国と戦闘を開始しない前より、すでに国際法の義務に背き、その原則に反して、軍隊を、独立し中立宣言をした大韓民国の領土に上陸させたことは、今や絶対に確実な事実をもって証明できることである」

第二は、日本が軍隊を仁川に上陸させたことは、韓国が同意をしたというものである。

日本政府は、韓国の同意を得ていたことを、在外日本公使館から、その派遣先国の新聞に公表している。

公表した内容は「韓国の独立及び領土保全を維持することは、開戦の主たる原因であり、そのまさに危険に陥ろうとするにあたり、軍隊を上陸させたことは、合法にして必要な行動であるのみならず、韓国政府はこれに十分な同意を与えているのである」というものであった。

また「韓国は日本陸軍を仁川に上陸させることに同意したことで、同港は少なくとも両交戦者に対してはすでに中立である資格を失ったのである」とも述べている。

第三は、韓国はすでに事実において中立ではなく、仁川に軍隊を上陸させたこと、及びその領海内において露国船舶を拿捕したことは合法であるということである。

これは、日本の高等捕獲審検所が支持する理論であり、英国のローレンス博士が「極東における戦争及び中立論」において述べているのと同じである。あるいは、日本の高等捕獲審検所が知らず知らずにローレンス博士の感化を受けたものかもしれない。

この理論は、実際においてははなはだ便利ではあるが、これは法律上の推断というよりは、むしろ政治上の議論とみるべきものであると、有賀博士は評価している。

在仁川の米国の一新聞社の通信員のもとに届いた電報にも、露国軍艦が旅順を出発したのは陸兵を搭載した運送船を仁川に護送するためであるとしていた。

さらに、露国の義勇艦隊会社に所属する船舶ズンガリ号が大量の糧食を荷揚げしたことは、いよいよこの風説を確かなものにした。また韓国大官と露国公使館との間に頻繁な行き来があった。これは、借兵問題のためなのか、あるいは先年のように皇帝が再び露国公使館に避難しようとしているのかが疑われたためであった。

こういう状況のなか、韓国に在留している日本人は恐怖の念にかられ、日本に同情を寄せる者は一刻も早く日本の一部隊が露国人より先に上陸することを渇望していたのである。

上記の詳細な韓国情勢の内容について、開戦の数週間前に公使館付陸軍武官として派遣されている伊地知少将が公電で報告している。

京城において上陸を期待された軍隊は、我が巡

(二) 有賀博士の意見

前記三つの意見は、みな韓国が果たして中立国か否かの問題に関わっている。有賀博士は、戦争のはじめにおける事情はこのような問題を決する必要のないものであるとしている。言い換えれば、日本が行ったことは、朝鮮が中立であると否とにかかわらず、なすべきことをなす権利を有していると述べている。これがすなわち当時の事実を公平に観察すると、自然に達する理論であるというのである。

このことを、同博士は具体的な事実をもって説明している。

(ア) 臨時派遣隊の仁川上陸

二月三日以来、京城及び仁川においては、旅順を出た露国艦隊が軍隊を仁川に上陸させるとの噂があった。

洋艦浪速、浅間、新高及び明石に護送され、二月八日午前八時仁川港に入り、午後四時から上陸を始め夜半に終了した。

上陸した四個大隊のうち二個大隊は木越旅団長が指揮して直ちに京城に入った。

これらの部隊は当時「臨時派遣隊」と称していた。日本におけるこの名称は限定的ではないが、例えば、明治三三年の北清事変のときのように海外に在留する帝国臣民を保護するため軍隊を派遣する場合にこの名称を用いることが多いのである。

したがって、日露戦争の場合においては、はじめからその性質は一定していた。すなわち、この派遣隊を指揮する井上第十二師団長は、二月六日、大山参謀総長から次の訓令を受けていたことによって、このことを知ることができるのである。

一、其ノ師団ヲ韓国へ差遣スル目的ハ先ス韓国京城及其ノ以南ノ軍事的占領ヲ為スニ在リ。

二、貴官ハ部下諸団隊ノ動員ヲ完結セハ別冊計画書ニ準シ韓国京城ヲ占領スヘシ。

三、外国ニ関スル事項ニ就テハ京城駐剳日本公使ト協議スルヲ要ス。

四、咸鏡道方面ニ対シ特ニ警戒スルヲ要ス。

五、韓国駐剳隊ハ其ノ師団ノ京城到着後作戦ニ関シテハ貴官ノ指揮ニ属ス、然レトモ其ノ人事及経理ハ依然駐剳隊司令官ノ管轄ニ属スルモノトス。

六、臨時派遣隊ハ其ノ師団京城到着ノ時所属団隊ニ復帰スルモノトス。

この訓令により第十二師団及びその先発隊である臨時派遣隊の任務は明確である。

かつ、この派遣隊を指揮した木越（安綱）旅団長は、仁川に達するや否や、露国と戦闘すべき勅諭（二月六日、連合艦隊司令長官に下されたのと同じ勅諭）を拝命した。

このときから韓国は第十二師団の先発隊により軍事的に占領されたのである。その後、ほかの部隊も仁川に上陸し、師団長井上（光）中将は二月一七日に上陸した。

（イ）平壌の占領

露国軍は、京城において日本軍の先を制することは不可能となった。しかし、北方においては、鴨緑江を渡り、その左岸における最初の大都市である義州に入り、日本軍の先を制していた。

これに対し、井上中将は、上陸翌日の二月一八日「敵は未だ鴨緑江の左岸に出ていない。大本営の目的は先ず速やかに第十二師団をもって平壌を占領することにある」との大本営の訓令を受領した。

平壌は、韓国北部において満洲から鴨緑江を渡り義州を経て南下し京城に出る街道上の要地である。日本軍がここを占領するのか、露軍が早期に奪取するのか、将来の作戦に重大な影響を与えるのである。

命令を受領した井上中将は一個中隊を仁川から分遣し、海路平壌に向かわせることにした。分遣隊は一八日午前仁川を発し、海州に上陸、二三日平壌に達する計画であった。

爾後、木村中佐が指揮する平壌に分派された先発隊は、二月二〇日、平壌に入り、義勇兵団四七名と合流し、防御戦を行うことになった。

そして、二三日までに全部隊が平壌に到着した。五日後の二月二八日、露国騎兵の一隊が平壌の前面に現れたが、これを撃退している。

このように、平壌が日本軍の手に帰したのは、日本軍の進軍が迅速であったからであり、事実である。

これは、日本がいかなる名義の下に臨時派遣隊を韓国に上陸させ、続いて第十二師団本体を派遣したのかを理解するために重要なことである。日本軍が仁川に上陸したのは露軍もまたこの地より上陸すると信じたからである。

さらに、日本軍が北方に進軍したのは露軍が北方から入り、軍略上重要な地点を占領することを恐れたからである。

露軍は仁川には上陸しなかった。しかし、韓国北部に侵入したことは争うことがない事実である。

(三) 考察

状況は前述のとおりであり、日本は果たして韓国が中立であるか否かを問ういとまはないのである。ただ、韓国が果たして自らその国境を防守し、露軍の侵入を拒絶する力があるのかないのかを知れば足りることである、と有賀博士は述べている。

さらに、韓国が日本の軍隊をその領土内に上陸させることに同意したということは、事実ではない。二月八日午後、日本艦隊がはじめて仁川沖に現れるや、韓国の大臣が伊地知少将を訪ね、日本軍は韓国に上陸するのかを問いただした。

日本軍がその意図をはじめて韓国政府に告知したのは、このときである。また、伊地知少将は韓国の大臣に「日本はやむを得ず約二個大隊を京城に宿営させる予定であるが、日本の居留民保護のため兵営に入り、決して韓国皇帝及び韓国国民に対し妨害することはない」と述べている。

日本軍の上陸は八日夜半に終了し、その翌朝九時前に瓜生海軍少将は戦闘のため海洋に出るべきことを露国海軍に申し送ったのである。同日正午、仁川海戦は始まり、午後四時、日本の勝利で終わった。その海戦の最中、午後一時四〇分に木越少将は臨時派遣隊の二個大隊を率いて京城に入ったのである。

同日、京城駐在林公使は伊地知少将とともに王宮に向かい、拝謁を申し入れ、直ちに謁見できることになった。謁見は一時間行われ、その内容は公表されていない。

しかし、伊地知少将の電報(明治三七年二月九日午後七時、大本営陸軍参謀次長宛)で、その概要を知ることができる。

「①伊地知少将が駐在武官として派遣された趣旨、②日露交渉が切迫し各国が韓国に兵を入れることになり、日本は居留民保護のため二個中隊を駐屯させること、③京城の治安を乱し陛下の叡慮を煩わすことを恐れ、日本皇帝及び政府は臣を派遣し、このような患を取り除くことを意図するものであり、安んじられることを願うものである」と。

また、日本兵の入京の理由として、

「日本の出兵は朝鮮国の地理上の位置の関係から日本の自衛上やむを得ないことであり、朝鮮がもし強国であれば日露もあえて国境を侵すことはなかった。日本が危険を顧みず速やかに一部の兵を入れたのは京城に露兵を入れることなく、京城附近を戦場とすることを避け、陛下を安心させることを欲したからである。

日本兵はたとえ多数入韓するも陛下の尊厳を犯し、国民に害を与えるようなことは公使及び小官が当地に駐在する限り、誓って行うことはないので陛下は安心して頂きたい旨申し上げたところ、ただただ了承された」と伝えている。

以上の事実によって考察すると、韓国の領土内に日本の軍隊を上陸させたことは韓国皇帝の承諾を得た結果ではない。日本兵士がすでに韓国の土地に入り、日本がこれを行うことはやむを得ない理由を韓国皇帝に説明した後、はじめてその同意を得たことである。かつ、この説明において日本は韓国の独立及び領土保全を維持することを開戦の原因とはしていない。

したがって、これにより軍隊派遣の原因としてはいないのである。日本はただ自国の安全と、この安全を図る途上に横たわる韓国の地理上の位置という単純な理由によって行ったのである、と有賀博士は論じている。

さらに、国際法上解決すべき課題として次の二点を有賀博士は指摘している。

第一に、このような理由によって派遣された日本軍隊が敵軍並びに韓国の政府及び人民に対し、どのような権利を行使することができるのかということ。

第二に、我が国が韓国政府に対して行い得る権利とは何かということ。


第一については、韓国に居住する敵国の人と財産に関するものである。

まず、敵国人については、パブロフ公使が京城を引き揚げた後、韓国には一名の露国人も残っていなかった。ただ元山に露国に帰化した金仁珠という一韓国人がいた。韓国における我が軍隊の行動を露軍に内報することに従事していたが、元山駐在の日本部隊は韓国政府の承認を求めることなく彼を捕縛した。

敵の財産については、我が軍は韓国にあるものと、敵国の領土内にあるものとに区別をしていない。一例をあげれば、日本も露国も仁川港の入口にある月尾島に貯炭場を持っていた。二月一〇日、木越少将は露国貯炭場の処置に関し、第十二師団司令部に「仁川に残留させていた一部隊をもって月尾島にある露国貯炭場を占領させた」と電報を打った。

仁川港に露国東清鉄道会社所有の土地及び建物があり、日本政府はこれを官有財産とみなした。この件について、京城駐在日本公使は明治三七年二月一三日、日本政府から受領した電報で、東清鉄道会社代理店の家屋及び敷地は露国官有財産とみなし、軍事的にこれを占領し、かつ、使用して差し支えないと訓令された。ただし、なるべくその財産に損害を与えないように注意すべしと付言されていた。

したがって、この不動産は戦争中、我が仁川碇泊場司令部の事務所として使用されたのである。

第二については、我が軍の韓国政府に対する地位ははじめ不定であったが、漸次明確となり、結局事実上の同盟としてみなすべきものであることが明確となった。

九日の謁見において伊地知少将は、韓国皇帝に対し、日本軍隊に便宜を与えることを原則として同意されるように求めたところ、皇帝は同意し、かつ、その旨を地方官に訓令することを約束されたのである。

その翌日、日本で発せられた開戦の詔勅は、韓国君主にも好印象を与えた。それは、同詔勅の中に日本の安全のために韓国の保全が欠くべからざるとの文言があったからである。

これにより韓国皇帝は、一三日、内閣の閣僚中最も有力な李大臣を伊地知少将のもとに派遣し、まず我が海軍の戦勝を祝し、かつ、開戦の詔勅の発表により日本は清韓両国の領土保全のために大義の戦を起こしたことを確認し、深く感謝する旨を述べさせたのである。

これを受け、伊地知少将はこの機会を利用し、韓国内における我が軍隊の行動に万般の便宜を与えられることを希望する旨を述べた。

このとき、日本軍は最も必要する二つのことがあった。

それは、釜山から京城に至る道路を修理して日本軍の交通の便を容易にすること、及び韓国の電信所を日本軍の監督及び利用に委ねることであった。

二月一四日、伊地知少将と韓国の関係大臣との協議の結果、韓国皇帝は京釜南路改修の件を勅許し、同日、韓国各電信局に対し、日本軍司令官の名をもって韓国電信は日本軍の利用及び監督に委ねる旨の告示が行われた。

同時に韓国皇帝は、日本軍に慰問品を贈られた。また、第十二師団が京城に入るや否や、韓国政府は旧王城及び韓国軍の兵営を日本軍の宿営のために使用することに同意した。

韓国領土内の住民に対して日本軍が行える権利は、およそ一国の軍隊が他国の領土内に駐屯するにあたり事実上自然にその軍隊に属すべきものに限られた。それは、韓国政府の承諾を求めることなく行われたのである。

およそ一国の軍隊が他国の領土内に入ったときは、その外国がこれに同意すると否とにかかわらず、軍隊としての生存、安全及び目的のために必要な権利を行うことができるのである。これらの権利の主たるものは、徴発、宿舎、軍律執行、特に間諜の取締りである。これに反し、日本軍は韓国占領のこの時代において民政を行わず、したがって、租税を徴収しなかったのである、と有賀博士は述べている。

三、三七年二月二三日以降の韓国の法律上の地位

(一) 議定書の締結

日韓両政府は、すでに合意していた保護に関する議定書(案)を開戦直前の一月二三日に正式に調印することとなっていた。

この締結の動きを露国政府が知ることとなり、日本政府は一時同案を撤回することを検討していた。露国が韓国皇帝を奪って仏国または露国公使館に幽閉しようとする陰謀や、同案に携わった韓国の関係大臣三名の生命が狙われているなどの情報が入ったからである。しかし、懸念されたことは起こらなかった。

これを受け、一カ月後の二月二三日、日本の駐韓林公使と韓国の李外務大臣は議定書に調印した。これにより、韓国に対する日本の保護権が確立したのである。

議定書は、六箇条からなり、議定書の概要は次のとおりである。

議定書

第一条　日韓両帝国間に恒久不易の親交を保持し東洋の平和を確立するため、大韓帝国政府は大日本帝国政府を確信し、施政の改善に関しその忠告を入れること。

第二条　大日本帝国政府は、大韓帝国の皇室を確実な親誼を以て安全康寧を図ること。
第三条　大日本帝国政府は、大韓帝国の独立及び領土保全を確実に保障すること。
第四条　第三国の侵害により、若しくは内乱のため大韓帝国の皇室の安寧あるいは領土の保全に危険がある場合は、大日本帝国政府は速やかに臨機必要な措置を執ることができること。
　大韓帝国政府は、右大日本帝国の行動を容易にするため十分な便宜を与えること。
　大日本帝国政府は、前項の目的を達成するため、軍略上必要な地点を臨機収用することができること。
第五条　両国政府は、相互の承認を得ることなく本協約の趣旨に反する協約を第三国との間に締結しないこと。
第六条　本協約に関連する細部については、大日本帝国代表者と大韓帝国外務大臣との間に臨機に協定すること。

（二）議定書の効果

議定書の締結によって韓国は日本の保護国になるとともに、軍事上の同盟国となった。

　さらに、日本は、韓国との間に新しい条約上の地位を得た結果として、同国内における日本軍の権限も著しく強化された。主要な権限は次の四点である。
（ア）軍隊の生存、安全及び行動のために必要な権利、すなわち徴発、宿舎及び軍律執行の権利は、議定書の制定前に引き続き制定後においても行使することができること。
（イ）第四条第一項の規定により、日本政府は韓国政府に対し、日本政府の行動を容易にさせるため十分な便宜を与えることを要求する権利を得たこと。具体的には次の権利を行使できることとなった。
①韓国地方官は、日本軍に十分な便宜を与えるこ

と。
②　韓国軍を日本軍の指揮下に置くこと。
③　韓国は、日本軍の定めた計画によってその国防を充実させること。
（ウ）第四条第二項の規定により、日本は軍略上必要な拠点を臨機収用する権利を得たこと。
（エ）韓国人民は引き続き韓国に属し、韓国地方官の支配を受けており、保護権設定後も一般行政の権利を日本軍が行わないことは従前と同じであること。したがって、日本軍は韓国人民に課税する権利はないこと。

（三）保護権の性格

保護権を得たことにより、韓国における日本軍の権利が拡大したことが明らかになった。しかし、有賀博士は保護権に関して注意すべき重要なことが一つあると指摘している。

それは「もともと保護権とは外交関係から起こったものであり、議定書第四条によって与えられた（イ）①〜③は日本政府に属するものであり、直接日本軍に属するものではない」ということである。

日本軍がこの権利を行使しようとするときは、必ずまず京城の日本公使と交渉し、公使を経て韓国中央政府に要求しなければならない、ということである。

つまり、韓国の一地方に駐屯する日本軍が、あることで便宜を得ようとするときは、直接その地方の郡主と直接交渉することはできない。

まず、その地方の日本領事と交渉し、日本領事から京城の日本公使に電報が送られ、日本公使と韓国の関係大臣と協議するという手順を踏まなければならないのである。

具体的には、平壌の新荘副領事から林駐韓公使に宛てた電報（明治三七年三月二六日）によって日本軍が上記手順を踏んで処置を依頼していた。

平安南道及び平安北道の地方官はいずれも露兵

の侵入とともにその任地から飛散し、軍の行動に関し不便をきたすことが少なくなかった。したがって、韓廷は南北両道の観察使に電報し、各地方官は速やかにその任地に還り、日本の軍隊に対し、左の諸項について極力斡旋し、日韓議定書の趣旨に適うよう閣下から至急韓廷に照会されるよう軍司令部参謀長から特に本官に依頼があった。

一、糧食運搬のためできる限り人夫、牛馬を準備すること。

二、日本の紙幣、軍用手票の通用について十分信用させ、その授受を容易にすること。

三、以上二件の実行については単に形式的布告ではその効力が弱いので、韓廷から特段の厳命を発すること。

(四) 保護権の強化

明治三八年一月二〇日、大本営は韓国駐剳軍司令官に訓令し、京城駐在日本公使と協議の上、指定した区域内の土地の売買、質入れその他所有権の移転に関する行為を禁止させることとした。ただし、この措置も軍事に関することではあっても、外交官を経由して行わせているのである。

また、明治三八年三月、日韓両政府は、「韓国の地方官の任命は、韓国駐剳軍の認可を必要とすること」に合意した。

この背景は、当初日本軍は満洲を戦場として韓国を軍の兵站線としてのみ使用していたが、今後韓国国内で露軍と戦わなければならない可能性がでてきたからである。

明治三八年五月、韓国駐剳軍の後備第二師団は、図們江から南下してくる敵に対し独立部隊として行動するのに伴い、韓国政府と協議して、両咸鏡道に軍政を施行することになった。

この軍政は、満洲各地に施行したものとはまったく性格を異にしていた。その内容は、明治三八年五月一一日、韓国駐剳軍司令官から萩原臨時代理公使へ照会した公文によってみることができる。

咸鏡道地方は軍事上の必要から我が軍において軍政を施行する旨を貴公使を経て韓国政府へ通告して頂きたい。軍政地域内で執行する内容は別紙のとおりとし、その内容は、韓国の地方官及び軍隊を日本軍の指揮下に置き、日本軍にとって不利益な行動を行う地方官に退去を命じ、または処罰し、地方官がいないときは日本軍が適任者を選任するなどの権利を行使するというものであった。

このように、韓国における日本政府の保護権の内容は、逐次に強化されていったのである。

一方、主権が制限されるなかにあって韓国皇帝は、第十二師団が韓国の地を離れ満洲に出発する際には、慰問品を贈り、北伐の労を慰められたのである。

また、遼陽会戦後の明治三七年一一月には慰問使を日本陸海軍に派遣し、「日韓の友誼、韓国の独立を鞏固にして東洋の大局を維持し、その信徳を世界に示していることを偉と評するとともに、陸海軍の忠烈勇敢な行動に賛辞を送る」と述べられ、議定書の趣旨を体して行動されている、と有賀博士は評価している。

四、清国の地位

清国は、満洲が交戦地域となることは到底避けられないものと判断し、当初日本と同盟を結ぼうとした。しかし、日本がこれを拒否したため、清国はなるべく戦闘地域を限定し、それ以外の地域においては実力をもって中立の義務を果たすことに努めた。

これが、清韓両国の対応の異なるところである。

(一) 日清両国間の外交交渉

両国の外交交渉の内容は、明治三七年二月一九日の官報に告示されている。官報は、在英、米、独、墺（オーストリア）、伊の五カ国の公使に対し訓令した内容、日本の説明に対する米、英、独の回答及び日清両国の交渉内容を掲載している。

（ア）訓令の内容

外務大臣の訓令は、日露開戦の場合における清国に及ぼす影響を述べた上で、清国に対する勧告内容及びそれぞれの駐在国政府に対し説明することを指示している。

日露両国が衝突した場合において「清国にどのような態度をとらすべきなのか」この問題が帝国政府の最も熟慮したところである。その結果、清国に中立の態度を守らせるのが緊要であると判断し、清国政府に勧告した。

訓令の主要な内容は次の三点である。

① 清国は中立を守り、かつ国内の秩序及び静謐《せいひつ》を保持するためにできる限り手段を尽くすよう忠告したこと。

② 我が国の対応の考え方を在国の外務大臣に公然と通告すること。

③ 露国が清国の中立を尊重する限り、帝国政府もまた尊重すること。

訓令を受けた公使の説明に対する米国、英国、独国の回答及び日清両国の交渉内容の概要は次のとおりである。

（イ）米国の対応

① 米国政府の二月一〇日付公文における小村外務大臣への照会

米国政府は、清国の中立並びに同国行政の保全を尊重し、かつ交戦地域を限定、清国人民の動揺擾乱を防止し、併せて世界の商業、交通上の損害を最小限にとどめることを切望する。

② 小村外務大臣の返電（二月一三日付）

本件に関して帝国政府は米国政府とその希望を一にしている。露国政府も同様の約束を行い、かつ右約束を誠実に遵守する限り帝国政府は露国が占領している地方以外において清国の中立及び行政の保全を尊重することを約束する。

(ウ) 英国の対応

在日英国公使は、英国政府もまた清国政府に満洲を除く清国領土において中立を守らせることについて米国政府の希望に賛同する旨を外務大臣に通知した。

なお、英国は開戦二年前の一九〇二年に日本と日英同盟を締結している。

(エ) 独国の対応

① 在日独国公使の口上書

在日独国公使は、本国政府の訓令に基づき二月一三日口上書(外交文書の一つ。相手国に問題を提示するための文書)で米国政府と同様の希望を述べ、併せて日露両国とも戦争の当初から交戦地域(これを地理的に満洲に限ると明定)以外の清国領土を中立と認め、かつ今後の戦争間中立地として取り扱うことを承諾する。

② 小村外務大臣の回答

二月一四日、米国政府に対する返電と同趣旨の回答を行った。

(オ) 清国の対応

① 在日清国公使の二月一三日付公文における小村外務大臣への照会

今般本使は本国外務部より左の電報(要約)を受領した。

「日露和を失し、朝廷は両国共に友邦であり隣好は重要である。局外中立の例により処置することはすでに各省に通達して遵守させ、かつ地方の取締方に厳命して商民教徒を保護させている。(中略)遼河以西における露兵退散の地は北洋大臣の兵を派遣し駐屯させた。

各省及び辺境内外蒙古はすべて局外中立の例に照らして処置し、両国の軍隊を一歩たりとも侵入させない。もし境界内に進出したならば、清国は自らこれを阻止すべく対応する。ただし、満洲は外国の軍隊が駐屯し、未だ撤退していない地方があり、清国の力が及ばないところがあり、恐らくは局外中立の例を実行することは難しい。すなわち清国の国土の権利は両国の勝敗による。東三省が自主的に占拠することは困難である。

右は北京駐剳各国公使に照会したものであるが、なお大日本外務大臣へ切実に声明する」

本使は右訓令に従いここに貴大臣に照会する。

② 小村外務大臣の二月一七日付公文による回答

小村外務大臣は次のとおり回答している。

「帝国政府は、できる限り貴国内における平和な状態が擾乱しないよう防止することを望むものである。

露国が占領する地方を除くほかすべての貴国の版図内においては、露国においても同様の行動をとる限り貴国の中立を尊重する。

帝国軍隊が戦場において守るべき交戦法規は、もとよりみだりに財産を破壊することを許可していない。したがって、盛京及び興京の陵寝宮殿並びに各地所在の貴国官衙《かんが》が露国の仕業が原因で何らかの損傷のこうむることがないようにするので安心して欲しい。

また、戦闘地域内における貴国の官民に関しては軍事上の必要がない限り帝国軍隊がその身体・財産を十分に尊重し保護していく所存である。もっとも諸官民が帝国の敵である者に幇助及び厚遇を与えた場合においては、帝国政府は臨機必要な措置を執る権利を有していることを承知されたい。

帝国が露国と戦争状態に至った原因は、もとより征略が目的ではない。偏《ひとえ》に我が正当な権利及び利益を保護するためである。

したがって、戦争の結果清国を犠牲にして領土獲得を行うことは毫《ごう》も帝国政府の意図ではない。また、貴国の領域中戦闘の要点にあたる地方において必要な措置を執るに至ったとしても軍事上の必要性によるものである。つまり、貴国の主張に対し毀損《きそん》を与えるものではないことを了解して頂くことを希望する」

(二) 考　察

日露戦争における清国の地位は、前記公文で示されたとおりである。

日清の外交文書を比較すると、日本の通牒(書面で通知すること)と清国の通牒との間には、戦闘地域に関する見解に相違がある。

清国の立場は「各省及び辺境内外蒙古はすべて局外中立の例に照らして処置」すべきものであるとし、これに対して日本は「日本は露国が占領する地方を除くほかすべて清国の版図内においては、露国が同様の行動をとる限り清国の中立を尊重する」としている。

この問題、つまり中立地帯を特定することは、のちに露国軍が遼西及び内蒙古の地域に進出したため、さらに複雑な状態となった。しかし、陸戦における一般的な中立関係からみると明瞭であり、清国そのものは終始、中立とみなされていた。

清国は、通牒で各省の中立を維持することを決心するのみならず、実力を行使してこれを実行することに努めていた。

例えば、直隷総督袁世凱を練兵会弁大臣に任命し、各省に一二名の委員を派遣して新兵を募集し、新税を徴収して、それらの給養に充てていた。また、一月二〇日、露兵の一隊が馬賊討伐の名目で遼西に入るや否や、増棋将軍の兵を進めて各省を警備させている。さらに、袁世凱、馬玉昆の兵を関外に派遣したりしている。

このように、開戦後も露国部隊が、清国が定めた中立地帯に侵入した際、清国兵士が勇敢に戦ったことは一度や二度ではないのである。

清国が、韓国と国際法上の地位が大きく違うのはこの点である、と有賀博士は述べている。

中立に関する条約(陸戦ノ場合ニ於ケル中立国

及中立人ノ権利義務ニ関スル条約）が制定されたのは一九〇七年、日露戦争が終了した二年後である。

したがって、日露戦争当時の中立国の取扱いは、慣行慣例によって行われたのである。中立条約は二五箇条からなっているが、慣習として確立されていた内容を整理して明文化したものである。

その原則は「中立国の領土は不可侵とする」ということであり、この原則から派生して、次の二点を認めている。

① 交戦部隊の不法侵入により中立国に損害が生じた場合には、中立国は当該交戦国に対し損害賠償を要求することができる。

② 中立を維持するため、中立国自らが実力を行使できる。

しかし、いずれか一方の交戦国が中立国領域内に侵入し、または通過したことに対し、中立国がそれを制止せず、または制止することができなかった場合には、他方の交戦国は中立国内にある敵部隊を攻撃することができるのである。

清国の主張は、一面では正論だが、他方すでに占拠を認めざるを得なかった実力の欠如も事実として受け入れざるを得ないということである。

五、満洲の法律上の地位

（一）清国の主権の保持

東三省すなわち満洲全部は遼西の地を除いて戦闘地域になっていることは清国も日本も異論のないところであった。

しかし、東三省は敵地ではなく、清国の通牒にあるとおり、清国の主権に属する所である。その地域の住民は中立国国民の地位を有し、多くの場合において交戦中といえども清国官吏の支配を受けていた。これらの地方においては、清国の法律及び慣例が依然として有効なのである。

そうであるならば、これらの地域の住民及び財産は、どの程度まで交戦軍隊の支配を受けるのか、換言すれば、交戦軍隊はそれらの地域においてどの程度までその権利を行使することができるかということが重要な課題であった。

（二）交戦軍隊の権利

満洲の一部分は、現に清国が通常のように地方行政を行っていた。奉天、遼陽その他の重要な都市には必ず清国の文官、武官がいて、その州内の各市等を管轄していたのである。

しかし、日露の軍隊は、これらの地域に転戦するにあたって、自ら給養し、宿営し、防護し、及び戦争の目的を達するための権利を有していた。

日露両軍が満洲地方において戦争するに至った結果として、必要な権利を行使することは争うことのないものとされていたのである。


ただし、一八九九年ハーグで制定された陸戦の法規慣例に関する規則第四三条に規定している占領地の法律を尊重することが求められており、占領軍隊は行政を実施する権利はない。したがって、敵地占領の場合におけると同様に租税及び取立金を課する権能は持っていないのである。

このことは、理論上ははなはだ簡単であるが、実際上は多くの困難な問題があったのである。

上記に例示した軍隊の権利を行使するにあたっては、清国官吏《かんり》が行う地方行政の事務と調整して行う必要があった。

例えば、糧食及び運搬材料を徴発するには、村の自治吏員の力を借りなければ適切に行うことができず、自治吏員は常に地方官の監督を受けていたからである。したがって、これら官吏の職権にも立ち入らざるを得なかったのだ。

また、すべての満洲の大都市においては、日本軍人の健康を維持するため厳重な公衆衛生の規則を定めてこれを執行する必要があった。そのため、これらの規則を定めるには清国官吏の同意を必要とする場合があったのである。

このような事情もあり、日本の軍政官と清国の行政官吏との間に善良な関係を維持することが極めて重要なことであった。

韓国においては、明治三七年二月二三日以前は韓国政府の同意を求め、同日以後は保護の議定書に依頼することができた。

しかし、清国にあってはこれらの方法はいずれもできなかったのである。なぜならば、清国政府は厳密な局外中立を宣言しており、地方行政の官吏は日本軍の事務に対し無関係の地位を厳守せざるを得ず、保護権の設定に至ってはもとより期待すべきところではなかったからである。

したがって、日本軍は満洲においてどのようにして自ら給養し、防衛し、その戦争の目的を達成するための権利を行使したかということは、法律及び外交において容易に解決できない微妙な問題であって、日露戦争の全期間にわたり非常に重要な問題であったと、有賀博士は述べている。

（三）満洲における日本軍の行動

清国官吏は、露軍の占領中自ら欲すると否とにかかわらず、露軍に多くの便宜を図っていた。そのため、日本軍が同じ地方を占領した際、清国官吏にその事務を幇助させる権利があると主張しづらい面があったのである。

なぜならば、日本軍が清国官吏を利用するときは、露人の目から見れば、清国官吏が日本軍に便宜を与え中立を守らず日本を応援している観を呈することになり、露人はこれを口実としてさらに清国の中立を侵すおそれがあったからである。

現に戦争中、露国は清国が日本軍に便益を与えていることを責め、これをもって清国の中立を侵す口実としたことが何回もあったのである。例えば、ミスチェンコ将軍の遼西侵入などである。

日本はこのような理由で清国官吏を利用したこ

とはなかった。ただし、黒木軍は満洲進軍のはじめにおいて、清国の官吏、住民に対して日本軍に便宜を与えるよう働きかけたことがあった。それは、清国国民に向かって長文の諭告を発し、日本軍に厚意を持たせるように図った。その骨子は次のとおりである。

「露国は条約及び数度の宣言に反して清朝発祥の地である満洲を侵略するという大罪を犯した。よって、日本は清国のために大義の戦いを起こし、極東における日清共通の敵に向かって戦うものである」

これらの告示が一定の効果を上げることができたかというと、その判断は、はなはだ難しいと有賀博士は評価している。というのは、これに感動するか否かは、清国の官吏及び住民の感情いかんによるところが大だからである。

（四）満洲軍政委員の活動

もし満洲の重要な市に日本領事が駐在していたら、彼らが日本軍と清国官吏との仲介の便宜を図ってくれたかもしれない。しかし、不幸にして露国は開戦前、満洲を世界通商に開放することを拒み、営口を除くほかは日本領事官が駐在する所はなかったのである。

営口の領事官は外務大臣に隷属しており、直接軍隊に隷属するものではなかった。そのため、軍隊の行動を有利にするために少し不便な手続をしなければならないことは、すでに韓国において認識していた。

それでは日本軍は、満洲において清国住民に対して有する権利と厳密な中立の態度を守る北京政府から派遣された清国地方官吏の権力とを調和させるため、果たしてどのような手段を用いたのだろうか。

これに関して日本軍が採用した方策は、困難な地位を巧みに転じて有利な地位を得るための工夫をしたのである。

東京の大本営は、「満洲軍政委員」を編成し、第一軍がまだ満洲に入る前から同地に派遣したのである。この委員に、平時においては清国に関する各種業務に就いている将校を充てたのである。これらの将校は清国の言語に通じ、その風俗、習慣及び気性を知り、どのようにすれば清国官民と善良な関係を維持することができるのかを理解していた。彼らを軍事的領事官のような地位に就かせ、日本軍隊と清国官吏との交渉の仲介にあたらせたのである。

軍政委員設置の目的は、明治三七年四月一七日付大本営から出征軍の参謀長に発せられた訓示に示されている。

「今回の戦役についてすでに総長から訓示されたとおり清国官民に対する処置交渉は最も慎重を要する。すでに大本営においても清国官民を操縦することに熟知した者を選定し、満洲軍政委員として派遣し、清国官民を適当に使用し、我が軍の便宜を図らせる準備に着手した。将来貴軍における物資の徴集、運搬具の徴発及び証票使用等に関する一切のことは、貴軍に派遣する軍政委員と協議して適宜施行されたい」

日本は、この方法により清国の中立政策と交戦軍の軍事上の必要性との衝突より起こる法律上の問題を解決することができたのである。

(五) 関東州の法律上の地位

遼東は、地理上からいえば鴨緑江口から遼河口に至る線の南にある半島であり、政治上からいえば露国が租借した満洲の一部分である。

この地方が満洲のほかの地域と異なるところは、まったく清国の行政官が存在しないことである。理論上は、その附近の清国の官吏の管轄地域といえるが、事実上は、清国の主権を代表する者は一人もいなかったのである。

露国は、満洲から西シベリアに通じる鉄道を経営する目的でこの地域を租借していた。

しかし、実際はその権限を超えてこれを陸海軍の策源地としたことは、本検討にあたって最も重要なことだと、有賀博士は述べている。

日露戦争におけるこの地域の性質はいかなるものなのか、またこの地方に侵入した日本軍隊はいかなる権利を行うことができるのか、これが国際法上研究を必要とする課題である。

この問題についてローレンス博士は次のように述べている。

「露国がこの地域の占有権を得たことはいかなる名義によるのかにかかわらず、この地域は露国帝国の一部分とみなすべきものである。今日において何人も旅順口という名称の下に清国の一地方であることを連想する者はなく、かつ実際においてその清国に駐在する各国領事官は旅順口においてその職権を行使することはできない。私も同意見である。

しかし、私の推論は英国の碩学《せきがく》と比べて異なるものがある。私の見るところ、日本は露国と戦争するに際し、露国時代におけるこの地方の性質がいかなるものかを追究する必要はない。ただ、戦争のはじめにおいて露国がこの地域をすべて軍事上自国の一地方と同様に使用している事実を確認すれば良いのである。すなわち、日本がこの地域内においてあたかも敵国の領土内におけると同様に行動する権利を有することは、実にこの事実の結果なのである。

なぜならば、もし日本が清国の主権を尊重し、したがってその中立を尊重する結果、露国が遼東半島において日本に反対して行うことを憚《はばか》らず、日本もまた露国に反して行うことを差し控えたとすれば、日本は清国の中立のために日本の敵より不利益な立場に置かれることになる。このように、かえって清国の中立の意義に反することになる」

有賀博士は、本件の結論として次のように述べている。

「遼東半島は、戦争のはじめから露国関東州総督が支配しており、清国の地方官を排除している。日本もまた戦争の全期にわたり自らこの地方を支配し、陸戦の法規慣例に関する規則第三款『敵国ノ領土ニ於ケル軍ノ権力』（第四二条～第五六条）により敵国領土内における軍隊の権利をこの地域において行ったのである」

筆者も同意見である。

第三章のまとめ

■日本は事前に中立国の合意をとりつけた

日露戦争は不思議な戦争である。主戦場は日露両国の領土ではなく、戦争の直接当事者ではない韓国と清国の一地方が戦場となった。

韓国と清国は一般的には中立国である。中立国は武力紛争の局外に立つので、原則として戦争地域になることはない。しかし、例外として、その一部、または全部が戦争地域になることがある。例えば、次のような場合である。

①中立国の領域が武力紛争の目的である場合
②中立国の領域が交戦国の軍隊の侵入を受けた場合
③中立国の意思に基づき、または中立国が十分な軍事力を持たないために、交戦国が当該中立国の領域、領海、もしくは領空を使用し、または交戦国の

部隊、艦船、もしくは航空機が中立国の領域、領海、もしくは領空を不正使用（臨検、捜索、拿捕、破壊の行為を含む）するのに対し、当該中立国がそれを阻止しない場合

④中立国が交戦国に対して追跡権の行使を承認した場合、または交戦国が緊急の自衛権行使を理由に中立国領土内に追跡権を行使した場合

もっとも中立国が戦争地域になり、交戦国軍隊により占領された場合には占領軍は当該中立国及びその住民に対して、敵国占領地域におけるような広汎な権限を行使できないものとされている（足立純夫「現代戦争法規論』四七〜四八頁、啓正社）。

清国の一部地域は、まさに①②③の状況にあったといえる。当時の日本は、東進政策を強力に推進しているロシア帝国に脅威を抱いていた。満洲の主要な都市は軍事要塞化され、シベリア鉄道は急ピッチで整備され、同鉄道を利用して軍備力を増強していた。日本の生命線ともいえる韓国は、ロシアの軍事的圧力によって危機に瀕していた。この軍備強化の状況は、中立国に通知した宣明書によって明らかである。

このような状況のなか、日本は戦争に至った場合、戦場となる地域の法的性格について検討していた。韓国、清国とも独立国であるとの認識のもと、政治的、外交的に両国との合意を得るべく行動している。

清国とは満洲を除き中立の立場を堅持するとの合意をとりつけ、韓国とは保護領化する議定書を締結している。

この当時は、帝国主義時代のまっただ中で、力でもって弱小国を征服し、植民地化することが当然のごとく行われていた。

このような状況下で、清国及び韓国の実情に応じた措置をとり得たことは稀有なことであった。

さらに、同地域内の住民に対する必要な措置は両国の官憲を通じて行うなど両国民の反発を極限する施策も徹底して行ったことは適切であった。

第四章　交戦者及び非交戦者

一、交戦者

(一) 交戦者の資格制定の理由

陸戦ニ於テ殺傷ノ惨害ヲ及ボス範囲ヲ限局センガ為ニハ交戦国ノ戦闘力ヲ組成スル人員ト一般人民トノ間ニ精密ナル分界ヲ立ツルコト必要ナリ

有賀博士は、陸戦において殺傷の惨害が及ぶ範囲を局限するためには戦闘員と一般住民を厳密に区分することが必要であり、これが一八七四年のブラッセル宣言及び一八九九年の陸戦の法規慣例に関する規則（以下「陸戦規則」という）で、交戦者の資格を明確に規定した目的であると述べている。

また、同博士は、日露戦争開戦の年に発刊した『戦時国際公法』（明治三七年四月二八日、早稲田大学出版部）において陸戦の法規慣例に関する条約の逐条解説を行っている。その中で、交戦者の資格を定め、真に交戦者である者とそうでない者との区分を明確にする必要性は次の二点にあると述べている。

① 戦争による危害を局限すること。

戦争の目的は、敵の政府、すなわち国家の意思を屈服させることにある。このためには、その軍隊を破れば足りるのである。軍人以外の者を殺傷する必要はなく、これを行うことは不正である。

そのためには、軍人以外の者に危害を加えない原則を守らせることであり、まず軍隊に属する者と属さない者との区別を明らかにすることである。

この区別が明確でないときは、一般の住民といえどもその実は敵兵かもしれないということで、友軍の安全を図る上で、みな敵として扱わざるを得なくなる。そうなったときは、勢いこれに対し厳格な手段でその自由を束縛し、またはその身体・財産に危害を及ぼすことになり、一歩誤れば殲滅戦争の惨状を呈することになる。したがって、この患を避けるため、あらかじめ各国一致の基準を定めて、その区別を明らかにする必要がある。

② 軍人の身分を明確にすること。

交戦者としての資格ある者は、戦闘行為を行うに伴い、敵の手に陥ったときは捕虜としての名誉ある取扱いを受ける権利がある。反面、もしこの資格が判然としないときには敵は犯罪人として取り扱い、軍律によって死刑に処することになっていた。

ナポレオン戦争当時から一般住民で敵対する者は犯罪人として軍律により重罪に処置してきた。ドイツ及びスペインにおいては「武器を帯して拿捕された地方住民は死刑に処す」と公布されていた。

ウェリントンは、一八一四年、フランス南方において平民で武器を帯する者は捕縛の上、俘虜（捕虜）の扱いをせず、犯罪人として処刑すべき旨を公示していた。

また、軍人であれば負傷したとき敵地にあってもジュネーブ条約（赤十字条約）により救護を受ける権利がある。他方、一般住民にはこの権利はない。

さらに軍人であることが明白な者は、例えば間諜偵察の際、敵の手中に陥った場合は殺傷または捕獲は免れないが、なお軍人としての名誉の処遇を受け、犯罪人としての汚辱をこうむることはない。

このように軍人として認められるか否かは戦争法規上大きな差がある。

このため開戦後重要なことは、敵国人民の中でいかなる人々を戦闘に従事する者とするのか、その範囲を一定にすることにある。この範囲に属する者を交戦者とし、そのほかの者を一般住民としたのである。

(二) 交戦者の資格

交戦者中ニハ総ヘテ戦闘行為ヲ為ス者ヲ包含シ、独リ正則軍隊ノ兵員ノミナラズ、民兵及義勇兵員ニシテ次ノ条件ニ合スル者モ亦其ノ内ニ在リ

㈠部下ノ為ニ責任ヲ負フ者其ノ頭ニ在ルコト
㈡遠方ヨリ看別シ得ベキ固著徽章ヲ有スルコト
㈢公然武器ヲ携帯スルコト
㈣其ノ動作ニ於テ戦争ノ法規慣例ヲ遵守スルコト

陸戦規則第一条は、交戦者としての資格は、戦闘行為を行うすべての者を包含しており、単に正則軍隊(当時の呼称であり、現在は正規軍という)の兵員のみならず、民兵及び義勇兵で、四つの条件を満たす者も含むと定めている。

㈠部下について責任を負う一人の者が指揮していること。
㈡遠方から認識することができる固着の特殊標章を有すること。
㈢公然と武器を携行していること。
㈣戦争の法規及び慣例に従って行動していること。

また、同規則第二条によって、未だ占領されていない地方の住民で敵が接近するに伴い、第一条に従って編成するいとまがなく、自然に武器を取って侵入部隊に抗敵する者(群民兵)もまた交戦者に含ませた。いわゆる「群民の起闘」もこの場合に限り公正とみなされたのである。

軍隊の人員及びその予備員は交戦者であり、軍隊の編制に属しない義勇兵団及び群民兵の人員は、不規則または補助交戦者と称されていた(現

在は包括的に不正規兵といわれている）。

正則交戦者は、戦闘員と非戦闘員とに区分され、両者とも等しく戦闘行為を行うものであるが、小銃その他、敵を殺傷することを目的とする武器を使用して直接殺人行為を行うことができるのは戦闘員に限られていた。

軍医、薬剤員、経理部員、軍政委員、通訳員、外交官、その他の文官で軍隊の編制に属する者はみな非戦闘員であり、正当防衛のために帯剣することのみ認められていた。彼らは戦闘に参加せず、また決して直接敵の攻撃をこうむるおそれはなかった。

なお、第二次世界大戦後、交戦者の範囲が拡大された。同大戦で活動したゲリラ、パルチザン、レジスタンスなどを組織的抵抗運動団体として交戦資格を認めたのである（捕虜の待遇に関する一九四九年八月一二日のジュネーブ条約第四条A〔二〕）。

また、ジュネーブ条約第一追加議定書（一九七七年）第四三条第二項は、紛争当事者の軍隊の構成員は、戦闘員であり、すなわち敵対行為に直接参加する権利を有すると定めている。

二、補助輸卒

（一）補助輸卒の制度

戦闘間の人の基本的な区分は前記のとおりだが、日露戦争間、国際法上検討すべきことが生起したと有賀博士は述べている。それは、日本軍の糧食及び材料運搬者の編制に関することであった。

韓国、満洲には鉄道の便が少なく、かつ道路はみな険悪であったため、輸送任務は人の肩または牛馬荷車によって行うほか手段がなく、これらの地域に転戦する日本軍は大変な困難を強いられた。ただし、弾薬輸送のためには輜重輸卒《しちょうゆそつ》の編制があり、これについては不足は感じなかった。糧食運搬についても平時からこのためにだけ人員を配置することは、もとより難しく、これをいかにすべきかは一つの課題であった。

この問題は、すでに日清戦争のときに起こり、当時日本軍は自由契約によって人夫を雇い入れる方法をとっていた。しかし、人夫の多くは無教育の者であり、規律心のない労働者であったため、監督困難で弊害が多かった。

日清戦争後、陸軍当局者はこの問題の解決に苦心し、ついに糧食運搬のためにも義務兵員を用いる制度、補助輸卒制度を作り、日露戦争ではじめてこれを実地に試み、最良の成績を上げることができた。

ここで当時の陸軍の徴兵制度を簡単に整理しておく。

陸軍徴兵制度は、毎年徴兵検査を行い、その合格者を常備兵員と補充兵員に分け、さらに補充兵員を第一種及び第二種に分けることにしていた。常備兵員には三年間（当時は二年間）の教育を行った。第一補充兵員には一五〇日以内の教育を行い、必要があるときはこの兵員が常備兵団の補充に充てられた。第二補充兵員には平時に教育は行わず、戦時に第一補充兵員を召集してなお不足があるときに召集し、臨時教育が行われた。これが徴兵制度の概要である。

陸軍当局者は、この第二補充兵員をもって運搬業務に充てる計画を立て、日露戦争においては開戦の当初から直ちにこれを募集した。

徴兵検査によって常備兵員に充てられるか、第一補充員に充てられるか、第二補充員に充てられるかは体格と身長のいかんによることであり、第二補充員の中には上流及び中流社会に属する者が多く、官立及び私立大学の卒業者も少なくなかった。

このため制度発足当初、日清戦争においては役務の人夫を用いた業務を、今回は補助輸卒に課すことについて彼らの感情を害することになるのではないか、または世論がこれを非難し、このため軍隊の行動に不便をきたすことになるのではないかと懸念された。

しかし、これは杞憂に終わった。日本国民の愛国心は高く、補助輪卒に応じた者はみな甘んじてこの苦難な勤務に就いたのである。

日本国民は、清国住民から日本軍に対する信用を得るとともに、中立国から苦情を申し立てられる余地を与えないためには、中等・高等教育を受け、賃金のためではなく義務として勤務する者をもって輸送任務にあたる部隊を編成しなければならないことを認識しており、この新しい制度を受け入れたのである。

また日本の新聞通信員も常に補助輪卒が厳寒、酷暑を冒して日夜、風塵泥濘の中で苦行している様子を伝え、その忠君愛国のため一身を犠牲にしていることは、敵火の下に奮闘している兵士と少しも異ならないことを記事にして国民に感謝するように努めた。補助輪卒はみな正則交戦者であり、厳格な規律を守り、中立国国民に対しても乱暴な行為もなく、全体の評価は極めて良好であった、と有賀博士は述べている。

なお戦地に派遣された補助輪卒の総数は約一一万一千名であった。

（二）補助輪卒の評価

補助輪卒ノ制度ニ於テ内国法ノ問題ニ属スレド、国際法上ノ問題トシテモ多少ノ興味アルモノハ、彼等ヲ戦闘員トナスベキカ、将又《はたまた》非戦闘員トナスベキカニ在リ。

補助輪卒の制度は国内法の問題であるが、国際法上補助輪卒は戦闘員なのか、非戦闘員なのかという課題を提起した。

当初、日本軍は補助輪卒を戦闘に使用する予定はなく、常に後方の兵站線で勤務することを計画していた。したがって、帯剣させていなかった。

有賀博士は、将来の戦いにおいて補助輸卒を正規の戦闘員として武装させるか否かは、今後の研究すべき課題であると述べている。

日本軍は補助輸卒を非戦闘員としているが、敵は彼らを見て普通の兵士同様に戦闘員と判断することになるだろう。また、敵が我が後方に出てその兵站を脅かすことはしばしば行う戦略戦術であり、後方には必ず軍服を着用した補助輸卒がいる。その際、どのように対応させるかということである。

しかし、実態としては細部を検討するいとまもなく、補助輸卒は日本軍が後方で敵襲を受けるごとにやむを得ず戦闘に使用された。そのうちの二例を紹介する。
①第一軍は明治三七年五月一日、鴨緑江を渡って満洲に入ったが、その後方、韓国安州の兵站司令部は五月一〇日、マトリードフ大佐の率いる騎兵聯隊に襲撃された。その際、補助輸卒を訓練して四〇名を防戦に従事させた。
当時の報告書で補助輸卒に関する事項は次のとおりである。
・非戦闘員で臨時防御に従事した者左の如し。
憲兵二名、野戦療養所員二名、野戦郵便局員五名、野戦通信所員九名、野戦鄢便局員五名、第一師団第六丸田補助輸卒隊四〇名、兵站司令部酒保・内地商人四名、人夫二七名、銃器を取りし者一三四名、銃器を取らざる者四五名
・兵站司令官は敵の情報を聞くや、後方銃器の梱包を解き、あらかじめ万一の備えとして安州兵站司令部員その他、執銃本分でない者に対し銃器弾薬を交付し、また補助輸卒に対しては武器の使用法を訓練した。
②明治三七年五月一三日、鳳凰城の戦闘に際して、第一軍司令官黒木大将から大本営に対する報告の中に次の一文があった。補助輸卒が後方にあ

って偶然戦闘に関与した一例である。

「湯山城東南の山城子附近にて我が補助輪卒分隊長外五名は、二一日『チンスキー』第一聯隊第四中隊一等大尉スウセトボルクミスルキー及び軍曹一名を捕獲せり。彼らは偵察のため徒歩にて深く我が後方に侵入したるものなり」

前記のような事実は、各軍の戦闘詳報をきめ細かく調査すればさらに多く発見することができる。また各軍は奉天会戦後に通牒を発し、補助輪卒に戦利小銃を授け、輸送勤務の余暇にその使用法を訓練していた。

有賀博士は「日本軍において補助輪卒を非戦闘員としたとしても、敵はこれを非戦闘員としてみる義務はない。したがって、この敵に対して全力を尽くして戦闘行為を行う権利がある。補助輪卒を完全に武装させるべきか否かは、軍事上の必要性から決定すべき問題であり、国際法に直接関係はない。また、決定するにあたり国際法上参考に資するものもない」と述べている。

つまり、国際法上及び国内法上整合された結論はないし、結論を出すことも困難な課題といえる。

筆者は、自衛隊法第一〇三条第二項の規定による輸送業務従事者の国際法上の地位及び後方地域で敵の攻撃を受けた場合の対応は、補助輪卒と同様の課題を抱えていると考えている。

三、日本軍の義勇兵団

義勇兵団は、英国と同じようにこれを正規軍の一部とすることができる。この場合は、法律で規定し、これを完全な編制とすることが必要である、と有賀博士は述べている。

しかしながら、義勇兵団は国家が定めた法令に従うことなく自然に編成することがある。この場合は、陸戦の法規慣例に関する規則第一条の四要件を具備しなければならないことは前述のとおりである。

当時の日本の兵役は、常備、後備、補充及び国民兵役の四種に分けられ、さらに国民兵役を第一国民兵役、第二国民兵役に区分していた。

第一国民兵役は後備兵役または召集された補充兵で、その任務期間を終わった者がこれに充てられ、第二国民兵役は満一七歳以上、四〇歳以下の男子で常備、後備及び第一国民兵役に該当しない者すべてが充てられることとなっていた。

第二国民兵役は実質的には義勇兵団と似ているが、実際は未だかつてこれを募集する必要はなかった。まして、これらの正規兵員以外の一般国民の発意で独立の義勇兵団を編成しなければならないようなことは決して起こることはないと思われていた。ただし、日露戦争において、守備兵力が足らなかったために臨時に所在の日本国民をもって義勇兵団を編成する必要を迫られたことが三回あった。

（一）韓国安州の兵站司令部の戦闘

前述のとおり、第一軍の後方にいたマトリードフ大佐が指揮する騎兵聯隊が韓国安州の兵站司令部を攻撃してきたときは、非戦闘員である補助輸卒に兵器を与えて戦列に就かせたが、戦力としては足らなかった。このため、野戦郵便局員、野戦通信所員、商人、人夫などを戦闘に参加させた。

しかし、彼らは法律で定めた兵役の義務がある者ではない。すなわち、これは義勇兵団である、と有賀博士は述べている。

筆者は、これは完全な義勇兵団とはいえないのではないかと考えているが、有賀博士は当時の慣行では義勇兵を正規交戦者の部隊に編入して、その指揮官の命令の下に行動させることだけで交戦者として認められ、陸戦規則第一条に基づき編成する必要はなかったと説明している。

（二）第十二師団の兵站司令部の戦闘

第二の場合は、露軍の安州司令部に対する攻撃よりも数カ月前の戦闘である。

第十二師団は南から、鴨緑江を渡って南下する露軍は北から、日露両軍が先を争って平壌に入ろうとしたときに起こった。

二月一八日、仁川から乗船して北方に派遣された第十二師団の一分遣隊は、海州に上陸して二月二三日に平壌に入った。このとき露軍はすでに鴨緑江を渡って一九日、義州に入り、二〇日、定州に、二一日には安州まで南下していた。

二三日、兵站司令部を開設する任務を与えられ平壌に入った木村少佐は、在京城日本公使館宛に義勇兵団編成の電報（要約）を発している。

「昨夜から急行ただ今平壌に着く。敵については新しい情報を得ず。義勇兵四一名を加えて守備に着手した。後続中隊には急進すべき旨を命じたが到着日時は予定し難い。予は当地に在ってあくまで敵を阻止する決心なり」

第一軍国際法顧問蜷川法学士の著書によると、この場合における義勇兵団の編成は厳密に陸戦規則第一条によって実施された。

① 平壌の義勇兵は部下に代わって責任を負う統率者として領事館員某氏を戴き、

② 彼らは全員赤色の毛糸を花形に束ねたものを胸間につけて記号とし、また白布を覆ったヘルメット形の帽子をかぶり、洋服を着用し、遠くから見て一般住民と違うことを明らかにしていた。

③ また彼らはスナイドル銃を携行した。

④ さらにその行動は軍隊としての規律を重んじ、戦闘の法規慣例を遵守することとしていた。

しかしながら、幸いにして彼らは露国兵と戦うことはなく第一軍の前衛が到着したため、前衛と交代して防御に就いた。

(三) ミスチェンコ騎兵集団との戦闘

第三の場合は、義勇兵団とみるか、群民兵とみるべきか判断に苦しむ事例である。それは、ミスチェンコ将軍が指揮する騎兵集団が日本軍の後方地域を攻撃したときに起きた。

同騎兵集団は、明治三八年一月の初めに遼西の中立地帯を侵して牛家屯の兵站司令部を攻撃したため、日本軍は補助輸卒に至るまで武装して防御戦闘に参加させた。

このとき営口の市街地もまた露国兵の掠取をこうむるおそれがあった。

当時の状況を在営口瀬川領事官は、小村外務大臣宛に電報（二月一二日）を発している。

「昨日来露兵海城附近において鉄道を破壊し、兵站部を襲い、漸次南下して、牛家屯の我が軍需品を襲撃するおそれがあり、当地の我が守備隊は昨夜来厳重に警戒している。かつ万一の際に営口市内の秩序を保つため当地在留日本人にて義勇兵を組織した。

今後の模様如何によっては、我が在留人中の婦人小児は遼西に立ち退かせるつもりである。また支那人からの報によれば今朝露兵は牛家屯と大石橋間において鉄道破壊を企て五箇所を爆破した、と」

電報には義勇兵を組織したとあるが、次に引用する記事（『日露戦争実記』博文館刊）によると、むしろ群民兵と判断される。

「営口の義勇団

（前略）突然敵騎来襲の報に接し、その驚愕は一方ならずして、生命・財産を保護するためには、独りこれが警戒を寡少なる守備兵に一任しおくこと能わずして、拳銃、日本刀、仕込杖、竹槍等を提げて、各自領事館若しくは軍政署に駆けつけたり。

これより先、那須憲兵大尉は、部下の憲兵四十余名と支那巡捕隊のみにては到底この開港地を警戒することを能《あた》わざるを察知し、柴田領事館補を訪ねて義勇兵団編成の必要を説き、税関及び英国領事館に備えつきたる銃器四十余挺と、警務課に貯えありし三十余挺とを義勇兵約百名に分配し、自衛することとなり。

然るに義勇奉公の念盛なる居留民は未だ義勇兵を募らざるに自ら進んで来たり会する者四百余名に達し、銃器は四人一挺の割合となりて、補給その途なく、やむを得ずして拳銃隊、抜刀隊の如き団体まで編成せられたる光景、戊申の戦況にも彷彿たり」

前記の実記によれば、これを義勇団とみなすことは、要件上不完全な点がある。

つまり、部下に対して責任をとる者が頭にいるが、遠方から確認できる徽章は有していない。また武器は小銃が不足していたため一隊は拳銃を使用していた。拳銃は陸戦規則第一条のいわゆる公然携帯の武器には該当しない。しかし、これを視認して同規則第二条の群民兵と判断すれば、すべての問題点はなくなると有賀博士は論じている。

筆者も群民兵が妥当であると判断している。

四、露国の義勇兵団

明治三七年七月二九日、露国政府は義勇兵団の組織に関し、在露米国大使代理を通じベルリン駐在の日本公使に次のような通知をしてきた。

「露国は今回沿海州、薩哈連島及東清鉄道沿道において露国人より成立する国民軍自由隊を組織したり。該隊は守備隊の任務に当たり、必要の場合には戦闘員として働き得るが為に、国家より銃剣を授けらる。尤《もっと》も特殊の軍服を著する訳にあらず。同隊が陸軍に属するの特徴としては、東清鉄道に在ては頭上に十字標あると、薩哈連島に在ては十字標にＭＰ（満洲軍の意）を冠するに在り。右十字標の外、国民軍は袖に約七分幅の赤條と襟に赤紐孔及帽子の頂に狭赤條を縫いつけあり」

露国の通知に対し日本政府は、同じく中立国外交官を介して次の旨を露国政府に通告した。

「露国政府の通牒に係る被服徽章にして、実際肉眼を以て視察し得べき距離において一般住民と看別し得べからざるときは勿論、陸戦法規慣例に関する条約附属書第一条における民兵・義勇兵団たるに必要な他の諸条件を悉く完全に具備せざるときは、帝国政府は国民軍自由隊を交戦者と認むること能わずと」

露国政府の通知に対し日本政府の対応は明確だった。

国民軍自由隊の設置は認めるが、陸戦規則第一条の民兵・義勇兵団の四要件を満たさない場合は交戦者としては認めず、条約違反者、つまり犯罪者として取り扱うということだった。

結果は、日本政府が懸念したとおりとなった。露国は義勇兵団の制度を定め、これを日本政府に通知しておきながら、実際はその規則の励行に努めなかった。

有賀博士は「甚だ遺憾なことであった」と述べ、その一例として樺太軍から大本営に提出された報告内容を紹介している。

「第三、制服を着用しない不規律兵

露国義勇兵には一定の徽章を付けることを定めているにも拘わらず、樺太島での敵国軍隊の一部は、何らの徽章も装着せず、普通人民（一般住民）と全く区別することができなかった。

例えば、明治三八年七月十日ウラジミロフカ占領の際、制服を着用していない敵兵百余名の一隊は、我の先進部隊を襲撃してきた。しかし、我が部隊は他部隊の援助を受け、敵兵の大部分を俘虜（捕虜）とし、これを取り調べた。

その結果、多数の義勇兵とともに、一般住民で兵器を取り居るものを発見した。

また、七月十九日、ロマノフスコエ村において渡邊騎兵少尉率いる将校斥候は、全く一般住民と同一の服装をした義勇兵のため不意に包囲され大損害を蒙った。

樺太における露国囚徒の義勇兵

要するに、敵軍の義勇兵には、当初から制服は全然支給されていなかったのである。また退去の際、徽章をはずして一般住民の中に紛れ込む者もいた。

敵軍又敵兵は、少しも制服その他戦闘員であるとの徽章を重んじる意思はなく、このため一般住民と戦闘員とを区別することができず、我が軍の行動上困難を感じることが少なくなかった。しかしながら、我が軍は人道の大義を重んじ、なるべく戦闘の惨禍を大きくしないように努めた」

なお、この当時樺太島は露国の囚人の流刑島であり、囚人のほか一般住民は住んでおらず、義勇兵団は主として囚人によって構成されていた。

これを踏まえ、陸戦の法規慣例の実際の適用において陸戦規則第一条の四要件を守らない者と、第二条により交戦者とみなす者との区別が困難である、と有賀博士は指摘している。

さらに、第二条は第一条を無効にしている規定ではないかとも述べ、条約の制定会議において議論の焦点の一つであり、削除すべきか否かが争われたとも述べている。

五、陸戦規則第二条の価値

第二条　未ダ占領セラレザル地方ノ人民ニシテ敵ノ接近スルニ当リ、第一条ニ従テ編成スルノ遑《いとま》ナク、自然武器ヲ取リテ侵入軍隊ニ抗敵スルモノノニシテ戦闘ノ法規慣例ヲ遵守スルモノハ交戦者ト看做スベシ

(一) 国際社会の対応

有賀博士は、ハーグの第一回万国平和会議（一八九九年）に日本の専門委員として出席している。

博士は、会議におけるすべての議論を聞き、第二条は相反する意見を折衷するために設けられた規定であると認識した。

(ア) 不要案

不要案は、徴兵制度によって大規模な兵力を有する国、なかんずくドイツが第一条に規定した者のほかいっさい交戦者としてみなさないと主張していた。

その理由は、第一条で四要件を定めたのは軍隊がはじめて敵地に侵入するにあたり兵士と一般住民との区分を容易にし、もって戦争の惨害を局限することにある。

ところが、第二条によって一般住民に何らの条件をつけることなく敵対行動を許すと、これら住民も敵として殺傷せざるを得ないことになる。つまり、せっかく設けた第一条は空文に帰することになる、という意見である。

(イ) 必要案

不要案に対し小国はこぞって反対した。その理由として、国家は必ずしも徴兵制度によって大規模な勢力を維持する義務はない。したがって、い

ったん緩急あるとき、国民が奮起して祖国のために防戦することは国民の自由意思に任せるべきである、という意見であった。

　有賀博士は、この議論を次のとおり整理している。

「すなわちこの問題は、一八七四年のブラッセル宣言(※)が不成功に終わったことが原因であり、第一回万国平和会議がまたこの問題のために不成功に終わろうとする危険があったのである。したがって、その折衷案として第二条を加え、『未ダ占領セラレザル地方ノ人民ニシテ敵ノ接近スル』場合に限り、そこの住民が奮起して戦うことを認めることになったのである」

(※)ブラッセル宣言第十条「未だ占領を被らざる地方の住民にして敵の来襲に際し第九条に依り兵戦上の編成を為すに遑《いとま》なく、自然に兵器を取て起ち、襲軍に敵抗する者、戦争の法規慣例を守るに於ては、闘戦者と看做すべし」

　この折衷案に対して一つ問題がある、と有賀博士は指摘している。軍隊がはじめて敵の新しい地方に侵入しようとするときは、交戦者と一般住民との区別を明らかにすることが最も必要なときである。すでにいったん占領軍として権力を確立した場合は、軍律をもって住民の行動を制限することは容易であり、第二条は不要であるということである。

　このためか、またはそのほかの理由によるのかわからないが、大国の中には未だ本条に同意していない国がある。

　ドイツはドイツ帝国参謀本部出版の『陸戦例規』において第二条を削除している。英国は、平和会議でオランダ及びベルギーの主張を容れ、第二条に賛成したが、ツランスヴァール戦争ではドイツ主義を採り、ボァール戦争では第二条の要件に合致する者を犯罪者として軍律によって処罰するなど対応は明確ではなかった、としている。

(二) 日本の対応

日本が、日露戦争においてどのように対応したのかを研究することは意義あることだ、と有賀博士は述べている。

「大国が第二条を無用または不便としているのは、その軍の前方のみに意を注ぎすぎたのである。日露戦争は前方とともに後方にも注意する必要性を証明した。もし日本軍が、前述の安州の兵站司令部への襲撃、営口への騎兵集団の攻撃において第一条の適用を厳格にしたならば、対応は困難であったろう。第二条の規定があったために、正規軍は前方で行動することができ、後方を義勇兵団で対処することができたのである。

実際、日露戦争中、日本も露国も、第二条の適用を寛大に行っていた。このことは日本本土に抑留された露国人の捕虜の中にも、露国に抑留されている日本人の捕虜の中にも、第一条の要件を満たさない者が戦闘に参加して捕獲された者が多かったことでこのことを知ることができる。

例えば、旅順で日本軍が捕虜として拘束した者の中には労働者として要塞の防御に参加した者が数多くいた。しかし、日本軍はこれを銃殺することはなかった。

また、陸軍次官石本中将は、捕虜が多くなるのを防止するため三七年八月、各軍に通牒を発しているが、第一条の要件を満たさない者に対してもはなはだ寛大に処置している。

日本軍は、第一条の要件を備えた者以外交戦者とみなさないことを宣言しているが、陸軍次官の通牒はこれをゆるめ、ある場合には非交戦者すなわち第一条及び第二条に該当しない一般住民をも捕虜とすることを認め、ただ日本本土に後送するときは、その事由を明らかにすることを命じているのみであった」

有賀博士は、これら日露戦争の経験を踏まえ、第二条の意義を次の二点に要約している。

①敵地に侵入せんとする軍隊にとりても、陸戦規則第二条は後方の保護を最小限に減ずるため有利なることあり。
②陸戦規則第一条のみを厳密に適用するは苛酷に失し、或いは残忍に流るることあり。此の場合は第二条を以て之を緩和するを得べし。

つまり、当時の日本軍は第二条を有効に活用することとしたのである。

第四章のまとめ

■戦闘員と一般住民を区分する目的

交戦国の国民は、武装部隊の構成員と一般住民の二つに分けられ、それぞれ明確な権利義務を有する。交戦国国民はこれらのいずれか一つの部類に属し、二つの部類の特権を併せて受けることは許されないというのが武力紛争法の前提である。

武装部隊及びその構成員である戦闘員は、国際の法規慣例で明確に禁止されていない一切の手段をもって敵を攻撃し、または抵抗する権利を有する。敵が抵抗を停止した場合は、その戦闘員は捕虜として人道的な名誉ある待遇を受ける権利を有し、捕獲者は捕虜を保護し、人道的に管理する義務を負う。

他方、一般住民は原則として攻撃され、または捕虜とされることはない。しかし、作戦地帯、または占領地域において住民が敵対行為を行い、あるいは行おうと企てた場合は、敵により正当な裁判のあとに処罰される。

戦闘員と一般住民を区分する目的は、有賀博士が言及したとおりである。

「国際法が交戦資格を厳格に定める目的は、戦闘を一定の秩序ある状態に保ち、戦闘が濫に陥ることを防止しその惨禍を極限するとともに、捕獲した敵部隊の人員に捕虜の特権を与えて、その人格及び生命を人道的に保護することにある」

■戦闘員、非戦闘員、一般住民の違いは

現在、陸戦を規制する主要な条約は、陸戦規則とジュネーブ条約第一追加議定書である。従来、武力紛争法の体系は、戦闘の方法・手段を規制する陸戦規則（ハーグ法）、戦争犠牲者を保護するジュネーブ法の二つから構成されていた。

しかし、ベトナム戦争後、二本立てでは周知徹底が図られないとして、両条約の融合化が行われ、一九七七年ジュネーブ条約第一追加議定書が制定された。

したがって、戦闘に関する事項については陸戦規則を概ね踏襲して作成されてはいるが、両条約を併用して適用していくことが必要である。

例えば、本章の表題にある「交戦者」という用語は、追加議定書にはなく、「紛争当事者の軍隊の構成員（衛生要員及び宗教要員を除く）は戦闘員であり、すなわち、敵対行為に直接参加する権利を有する」（第四三条第二項）と規定している。戦闘員に交戦資格を与えている。

一方、陸戦規則は、交戦資格を軍隊に与え（第一条）、その軍隊の兵力は戦闘員と非戦闘員からなる（第三条）と規定している。ここで非戦闘員とは、いわゆる軍属であり、日露戦争当時は、法務、会計、需品業務等に携わる者であった。

非戦闘員といったら、一般住民を指すと思いがちであるが、軍隊の構成員である。彼等は、敵対行為はできないが、敵に捕らわれた場合は捕虜となる資

格を有している。

防衛省の職員は、自衛官、事務官、教官及び技官で構成されるが、自衛官が戦闘員であり、事務官等が非戦闘員である。

一般住民は、条約上「文民」「文民たる住民（文民の集合体をいう）」と呼称される（第一追加議定書第五〇条）。

文民は、軍事行動から生ずる危険からの一般的な保護を受ける（同第五一条第一項）。このため、戦闘員は、文民たる住民を敵対行為の影響から保護することを促進するため、攻撃または攻撃の準備のための軍事行動を行っている間、自己と文民たる住民とを区別する義務を負っている（第四四条第三項）。

なお、我が国においては民兵、義勇兵団、群民兵を編成することは困難である。交戦資格の要件である「公然と武器を携帯すること」ができないからである。なぜなら、銃砲刀剣類所持等取締法第三条（所持の禁止）に抵触するからである。

我が国に対する武力攻撃があった場合において、我が国の防衛に直接寄与したいと考えられている方は、年齢制限はあるが自衛官を志願するか、事務官等となって貢献されるよりほかに現時点では方法はないのである。

第五章　衛生部員及び衛生機関

一、露国逃走列車と赤十字旗

日本ノ新聞紙ハ之ヲ以テ露人ノ赤十字旗濫用ヲ咎メ、露国ノ輿論ハ之ヲ目シテ日本ノ「ジュネーブ」条約違反ト為シタリ。


開戦直後、第二軍が遼東半島に上陸中起きた事件は日露両国人の人心を動揺させた。

旅順から来た露軍の一列車が、日本軍が近づくのを見て金州停車場を発し、赤十字旗を掲揚しながら日本軍の砲火を冒して北方へ疾駆して立ち去ったのだ。同列車内にはアレキシエフ提督及びセシル大公も乗車していたとの風説は、この事実を一層深刻なものにした。

日本の新聞は露人の赤十字旗の濫用と咎め、露国の世論は日本のジュネーブ条約違反と批判した。したがって、正確な事実を把握し、公平な判断をする必要があった。

五月五日、第二軍は遼東半島の一角に上陸を始め、隷下の第三師団は翌六日午前から旅順の敵と北方のクロパトキン軍との交通を遮断するため、満洲鉄道に向かって強行進軍をした。このときに起きた事案について第二軍歩兵第三十四聯隊の戦闘詳報の中に具体的に記述されている。

「五月六日午前九時三十分頃、第二大隊の第六、第八中隊は張家爐南方独立丘阜を占領し、同地普蘭店停車場附近を占領している敵の歩、騎兵と戦闘中、敵の軍用列車が金州方面から普蘭店停車場に向かって進行してきた。将に李家屯北方鉄道橋を通過しようとしていた。この時、独立丘阜を占領していた左翼隊の一部がこの列車に向かって発砲した。これと同時に支隊に同行していた吉橋参謀は独立丘阜の西端に在って停止の手信号（帽子を数回上方より下方に下す）を示した。是により列車は李家屯北方鉄道橋より約百メートル南方に停車した。ここで同参謀は更に逆行の手信号（帽子を前方に出し数回金州方向に向って水平に振る）を示した。その手信号を車掌が了解したのか否か。列車は普蘭店方向に全速力で進行し始め、停車場附近を占領した敵と交戦中の我が部隊の銃火を冒し、遂に普蘭店停車場にも停止せず北進した。

当該列車は十五、六輌より成り、そのうち客車は二、三輌、他は貨車（列車の中部無蓋貨車、後部に有蓋貨車ありし）にして、後部貨車には馬匹《ばひつ》を搭載しているようであった」

有賀博士は、この戦闘詳報を「此の誠実にして軍人的に精密なる記事は全く平気虚心を以て作られたるもの」であると評価している。

この日本軍の記事によると、一時露軍が赤十字旗を掲揚しながら列車の中から日本軍を射撃したという事実はなかった。これを踏まえ有賀博士は、次のような見解を述べている。

（一）すべての事情を総合すると、露国列車は病者、健康者、馬匹及び戦闘材料を搭載した雑合列車のようである。これは一八六四年のジュネーブ条約の改正以後においても違反とすべきところはない。そのため、何人も傷者・病者を必ず特別の列車で輸送する義務は負っていない。特別列車で輸送することは、軍隊にとっても大変な負担となる。旧ジュネーブ条約第六条の患者後送保護の趣旨、改正条約の移動衛生機関について明言していることは、もしこれらの条約によって保護を受けようとすれば、単に傷病者の輸送だけを目的とする輸送機関を編成せよ、ということである。新旧いずれの条約も、普通の列車で傷病者することは禁止していない。ただし、この場合は条約の保護が受けられないということだけである。

（二）我が軍が列車に向かって停止信号を示したこと及び我が軍の信号に拘わらず進行を続けたことについても、国際法違反とはいえない。およそ交戦軍が敵の列車を検査する権利があることは疑いがない。しかし、このためには、その列車が事実上進行することができないことを必要とし、信号を示すのみでは足りない。海上における病院船のように、敵の信号に対して進行を停止する義務は、陸上においては未だ確立していない。

（三）露人が列車の窓から赤十字旗を出したことは同旗の濫用なのか否か。改正ジュネーブ条約第二十一条は徽章旗を使用する場合を厳密に制限している。したがって、もし同列車内に健康者、馬匹を搭載していたとすれば、これは改正条約の違反であることは疑いがない。しかし、この改正は一九〇六年に行われており、それ以前（一九〇四年）においては赤十字旗を掲揚すべき場合と掲揚できない場合との区別は判然としていない。

これが旧条約の改正が必要であるとの理由の一つである。露人が全列車中二、三車輛には傷病者を乗せていたため赤十字旗を掲揚する必要があると信じていたのかも知れない。ただし、敵が赤十字旗を掲揚したのを見て、我が軍が銃火を中止する義務があるのか否かは別の問題である。

（四）当時、我が軍は普蘭店停車場を占領している敵と銃火を交えつつあり、これを中止し難く、列車に退行することを命じたが、この命令に従わなかった。赤十字旗を掲揚しようとしていることを見ながら、射撃を中止しなかったことは、違法とはいえない。

二、露国衛生委員の範囲不確定

「ジュネーブ」条約ノ保護ヲ受クルハ如何ナル種類ノ人員ニシテ且ツ果シテ如何ナル場合ニ其ノ保護ヲ受ケ得ルモノナルカハ、屡々《しばしば》論議セラルル問題ナリ。

ジュネーブ条約の保護を受けるのはどのような種類の人員であり、どのような場合にその保護を受けることができるのか、これはよく論議される問題である、と有賀博士は述べている。

一八六四年八月二二日のジュネーブ条約第二条は「戦地仮病院及陸軍病院ニ於テ任用スル人員、即監督員、委員、事務員、負傷者運搬員並ニ説教者ハ各其ノ本務ニ従事シ、且負傷者ノ入院スベク若クハ救助スベキ者アル間ハ中立ノ利益ヲ享有スベシ」と定めている。

また、第六条末項には「患者負傷者退去スルトキハ其ノ之ヲ率イル人員ト共ニ完全ナル中立ノ取扱ヲ受クベシ」としている。

これらの規定は保護すべき人員についても、保護する場合について見ても狭隘であるとの非難があった。

これを批評する者は、苟《いやしく》も救護勤務に従事する者はすべて保護し、また、収容し、救助し、運搬する負傷者の有無にかかわらずすべての場合において保護する必要があると主張していた。

論議の結果、一九〇六年七月六日の改正ジュネーブ条約においては人員の種類及びこれを保護すべき場合を拡大して第九条に左記のとおり定めた。

「第九条　傷者及病者ノ収容、輸送及治療並衛生上ノ移動機関及固定営造物ノ事務ニ専ラ従事スル人員、軍隊附属ノ教法者ハ、如何ナル場合ニ於テモ尊重保護セラルベク、敵手に陥リタルトキト雖俘虜トシテ取扱ハルルコトナカルベシ。

前項ノ規定ハ第八条第二号ノ場合ニ於テ衛生上ノ移動機関及固定営造物ノ守衛人員ニモ之ヲ適用ス」

日露戦争は新旧条約の中間において生起した。したがって、この戦争中において経験したことが教訓として活かされ、右記の改正につながったことを喜ぶとともに、改正内容に批評を加えなければならないことがある、と有賀博士は述べている。

その内容は、保護すべき人員の種類に関して改正が必要であった事実を述べることと、保護すべき場合に関することである。

旧ジュネーブ条約のように、戦地仮病院及び陸軍病院の人員のみを保護するだけでは十分ではないことは明らかであり、ほかにも保護すべき人員がいた。

しかし、過度にその範囲を広げすぎるのも問題がある。たとえば、日露戦争中露軍は、正則（正規）の交戦者を野戦衛生勤務に使用していた。このような人員にまで保護の対象者とすることは危険なことである。

露国陸軍においては担架卒及び看護人の地位が曖昧であり、交戦者なのか、衛生部員なのか決定しがたいことが多かった。日本軍の俘虜として後送する際、衛生部員であると主張する者がいた。

したがって、日本政府は、露国陸軍軍医と兵卒の各一名の調査を命じ、明治三七年七月一日、在松山の粟津委員長は次のとおり報告してきた。

在松山衛戍病院露国二等軍医正ケーサリ・シュウェーツォフに就き露国軍医務制度取調書

露国軍医務官は純然たる軍属にして軍医、看護長、赤十字看護婦及び看護卒即ち担架卒の四階級に分かつ。軍医、看護長、赤十字看護婦は全く非戦闘員にして武器を携帯することなし。看護卒は兵卒と同じく戦闘員にして、武器を携帯するも、交戦中負傷兵を生じたるときは直ちに赤十字徽章を左腕に帯び非戦闘員として負傷兵の運搬に従事す。故に看護卒証明は帯びる所の赤十字徽章に依るの外なし。

卒アレキサンドル・ジダノフに就き取調べたる看護手取調書

看護手は卒より之を要請するものにして、名称は助手と云いて其の職名を看護手と称し、看護長を佐《たす》く。各中隊には一名の看護長あり、六名の看護手を置く。看護手は新兵として入隊するときは教練に出づるも、看護手となりてよりは決して練兵に出でず。唯だ看護演習として演習に参加することあるものなり。行軍には銃を携え弾薬を所有するも、戦闘に際するとき及び其の他如何なる場合に於いても己の武器弾薬を使用することなく、戦闘には武器を措くものなり。即ち銃器を携える義務あるも之より射撃するは絶対的に禁ぜらるるものなり。但し射撃演習はこの限りにあらず。

両名の答弁はほぼ一致している。しかし、露国が看護人に兵器を持たせ、また射撃訓練を行わせていることは、緊急の場合には彼等を戦闘に参加させることを目的としていると解するほかない、と有賀博士は批判している。

そして、次の事実がその目的を証明していると述べている。

旅順攻囲準備中の三七年七月一七日、大石洞において彼我の軍が極めて接近して相対峙していたとき、敵は赤十字徽章を立てた人員を派遣して傷者及び死者を収容した。また彼等は我が戦線内にまで進入して収容しており、我が軍は赤十字徽章を尊敬して彼等に射撃せず、ただ早く退行することを命じるに止めた。

同年七月三〇日、我が軍は既に旅順要塞に接近しており、水師営東北方面の戦闘において、赤十字徽章を附しながら銃を取って我が戦線内に入る者が数名いた。これは明らかな国際法違反であり、みな俘虜として拘束した。

また、同月同日、水師営北方面おいて赤十字徽章を附して我が戦線内に入る者を取り調べたところ、聯隊の楽手で、臨時に赤十字徽章を佩用して傷者収容の名目で我が軍に近づくことを命ぜられたとのことであった。

楽手を補助担架卒に使用することは列国の間に行われていることではある。ただし、日本及び仏国においてはこれをジュネーブ条約によって保護されるべき衛生部員に含めなかった。特別の赤色腕章を装着させる制度をとった。したがって、露国が臨時にこれを衛生部員中に包含させたことが混乱の一原因である、と有賀博士は批判している。

旅順開城の後、一万六千の露国傷病者を救護するため、要塞内に残留して救護にあたらせた露国衛生部員の中に、元来は真の兵士であるが一時病院の勤務に服した者が数多くいた。また、露国軍医は開城後に兵士で予後者を病院の使丁として使用していた。日本軍は、彼等の業務が終わり次第俘虜にする予定であった。しかし、彼等を監督するため衛生委員として残留していた露軍の軍医は反対を唱えた。露国の制度は普通の兵士であっても一旦衛生部員に編入された者は、その後衛生部員として管理され、普通兵科に復帰されることはないと主張した。

我が官憲がその規則を提出することを求めたところ、戦地に規則は携行していないので応ずることはできないということであった。

そのため、便法ではあるが、これらの要員の大半は、兵役不堪者を護送して帰国させることとした。

その際の処置として、監督員たる衛生委員に宣誓書を提出させた。

宣誓書は、日露委員会委員より日本官憲に提出された名簿に記載された看護員及び衛生隊員は、今回の戦役中戦闘に加わっていないこと、また、病院職員の疾病のため生じた減耗を補塡するため陸海軍部隊より編入された下士卒は兵器を取って戦闘に参加しなかったこと、よって、日露衛生委員はこれに対し衛生部員としての活動を称賛する証書を付与するので、この旨を露西亜帝国政府に具申すること、という内容になっている。

右記のとおり日本の陸軍官憲は露国陸海軍の正

奉天における日露赤十字衛生部員

規の交戦者で、臨時に衛生部員に編入されたものを真の衛生部員として取り扱うことに同意をした。

しかし、有賀博士は、必ずしもこれに同意する義務はないとし、これが露国の制度の危険なところであると述べ、その一例を紹介している。

それは病院船「アンガラ」の件である。同船は日本軍の砲弾により破損し、病院船として機能できなくなった後、その船員を現役海軍将校の指揮する海兵団に編入し、交戦者として運用していた。

また、奉天会戦の後、各部隊から俘虜整理委員に回送された人員の中に俘虜でない者が三一九名いた。その内訳は、僧侶二名、商人四名、衛生部員が三一三名であった。衛生部員については、軍医二四名、看護長四九名、兵卒が二四〇名であった。

日本軍は、兵卒に対し、赤十字腕章を附して敵の前哨線に送還するので衛生業務を実施するよう言い渡した。しかし、その中の一二名は還送を望まず、俘虜となって日本に後送することを申し出た。

それで、第四軍の営所に引き渡したところ、彼等は赤十字腕章をはぎ棄て、戦争の始めより衛生部員に属したものではないことを明言した。

露国の衛生勤務編制のはなはだ曖昧なこれらの点は、改正ジュネーブ条約第九条で「専ら従事する人員」と規定したことにより衛生要員の範囲が決定された。

これに関しルノール博士（仏国の国際法学者）は次のように解釈している。

「第九条によって作られた地位は、フランスの担架卒のように臨時に、しかも公然と負傷者の収容に使用され、その救護勤務に服している間は交戦者として取り扱われる理由はない」

有賀博士は、改正第九条に一定の評価を与えつつ、次のような意見を述べている。

「その全文がことごとく称賛に値するかとの問いに対しては『否』と答えざるを得ない。同条において野戦部隊の衛生部員を『いかなる場合においても尊重保護』することについては、はなはだ不便で、かつ危険であると断言せざるを得ない。私がみるところ、救護の人員は旧ジュネーブ条約第二条のように『各其の本務に従事し且つ負傷者の入院すべく若しくは救助すべき者ある間』のみ尊重して保護するのではなく、患者が平癒し、または後送される後までも尊重保護されるべきである。しかしながら、改正条約第九条において『いかなる場合においても』というこの特権は適度を超過していると言わざるを得ない。実際に彼等を尊重保護することが到底不可能な場合があるのだ。これが私が第九条を非難する理由である」

戦場の実相を熟知した現実的な有賀博士の批判である。条約の文言に基づき実施することの困難さを前提として述べられている。

なお、現在の一九四九年のジュネーブ第一条約第二十四条（専従要員の保護）においては「すべての場合において、尊重し、且つ、保護しなければならない」、第二十五条（補助衛生要員の保護）においては「任務を遂行しつつある時に敵と接触し、又は敵国の権力内に陥るに至った場合には、同様に尊重し、保護しなければならない」と定めている。

三、露国看護婦エカテリナ・カロリ

沙河の対陣中、敵の看護婦一名が突然、第四軍の前面に現れた。彼女は、俘虜として日本に収容されている親戚を救護したいので、日本に後送して欲しいと懇請した。

前線部隊の将校がどのように説諭しても聞かなかったため、やむなく一旦収容して営口に送り、仏国領事に引き渡した。

日本軍は婦女子を戦場に入れることはなかったので、この事実は冬営中の日本軍将兵の間に少なからず動揺をきたした。

以下、仏国領事に引き渡すまでの経緯を簡単に整理する。

露国看護婦は明治三七年一一月一五日午後一時頃、第十師団第十聯隊の前哨線に中国人と一緒に現れた。同師団の前哨中隊で取り調べを受け、左のとおり陳述している。

「私は露国の看護婦（二十歳）です。最早再び露国に帰る意思はありません。私の兄は負傷して日本軍に拘束されていると聞いている。なお多くの露国軍人は日本の病院に収容されている。したがって、私は今後日本軍の中に在ってこれら同国人の看護をなすか、あるいは直接日本軍の病院勤務に従事したい希望をもっている。願わくば斡旋の労をとって頂きたい」

前哨部隊の中隊長は、あなたのような非戦闘員である看護婦を捕獲することができないのは勿論

のこと、たとえ希望して我が軍に入りたいといっても我が戦線内に入れることは軍律が許さない。今あなたが陳述した希望を受け入れることはできない。今から直ちに露軍に帰るようにと説諭した。

しかし、彼女は承諾しないのみか、赤十字社員の職務は敵味方の差別がないことは日本軍も露軍も同一規則であると信じており、露軍に帰ることは望んでいないと言い張った。

再三に亘る説諭にも応じないため、中隊長は、白布で軽く顔面を覆い、守備区担任の歩兵第八旅団司令部に後送した。そして、同地で師団司令部から派遣された師団参謀の取り調べ受けた。

取り調べの結果、彼女は間諜（スパイ）なのか、狂癖ある一看護婦なのか、真にその肉親と相見えんことを切望する一婦人なのか判別することは困難であった。彼女が日本軍の第一戦に来るまでの経緯は朦朧としてよくわからなかった。いずれにしても、直接敵に送還すべき非戦闘員であることは疑いがない。

第一線においては送還することに決し、本人に言い渡したが、本人は承諾しなかった。そのため、彼女を第四軍司令部に護送することにした。

第四軍司令部においても再び審問を行ったが、すべての問いに対する答えは前回よりも更に明快であった（細部の質疑応答は略する）。

結局、満洲軍がとった処置は、左の電報のとおりである。

◯電報　三七年一一月一七日午後七時四五分発

総参謀長

参謀次長宛

本月一五日露国赤十字看護婦一名我が第四軍に投降し、我が看護事業に従事したき旨願い出でたりしも、之を許可せず。本日営口に護送し仏国領事に引き渡すべき筈なり。

◯電報　三七年一一月一八日午後六時五五分発

與倉少佐

総参謀長宛

露国看護婦は本日仏国領事に引き渡し、明日汽船にて芝罘を経て天津に送る筈なり。

このようにエカテリナ・カロリは日本軍の厚い保護を受け、営口を経て天津に還送された。移動間の厚遇には感謝しつつも、目撃した日本軍の衛生業務については虚妄の事実を伝え、誹謗中傷した。

露国の衛生部員で日本軍の野戦病院で使用された者が全くなかった訳ではない。カロリを日本軍の病院で使用しなかったのは、日本軍に来た事情が不規則であり、且つ多少の嫌疑があったからである。彼女が、もし日本軍の権内に陥った露軍の病院勤務であり、救護すべき傷者病者が在る間は必ず使用した筈である。

四、敵騎兵の我が野戦病院に対する不法襲撃

次ニ述ベントスル所ハ露軍ニ属シタル野戦病院ノ行動ニ係リ、恐ラクハ第二十世紀ノ最大違反ト観ルベキモノナリ

有賀博士は、尊重保護すべき衛生施設への攻撃を最大限の用語で非難している。

奉天会戦後、二箇月を経て、第三軍が蒙古辺境の法庫門に駐屯していたとき、ミスチェンコ将軍が指揮する騎兵集団は、第三軍の後背を侵し、五月一八日第七師団に属する二個野戦病院を襲撃した。

第一野戦病院、第二野戦病院とも未だ傷病者を収容せず、衛生部員のみ宿営準備をしていた際に襲撃を受けた。第一野戦病院の部員は無事退却することができたが、運搬することができない衛生材料は焼かれてしまった。第二野戦病院は数名が殺傷された。第三軍が記録していた内容を要約する。

明治三八年五月一九日、軍司令部は法庫門に滞在す。（以下略）

第二野戦病院

一、敵襲来の状左の如し。

午前一〇時四〇分頃、宿営地の西方に於いて銃声あり。状況不穏なるを以て、病院長は直ちに病院の退却を命じ、午前一一時一〇分頃、定期車両四個と衛生部員の大部分は東方に避難し、上原病院長、井上一等軍医、日直福山三等軍医、看護長、看護手及び輜重兵下士卒はその他の貨物を整頓し、退却の途に就きたり。当時敵の騎兵約百騎病院地区を包囲し、盛んに射撃を為すを以て、院長以下東方部落に退却せしめ、敵は之を追撃して一〇メートルまで接近したが、上原病院長、井上一等軍医等は難を逃れたるも、徒歩者たる福山三等軍医、坂井二等看護長は敵に追躡《ついじょう》（追跡）された。二人の状況を目撃した小林二等看護長の言左の如し。

「自分は福山軍医、坂井看護長と共に輜重材料を整頓して東方に向かいしとき、敵兵に追いつかれたるを以て、直ちに附近の地隙に入りたり。この際、敵の騎兵福山軍医に追いつきたるを以て、軍医は已に決心せしが如く、地上に安座して中立腕章を敵に示したるに拘わらず、敵は抵抗力なき同軍医の頭部を切り、軍医倒る。次で坂井看護長も敵に囲まれ、同じく中立腕章を示せり。敵は手擬を以て前方に送るの状を示し、看護長の油断に乗じて一刀を加ふ。看護長亦倒るるを見たり。その後、福山軍医、坂井看護長の死亡せしや否やを見ること能わずして退却せり」

二、次て敵は病院用毛布、天幕及び若干の行李を集めて之に火を放ちたり。又土人の言によれば、敵は病院用車両を貨物と共に村端に集め、西北方に運搬したりと云う。

三、損害の程度尚ほ調査中なるも、既に明の分左の如し。

人員健康者	将校相当官六名、下士以下四五名
負傷入院者	卒二名
死体発見	卒五名（共に頭部切断）
生死不明	福山軍医・下士以下四一名

明治三八年五月二一日、軍司令部は法庫門に滞在す。

敵の騎兵はなお昨日の地点附近に在りて我が兵站守備隊と交戦中なり。

五月一九日、上原第二病院長は残存職員を引率して病院地域の各部落に至り、敵襲に関する調査を為せり。その要左のとおり。

一、定期外衛生材料、炊事器具、行李、毛布等は炊事場、車廠及び事務室の三箇所において焼却しあり。

二、福山三等軍医以下の遭難の状況　同軍医遭難地に至り調査したるに、同軍医の帽子及び腹巻を発見す。帽子は頂部著しく破壊し、腹巻ともに凝血を附着す。土人の言に依れば、敵は軍医の頭部及び上肢を切りし後、仰位に車載して運搬せりと云う。恐らくは死亡せしならん。その他土人の言に依れば、三、四名頭部切創を受けたるものありしが、共に敵兵収容し去れりと云う。

三、略

四、当地の土人の言に依れば、多数の輜重車両は荷物積載のまま日本兵三四、五名附属して引率し去らんたりと。

五、人員の損害を再調査するに左の如し。

死者　五名

行方不明（福山軍医含む）　三九名

五、日本の衛生部員の戦闘への参加

奉天会戦中奇異ナル一事件起レリ。近衛師団臨時衛生隊、近衛後備混成旅団衛生隊戦闘詳報三十八年三月十一日ノ段ニ曰ク。

有賀博士は、衛生の章においては、衝撃的な書き出しで始めている。前項の二十世紀最大の違反行為など人道的な観点から違反行為に対して厳しく糾弾している。戦闘詳報の概要（要約）は次のとおりである。

一一日午前六時宿営地を出発、七時新屯に到着、命令を待つ。

午前一〇時三〇分連花山方向より待命地の畑地に向かって敵の敗残兵約百名現れ、我に向かってしきりに射撃する。勢い猶予断を許さない状態に陥り、山下隊長は小川特務曹長に命じ、拳銃携帯者を集め、且つ軍刀をも使用し、これを防止することとした。近衛師団騎兵聯隊の大行李監視者の射撃によって戦闘が開始され、衛生隊は突撃を敢行、遂に敵の大尉以下六一名を捕虜とした。この際、当衛生隊において微傷者二名発生した。敵の捕虜中二七名は負傷者であり、ことごとく応急処置を施した。

この日の鹵獲品は小銃五七、同弾薬四千六百、繃帯嚢二、地図二、命令のようなもの一、負傷乗馬一。捕虜は傷者、健康者とも新屯の民家内に収容し、直ちに旅団に急報し処置を乞うた。

これは、一個の移動救護機関である。歩兵少佐もしくは大尉の指揮する衛生隊本部員及び担架二個中隊より編成され、本部員は軍医、薬剤官、主計及び所要の下士卒から成り、両担架中隊は各歩兵太尉もしくは中尉の指揮する担架卒から成っている。

衛生隊は師団に随従し、一定の場所に繃帯所を開設すべき命令があるときは、衛生隊長は医長と調整し適当な家屋を選定して開設する。もし家屋がなければ天幕を展張する。担架両中隊は戦闘の第一線に出て負傷者を繃帯所に輸送し、且つ、これを野戦病院に後送する。

衛生隊は、全力をもって一個の繃帯所を開設することがある。または、二分して各別に繃帯所を開設することがある。衛生隊員は隊長以下みな赤十字腕章を装着し、傷者病者の収容輸送及び治療に専任することにある。

衛生隊の目的及び編制は前述のとおりであるが、衛生隊が待機命令を受けている状況の中で、逃走中の露国兵士が果たしてこれを射撃する権利があったのかということについて、有賀博士は検討している。

同博士は、衛生隊は命令を待っており、まだ繃帯所は開設していない状態であった。このような状態の中で露国兵士が「之ヲ射撃シタルハ不法ニ非ズ」、つまり違法ではないと断じている。その理由は次のとおりである。

これは旧ジュネーブ条約第二条を厳密に解釈すると自然の結果である。同条は「戦地仮病院及び陸軍病院に於て任用する人員は……各其の本務に従事し、且つ負傷者の入院すべく若くは救助すべき者ある間は中立の利益を享有すべし」とある。

かつて第一軍軍医部長が蜷川法律顧問の建議により部下各部隊に配布した旧ジュネーブ条約の疑問点解説中にも「敵の衛生隊（未だ繃帯所を開設せざるも）我が手に落ちたる場合に於ける取扱」として、職員は「俘虜と為すことを得、帰還の請に応ずる条約上の義務なし」と説明している。

畢竟このような解釈の道を防ぐためにジュネーブ条約は改正された。ただし、日露戦争は改正以前に行われたために、我が衛生隊員が赤十字腕章を装着しているにもかかわらず襲撃したことは不法ではないのである。衛生隊にとっては、襲撃された場合に、自ら防御する権利があることは疑いを容れない。なぜなら、正当防衛は各人に属する権利であるからである。

改正ジュネーブ条約（八条一号）においては、衛生部員のこの権利を認めるのみならず、救護する場所にいる傷病者のために使用することを認めた。

残る問題は、我が衛生隊が敵兵を俘虜とする権利が有るか否かということである。この点についても、その権利があると言わざるを得ない。なぜなら、正当防衛の権利には際限がなく、もし襲撃者がその襲撃を止めないならば、遂にこれを撲滅するところまでやらざるを得ない。敵兵を殺傷することに比すれば、ただその戦闘力を奪うため俘虜とすることは、より一層善良な手段と言える。

第五章のまとめ

■人道的観点に立って行動することの大事さ

陸戦規則の「第三章 病者及び傷者」は、一箇条からなっている。「病者及び傷者の取扱に関する交戦者の義務はジュネーブ条約による（第二一条）」と規定しているだけである。

戦争犠牲者である病者・傷者の保護及び衛生要員・衛生施設等の保護（中立）についてはジュネーブ条約に一任されていたのである。

日露戦争は、一八六四年の第一回赤十字条約を適用して行われた。有賀博士も指摘しているように、同戦争は、新旧条約の中間において生起した。この戦争において経験したことが教訓として生かされ、日露戦争終了翌年の一九〇六年の改正につながったのである。

これは、その後も続き、第二次世界大戦の経験が一九四九年八月一二日のジュネーブ四条約の改正につながった。さらに、ベトナム戦争等の経験をもとに一九七七年のジュネーブ諸条約の第一・第二追加議定書が制定され、現在に至っている。

戦闘地域の拡大、軍事科学・技術の進歩に伴う戦闘の方法手段の変化、戦争犠牲者の一般住民への拡大に伴い、病者・傷者、衛生要員及び衛生機関の保護に関する条約の規定は整備されてきた。

しかし、完全完璧な規定が制定されるとは期し難い。したがって、第一追加議定書にあるとおり、すべての傷者、病者及び難船者を尊重し、保護し、これらの者が必要とする医療上の看護及び手当を施すことであり、医療組織は、常に尊重し、保護し、これを攻撃の対象としないことを、すべての紛争当事者が実践するしか方法がないであろう。条約の明文規定に期待するのではなく、人道的観点に立って行動することである。

また、陸戦の法規慣例に関する条約前文のマルテンス条項を想起すべきである。

一層完備シタル戦争法規ニ関スル法典ノ制定セラルルニ至ル迄ハ締約国ハソノ採用シタル条規ニ含マレサル場合ニ於テモ人民及交戦者カ依然文明国ノ間ニ存立スルノ慣習、人道ノ法則及公共良心ノ要求ヨリ生スル国際法ノ原則ノ保護及支配ノ下ニ立ツコトヲ確認スルヲ適当ト認ム

■衛生要員及び衛生施設の重要性

武装部隊にとっては、戦闘が開始されるや否や衛生の重要性及び必要性を痛感することになる。指揮官及び指揮下の将兵は、健康な状態で戦闘を終始することは無理、または困難なことであると認識した上で、衛生要員及び衛生施設等を最大限に活用し、戦勝を獲得する途を考えることである。

一弾の砲撃によりどのような状況になるのかを想起することで、自ずと衛生要員等を尊重し、保護する念が沸いてくるものと信じている。

■衛生部員の正当防衛

有賀博士の各事案に対する評価は公正で明確である。

冒頭の赤十字旗の濫用については両面があることを指摘している。露軍が赤十字旗を掲揚したとすれば傷者がいるので掲揚する必要があるとの認識で行ったことであると判断している。ただし、日本軍の戦闘詳報によると赤十字旗の掲揚はなかったとみている。この場合、健康者、馬匹が同乗している列車での移動であり、傷者は攻撃の対象としてはならないとの義務はなく、攻撃の対象になる可能性について言及している。

また、日本の衛生部員の戦闘参加については、衛生部隊として移動中であり、未だ繃帯所（衛生施設）を開設していなかった。このような状況において露軍が攻撃してきたことについても不法ではないと判断するとともに、衛生部隊が赤十字腕章を装着して対処し、露軍兵士を捕虜としたことは自衛、正当防衛の行為であると明快である。

第六章　害敵手段

一、害敵手段の制限に関する経緯

害敵手段とは、戦時において国家が戦争の目的を達成するために敵国に対して行使するすべての加害行為をいい、一八七四年のブラッセル宣言及び一八九九年の陸戦規則で用いられた。

現在は、戦闘の方法及び手段（一九七七年ジュネーブ条約第一追加議定書第三編）と規定している。

この害敵手段は、陸戦規則第二二条においては「交戦者ハ害敵手段ノ選択ニ付無制限ノ権利ヲ有スルモノニ非ス」と、ジュネーブ条約第一追加議定書第三五条第一項では「いかなる武力紛争においても、紛争当事者が戦闘の方法及び手段を選ぶ権利は、無制限ではない」と定め、一定の制限が設けられている。

本章では、害敵手段の制限の経緯及び日露戦争間における害敵手段の制限に関する事例（ダムダム弾、小銃弾、赤十字旗等の濫用、制服の不正使用）について述べる。

（一）サンクト・ペテルブルク宣言（一八六八年）

（ア）意義

締盟者ハ其相互ノ間ニ戦争ヲ為スニ至ル場合ニ於テハ各其ノ軍隊又ハ艦隊ニシテ量目四百グラム以下ニシテ爆発性又ハ燃焼性ノ物質ヲ充テタル発射物ヲ使用セシムル自由ヲ抛棄《ほうき》センコトヲ約ス

サンクト・ペテルブルク宣言は、害敵手段に制限を加えた初めての国際的な取決めである。

サンクト・ペテルブルク会議は、露国皇帝アレクサンドル二世の発意で、ジュネーブ条約の精神を拡充して戦争において兵士に無用の苦痛を与える発射物の使用を禁止することを目的として開催された。

会議は、わずか一種類の発射物の使用を禁止することだけが決まった。しかし、有賀博士は会議の成果を高く評価している。

「然れども戦闘の範囲を敵の戦闘力を弱めるに必要なる所に限るとの原則を初めて条約に登したるは戦規の歴史に於ける一大進歩なり。戦争の目的は敵の軍勢を弱むるに在る所以を明にし、新武器の発明ある毎に各国協議して用否を決せんと約したるは確乎たる功績なり」

一方で、有賀博士は、この会議の結果が最小限に終わったのは英国の反対によるものであると指摘している。

英国の反対の理由は、大陸諸国と異なり多数の常備兵を保有していないため、威力強大な武器によって兵員数の不足を補うことが必要であり、戦争法規のために発明の自由（新兵器の開発）に制限を受けることは望ましくないということだった。英国のこの態度は、有賀博士が『日露陸戦国際法論』を発刊した一九一二年当時においても変わっていないとも述べている。

一八六八年は、日本では明治維新の年である。したがって、会議に参加もしていないし、同宣言を批准もしていない。しかし、同宣言はすでに国際公法の原則（国際慣習法）となっており、今さら加盟の手続を行う必要性もないと有賀博士は言明している。

（イ）四〇〇グラム以下の発射物を禁止した理由
田岡良一『戦時国際法』（日本評論社、八五頁）によると、四〇〇グラム以下の発射物を禁止した理由を次のように解説（要約）している。

「禁止した理由はその残酷性にある。禁止しているのは重量四〇〇グラム以下の弾丸、すなわち小銃弾のみであり、四〇〇グラム以上の弾丸、すなわち砲弾、手榴弾、爆弾は禁止していない。小銃弾であって炸裂性または燃焼性を有するものは軍事上の必要性が少ないからである。

小銃弾の効果は、その命中した個人を倒すことである。したがって、普通の小銃弾でもってほぼ同一の効果を上げることができるにもかかわらず、構造が複雑で製造の価格が高い炸裂弾または焼夷弾を使用することは、交戦国に多くの利益をもたらさない。

これに反して、炸裂性及び焼夷性の砲弾、手榴弾及び爆弾は多数の敵兵を一時に倒す効果を有し、また建造物及び工作物の破壊に使用されるなど、その軍事的有効性は大きい。したがって、宣言はこれらの投射物を禁止しないのである」

(二) ブラッセル宣言（一八七四年）

一八九九年の万国平和会議で制定された陸戦の法規慣例に関する条約は、日本も批准し、明治三三（一九〇〇）年一一月二二日に公布された条約である。しかし、この条約は、一八九九年にはじめて制定されたものではなく、普仏戦争後の一八七四年、ベルギーのブラッセルで開催された会議でいったん議決した宣言を一部修正して制定されたものである。

同会議は、一八七四年七月二七日から八月二七日までの間、露国のアレクサンドル二世提案の「戦時の法規及び慣例に関する国際条約案」を審議し、「戦争の法規慣例に係る列国宣言案（一三章五六箇条）」として決議し、各国政府に送付して終わった。

しかし、同宣言は、スイス、ベルギー、オランダ、ルクセンブルクのような欧州大陸の小国の調印拒否及びイギリスの批准拒否によって効力を発しないで終わった。

　本宣言における害敵手段に関する条項は二箇条である。第一二条「戦規ニ交戦者ニ於テ敵ニ加害スル手段ノ取拾ニ関シ無制限ノ権力アルヲ認メス」及び第一三条の禁止行為七項目である。禁止行為の中にはサンクト・ペテルブルク宣言で禁止した発射物の使用の禁止も定めていた。

（三）ハーグ平和会議における三宣言（一八九九年）

　サンクト・ペテルブルク会議後、一八九九年の万国平和会議までの間、害敵手段に関する会議は開かれなかった。その間、一八六八年当時、残酷とみなされた武器の多くは不用となって博物館に送られている。それほど列国陸海軍における武器及び火薬の開発、性能向上は著しいものがあった。

　このような情勢のなか、露国皇帝ニコライ二世は、ハーグ平和会議の召集を呼びかけるとともに、同会議に武器の制限に関する三つの案件を提出した。しかし、露国が提出した案件のうち一件は成立したが、ほかの二件は成立しなかった。

　一八九九年の万国平和会議で成立した宣言は次の三件である。
①締盟国ハ軽気球上ヨリ又ハ之ニ類似シタル新ナル他ノ方法ニ依リ投射物及爆発物ヲ投下スルコトヲ五年間禁止スルコトヲ約ス。（軽気球よりの投射物に関する宣言、露国提出案）
②締約国ハ窒息セシムヘキ瓦斯又ハ有毒質ノ瓦斯ヲ散布スルヲ唯一ノ目的トスル投射物ノ使用ヲ各自ニ禁止ス。（窒息瓦斯使用禁止宣言）
③締約国ハ外包硬固ナル弾丸ニシテ其ノ外包中心ノ全部ヲ蓋包セス若ハ其ノ外包截刻《せっこく》ヲ施シタルモノノ如キ人体内ニ入テ容易ニ開展シ又ハ扁平ト為ルヘキ弾丸ノ使用ヲ各自ニ禁止ス。（ダムダム弾使用禁止宣言）
　なお「各自ニ禁止ス」とは、各国自らその禁止

を遵守するという意味である。

日本は前記三宣言のすべてに加盟しており、明治三三（一九〇〇）年一一年二二日の官報で公布されている。

（四）陸戦の法規慣例に関する条約、同附属書（一八九九年）

（ア）禁止行為

陸戦の法規慣例に関する条約は、一八九九年ハーグで行われた第一回万国平和会議で制定された。そして一九〇七年の第二回の同会議で、同条約の一部が改正され、現在に至っている。

日露戦争当時、我が国は一八九九年の条約を適用して戦った。同条約の害敵手段の制限に関する主たる規定は、第二二条と第二三条である。第二三条の禁止行為のうち一八九九年と一九〇七年の規定の差異は、一九〇七年の規定に（チ）が追加されたことである。

第二三条　特別の条約を以て定めたる禁止の外特に禁止するもの左の如し。

（イ）毒又は毒を施したる兵器を使用すること

（ロ）敵国又は敵軍に属する者を背信の行為を以て殺傷すること

（ハ）兵器を捨て又は自衛の手段尽きて降を乞へる敵を殺傷すること

（ニ）助命せさることを宣言すること

（ホ）不必要の苦痛を与ふへき兵器、投射物其の他の物質を使用すること

（ヘ）軍使旗、国旗其の他の軍用の標章、敵の制服又は「ジュネヴァ」条約の特殊徽章を擅《ほしいまま》に使用すること

（ト）戦争の必要上万已むを得さる場合を除くの外敵の財産を破壊し又は押収すること

（チ）対手当事国国民の権利及訴権の消滅、停止又は裁判上不受理を宣言すること（追加）

第二三条の柱書き特別の条約とは、当時は（三）で述べた兵器の規制に関する三宣言だった。現在は、特定通常兵器禁止制限条約、対人地雷禁止条約、化学兵器使用禁止条約などが追加されて適用されている。

（イ）マルテンス条項

本条約の前文に「マルテンス条項」といわれる規定がある。万国平和会議での露国代表であった国際法学者マルテンス博士が発案したため、この名称がついた。

「一層完備シタル戦争法規ニ関スル法典ノ制定セラルルニ至ル迄ハ締約国ハ其ノ採用シタル条規ニ含マレサル場合ニ於テモ人民及交戦者カ依然文明国ノ間ニ存立スル慣習、人道ノ法則及公共良心ノ要求ヨリ生スル国際法ノ原則ノ保護及支配ノ下ニ立ツコトヲ以テ適当ト認ム」

マルテンス条項は、条約に明文の禁止規定がなくても、交戦国は人道の原則や国際慣習法の拘束下にあることを確認する条項である。条約で明示的に禁止されていないことは当然に適法であることを意味しない。戦闘においては軍隊の指揮官の恣意的な判断によって行動するのではなく、人道の諸原則に則り戦闘行為を行うように求めているのである。

二、ダムダム弾の使用禁止

ハーグの万国平和会議で英米二国を除く諸国が調印した宣言「締約国ハ外包硬固ナル弾丸（中略）各自ニ禁止ス」は、通常ダムダム弾の使用禁止宣言といわれている。

（一）ダムダム弾

ダムダム弾は、一九世紀にイギリスが内乱鎮圧のためインドのカルカッタ北東部にある工業都市ダムダムの兵器廠で作らせた弾薬であり、その名称の由来になっている。

同弾薬は、弾の外包が中心をすべて包まず、またはその外包に刻みを施したもので、人体内に入ると展開し、または扁平となる弾である。

一八九九年の万国平和会議においてダムダム弾の使用が討議された際、イギリスは通常の銃弾では野蛮兵の抵抗力を挫《くじ》けないとして、彼らに対する同弾薬使用の必要性を強調したが退けられた。このため、ダムダム弾使用禁止宣言において一五カ国は署名したが、イギリスは署名しなかった。しかし、一九〇七年の万国平和会議時に加入した。

陸戦規則第二三条（ホ）の禁止する「不必要な苦痛を与える兵器」としては、その当時、主としてダムダム弾が念頭におかれていた。

(二) ダムダム弾の使用

日露戦争において日露両国相互に、敵国がダムダム弾を使用するのではないかと疑っていた。しかしながら、戦闘における事実関係を調査した結果、ダムダム弾を使用した違反行為はなかった。

また、日露両政府が、正式の武器としてその使用を許可したとの事実もなかった、と有賀博士は述べている。ただし、日露両軍将兵のごく一部が、個人的に保有、または使用した例が報告されており、数例を紹介する。

(ア) 露軍

① 樺太においては兵器が不足していたため猟銃用の実弾を使用し、また西シベリアでは盗賊を防ぐため備えていたピストル用のダムダム弾を気づかず、敵に使用したということが報告されている。

露軍の将兵が、ことさら無益な苦痛を日本兵に与えるために使用したのではないということである。軍医によれば、普通の小銃弾であっても石に当たって反射し、人体に入った弾はダムダム弾と等しい障害を与えることがあるという。

したがって、ダムダム弾であるか否かを判別するためには、身体内の弾を摘出して検査するよりほかにない。

有賀博士は、この件に関し三七八年戦役（日露戦争の日本〔軍〕の正式名称）衛生史編纂委員に確認したが、そのような事実は確認されていないという回答を得ている。

② 露軍がダムダム弾を使用したと伝えられる事実を調査したところ、第一軍（黒木軍）の報告書に一例があった。

「六月二八日、第十二師団歩兵第二四聯隊第七中隊は戦場捜索の際、敵の遺棄した馬を捕獲した。その馬の鞍嚢の中から速射拳銃に使用する数個のダムダム弾を発見した。弾はニッケル被筒の鉛弾でその弾頭に被頭を設けていなかった。物体に入ると弾丸は自ら破壊し、その破片は抵抗物体内に飛散し、多大の障害を与え爆裂弾と等しい作用を現呈する」

第一軍は、報告書に同弾を添えて大本営に報告している。

③ また、遼陽戦において、鹵獲《ろかく》兵器の中に二種類のダムダム弾が発見されている。しかし、発射すべき小銃は発見されていない。さらに旅順開城後の戦利品の弾丸の中にも数種のダムダム弾が発見された。

しかし、露軍として組織的に用いられた事実はなく、有賀博士は「其ノ何ノ用ニ供スル目的ナリシヤ今ニ於テ審ナラズ」と結論づけている。

(イ) 日本軍

日本軍がダムダム弾を使用した事実はなかった。これは、従来あまり知られていなかったことであるが、日本軍がいかに文明戦争の法規慣例を遵守することに熱心であったかを、有賀博士は次のように述べている。

「その史実は、第十二師団が四道溝附近の戦闘において敵の遺棄した馬の鞍からダムダム弾を発見したこと（前記ア②参照）に起因している。第一軍からダムダム弾を添えた報告書を受領するや否や、大本営は技術審査部に同弾の審査を命じた。

調査の結果、同弾はモーゼル式一〇連発拳銃用軟頭弾で、被筒の一部を除し鉛を露出した、いわゆるダムダム弾に相違ないことが判明した。

この調査結果とともに、この弾薬と同種の弾薬が日本へも輸入され、民間の銃砲店（金丸、大倉等）においても販売されていることが判明した。

これを受け、大本営は万一出征している将校の中にその性質を知らず購入し、戦地において使用する者がいるのではないかと恐れた。

このため、明治三七年八月、陸軍次官石本中将は、各軍に通知し、類似の拳銃弾を所持している者はすべて提出させ、通常の拳銃用弾薬と野戦兵器廠で交換させる処置を講じたのである」

三、不必要な苦痛と日露両軍の小銃弾

沙河での対戦中、露国赤十字社の看護婦ペッロナ・カロリは、第四軍（野津軍）の部隊に対し、負傷した日本兵を収容して欲しいと申し入れてきた。その際、同看護婦は、日本の小銃弾による負傷は一般に治療が容易である。これに反し、日本兵士が露軍の小銃弾によって受けた傷は常に重傷であり、治癒も遅いということを述べていた。

有賀博士は、学理上その真偽を確かめるため専門家に質問したが、未だ正確な回答を得ることはできなかった、と述べている。

日本軍の小銃弾はイタリア、オランダと同様六・五ミリメートルであるが、露軍の小銃弾は七・六二ミリメートルであり、一・二ミリメートル大きい。当時の日本軍の小銃は有坂成章《ありさかなりあきら》大佐が開発した「三〇式歩兵小銃」であった。中央箱弾倉、五連発のボルト・アクション（槓桿式）小銃で、当時としてはやや構造が複雑であるが、最大射程三〇〇〇メートルで、弾道の低伸性及び命中精度ともに良好であった。三八式歩兵銃、九九式小銃の基本となった銃である。

通常いわれているのは、銃弾はその口径が小さくなるにしたがい傷害は少ない。これについて正確な結論を得るためには、さまざまな検証をしなければならないだろう。

有賀博士は、専門家の見解を踏まえ、日露戦争を通じて知り得た日本軍の小銃弾の利点、欠点について次のとおり分析している。

(一) 日本軍小銃弾の利点

① 日本軍の歩兵銃丸(銃弾)は、大口径銃弾に比し、一般的には残酷でない銃創を形成し、臨床上その経過及び予後は佳良である。ゆえにむしろ人道的銃弾といえる。

② 日本軍の歩兵銃弾によって負傷した者の多くは、軽傷であっても即時、または少時間後、戦闘不能となることである(これはもとより望むところである。戦争の目的を達するためには一人でも多く敵の戦闘力を奪えば足りるのである。死に至らしめることはもとより必要ないのである)。

③ 日本軍の歩兵銃弾は、大口径銃弾と比較すれば「一時的戦闘不能者」を多発させる効果はあるが、「持続的戦闘不能者」を出すことは比較的少ない。これはまた、文明戦争の法則の目的に合致したものである。

この結果として、銃創の治癒後、再び従軍することができる者の数は、比較的多かった。露軍の一等軍医ウレージンの計算によれば、九連城の戦闘における負傷後一カ月で原隊に復帰した者は、その負傷者数の三二パーセントであった(この結果は、小口径銃弾を採用している軍隊にとっては不利益である。しかし、戦傷が軽いということを証明するものであり、人道には適うものである)。

以上の三点は、国際法上日本軍の小銃弾の優れている点だ、と有賀博士は評価している。

（二）日本軍小銃弾の欠点

一方、その欠点について有賀博士は、人道的な観点から次の三点を述べている。軍事上の必要性からは銃弾として優れた機能を有していると判断されるが、人道の観点からみると不要なものがあるとの同博士の分析である。これは軍事上の必要性と人道との節調を図ることの難しさを表している。

① 日本の歩兵銃弾の侵徹力は強く、当時においては稀有であった。重劇銃創（例えば脊髄銃創、血管銃創、神経銃創等）及び長創管銃創を起こし、あるいは一発で身体の数カ所に損傷を与え（いわゆる多発性銃創）、もしくは数人を殺傷することが少なくなかった。さらに比較的遠距離においてもその効力を発した（銃創とは銃で撃たれた傷を言い、この分類は当時の区分によるもの。受傷部位を中心として整理されている。現在は射創または銃創と呼ばれている）。

② 日本軍の歩兵銃弾は、学理的に言えば、弾道学的に優秀であり、侵徹力が強く、低伸弾道で命中率が高く、危険界が広く、遠達能力があること、さらに弾が小さく比較的多数の携帯に便利であることにより敵に損害を与えることは比較的大であり、戦闘において死傷者の数を増加させる効力を持っている。

露軍の専門家の調査によれば、ツェーゲ・マントイフェル氏は全軍の二五パーセント、ウェーフェル氏は全軍の一六パーセントが負傷していると している。

③ 日本軍の歩兵銃弾による銃創の死傷比率は、最近の戦役において使用された銃弾銃創の死傷比率と大差ない。ウレージン軍医の報告によれば負傷者三名に対し死者一名の比率であり、ウェーフェル軍医の一九〇六年の調査報告によれば歩兵では四～五名に対し一名、砲兵においては九名に対し一名の割になっている。

以上のような結果であり、日本軍の銃弾は口径のさらに大きい弾丸に比し、さらに人道に合致するか否かを判断することは容易ではない。ただ、このことに関し確実な見解を立証することの難しさを知るのみである、と有賀博士は述べている。

なお、この件に関し、一八九九年の万国平和会議においても一定の見解は見いだせなかったと付言している。

現在でも同じであり、一九八〇年特定通常兵器禁止制限条約の制定会議においても論議されたが結論は出ていない。

四、赤十字旗章、白旗及び国旗の濫用

(一) 日本国旗と赤十字旗の識別

赤十字の旗の下に隠れて敵火を避けようとすることは、はなはだ武士道に背くことであり、日本軍の中にこのような卑怯なことを行う者はもとより一人もいないと信じている、と有賀博士は述べている。

しかしながら、日本の国旗は遠方から見たときは、赤十字旗と識別しがたい場合があり、日本軍の将校が新たに占領した地点を示すため立てた日章旗を、敵が赤十字旗と誤認することがあった。

例えば、旅順攻撃中の明治三七年九月中旬、芝罘の露国領事は在旅順赤十字社派遣員の書簡を発表した。その中に「日本赤十字旗ノ掲揚シアルニ対シ露国側ヨリ其ノ戦争行為ヲ中止スルニ乗ジ、日本人ハ自己ノ軍事計画ヲ進捗セリ」と記載されていた。

その数カ月後、芝罘に来た露国人自身が明言した内容の電報は次のとおりである。

「旅順から当地に着いた五名の露人のうちに二名の士官がいた。彼らはクロパトキンの命を受け、ステッセルの下に派遣された者であった。

赤十字旗の件について彼らが面会者に語ったこ

とは次のとおりであった。

『本件はどこに原因があったのか言い難い。初めは何れかが信号旗を赤十字旗又は白旗と誤認し発砲を止めたのに、相手が行動を続けたことにより、旗を利用するものと信じてこれを砲撃し、又は自らもこれを利用することにしたものである。現在、日露両軍とも最早赤十字旗又は白旗を尊敬することはできず、敵味方の死体の片付けにも支障をきたしている』（明治三七年九月一九日、在芝罘水野領事の電報）と伝えている。

(二) 露軍の赤十字旗等の濫用

露軍の赤十字旗、白旗及び国旗の濫用は極めて頻繁に行われていた。少なくとも、ある場合は故意による違反と想像せざるを得ない、と有賀博士は述べ、その事実を列挙している。

① 第一軍（黒木軍）が鴨緑江の左岸に進出し、はじめてその右岸の敵の主力に接触したとき、敵は江岸に沿って赤十字旗を樹立していた。蜷川法学士によれば、これは我が砲火を避けるための背信行為であると述べている（『黒木軍ト戦時国際法』九四頁）。しかしながら、露軍は退却するとき、赤十字旗を掲げた患者輸送車を序列の最後に置く習慣があり、必ずしも悪意で行ったとは判断しがたい。要は状況のいかんによる、と有賀博士は評価している。

② 明治三七年五月二六日、南山の役において、敵の一部隊が白旗を掲げたため、我が軍は砲火をゆるめたが、敵の同部隊はいっそう我に対して砲撃をしてきた。（三七年七月一六日、官報）

③ 同三七年六月一五日、得利寺附近の戦闘の終了間近、大房身西方劉宗炉附近にいた敵の集団騎兵は、我が中央部隊のため圧迫され、得利寺方向に退却するにあたり、日本の国旗を掲げて日本軍を装った。

また同日、瓦房窩鋪附近から退却していた敵の騎兵部隊は、銃剣に白旗を掲げていたため、我が軍は射撃を中止し、投降者としての取扱いをしようとしたところ、敵は上岩子溝附近の谷地に入り直ちに北方に逃走した。（三七年七月二七日、官報）

④同三七年七月二二日の戦闘において、敵はコパアンリンの高地に日本国旗を立てた。したがって、我が軍もこれに応えるため国旗を立てたところ、敵は直ちに我を砲撃してきた。（三七年七月二七日、官報）

右記以外にも有賀博士は濫用の例を紹介しているが、紙幅の関係で割愛する。

官報は、国の法令、その他の公示事項を掲載し、周知させるための日本政府唯一の機関誌である。その官報に、露軍の戦時国際法違反行為を公示して広く国民、さらには国際社会に知らしめたことは適切だった。掲載されるためには、陸軍の第一線部隊が認知した露軍の違反行為を詳細に記録し、順序を経て適時に報告されることが必要である。

軍と政府との間に、この一連の手続、報告の流れが定着していたのである。

五、制服の使用

敵軍の制服を使用することは、陸戦規則第二三条で禁止している。

中立国（清国）が戦場となった場合において、その中立国の兵士が制服を着用して行動することは問題ない。中立国の一部地域を戦場として他国（日露両国）が戦うことが極めて稀有なことなのである。

もともと敵兵の制服を着用することを禁止した理由は、制服は一種の黙約である性質を有しており、これを尊重するのみならず、敵兵と中立国の兵とを識別することにある。

そもそも満洲に清国が清国兵を配置することは

清国の自由であり、これはいかんともしがたいことである。したがって、露国兵の中で清国兵の制服を着用する者がいたときは、日本軍は清国兵の服装をした者を見るたびに敵としてこれと戦わざるを得ないことになる。このようなことが行われると、その被害は正規の清国兵に及ぶおそれが出てくる。

つまり、両交戦国軍が中立国内で戦闘する場合にその中立国の制服を使用することを禁止することは、清国のためにも必要なことである。

明治三七年一〇月六日、第二軍（奥軍）参謀長は満洲軍総司令部に対し、露軍による支那兵服の着用を禁止するため必要な措置を講じて欲しい旨の上申をしている。

「近頃多数の露兵が支那兵服を着て我の前哨線に出没している。また我が前哨線外を徘徊している支那騎兵も少なくない。露兵との識別が甚だ困難である。不慮の過誤が起こることも予測されると第一線から報告されている。これら支那兵の徘徊は我が軍の前面のみならず、他軍前にもあると聞いている。従って、至急その筋にご照会の上、支那兵はことごとく皆前哨線外から撤去するか、若しくは徘徊しないよう取り計って戴きたい」

しかしながら、支那兵が日本軍の前哨線外で徘徊することを禁ずることは穏当を欠くため、日本政府は、このことについて米国を介して露国政府の注意を促すこととした。

外務大臣は駐米日置臨時代理公使に「露兵が支那兵服を着用して戦闘に従事している事実がある。これは国際慣例及び条約の趣旨に違反するのみならず、その結果無辜の人民に危害を及ぼすおそれがある。よって本件を露国政府に注意を喚起するため、在露米国大使に訓令されたく米国政府に依頼するように」との訓令を発した。

後日、露国政府は在露米国代理公使を経て次の回答をしてきた。

「露国政府は本件に関し調査したところ、同政府は右の報道が十分な根拠あることを確かめること

はできない」（明治三七年一一月二二日、駐米日置臨時代理公使公電）

事実調査が行われたのか否かも不明であった。

さらに、明治三八年一月一九日、参謀総長は次の諜報を各軍に通知している。

「露軍は近頃奉天で支那婦人を雇い間諜（スパイ）に用い、また露兵に支那官兵の服装をさせ、各地に出して間諜に用いている」と通知し、警戒するよう指示している。

第六章のまとめ

■陸戦規則の禁止行為七項目を実践させる

「害敵手段」または「戦闘の方法及び手段」の各規定で禁止されている行為がなぜなくならないのか。

その理由として、指揮官の「教えざる罪」「止めざる罪」、指揮下将兵の「知らざる罪」などいろいろあると思われるが、やはり指揮官の「教えざる罪」は重いと思う。

指揮官が教えるとは、単に禁止されている規則の条文を読み聞かせるだけでは不十分である。一兵士までその内容を徹底し、実践させる必要がある。

彼我兵士にとって生死を分かつ状況の中で、やっていいこと、わるいことを心身にたたき込まなければならない。平素、条文を読んで、頭でわかっていても役に立たない。極限の状況の中でも正しい判断ができるようにしなければならない。

そのためには、違反行為の先例及び七つの禁止行為を分析し、訓練場面を作為して、繰り返し演練することである。この点、陸戦規則の禁止行為と、ジュネーブ条約第一追加議定書の戦闘の方法及び手段の規定は相互関連性があり、訓練場面を想定しやすいと思われる。

■陸戦規則の「背信と助命」

陸戦規則は簡明な禁止行為の列挙方式で記載されているが、追加議定書は理解が容易なように例示も含めて記載されている。例として「背信と助命」について紹介する。

[背信]

ロ　敵国又ハ敵軍ニ属スル者ヲ背信ノ行為ヲ以テ殺傷スルコト

ヘ　軍使旗、国旗其ノ他ノ軍用ノ標章、敵ノ制服又ハジュネーブ条約ノ特殊徽章ヲ擅（ほしいまま）ニ使用スルコト

第三七条　背信行為により敵を殺傷し又は捕らえることは、禁止する。（背信行為の定義：略）背信より行為の例として、次の行為がある。

(a) 休戦旗を掲げて交渉の意図を装うこと。又は投降を装うこと。

(b) 負傷又は疾病による無能力を装うこと。

(c) 文民又は非戦闘員の地位を装うこと。

(d) 国際連合又は中立国その他の紛争当事者でない国の標章又は制服を着用して、保護されている地位を装うこと。

[助命]

ニ　助命セサルコトヲ宣言スルコト

第四十条　生存者を残さないよう命令すること、そのような命令で敵を威嚇すること又はそのような方針で敵対行為を行うことは、禁止する。

一般の兵士・隊員は、陸戦規則の禁止行為七項目及び追加議定書第三五条～四二条の規定の趣旨を理解し、自ら実践できること、また同僚の兵士・隊員

が違反行為を行おうとするのを見た場合には瞬時に制止し、指揮官に報告ができることが求められるだろう。

■今なお有効な一九〇七年改正の「陸戦規則」

日露戦争は、一八九九年の条約制定五年後に起きている。明治天皇の指針に基づき国際法遵守施策の徹底を図っていた日本陸軍に比し、露軍の条約内容の普及、徹底度は不明である。露軍は、農奴出身者を中核に編成された部隊や囚人もって編成した義勇兵団であり、将校による一般的な指導は行われるが、事例でみるとおり徹底度は十分ではなかったと思われる。また、一部の将校による明らかな違法命令の発出も行われていた。

陸戦規則は、日露戦争の二年後に同戦争の経験を踏まえ、一九〇七年に改正された。その後、一度も改正されていない。

前述したとおり、一九七七年にジュネーブ条約との融合化が図られているが、今なお陸戦を遂行するための規則の基本になっていると筆者は認識している。

イラク戦争後、米国が行ったイラクの暫定統治機構の各種施策は、陸戦規則第三款「敵国の領土に於ける軍の権力」の各規定に則り行われたものと理解している。

また、戦争違法化の中においても事実上の武力紛争は行われているが、終末段階においては、陸戦規則第五章の休戦条項を踏まえて休戦・停戦条約が締結されている。たとえば、朝鮮戦争の休戦協定などである。

■規則を運用するのは人である

陸戦規則よりジュネーブ条約第一追加議定書で、明確に、または新たに規定されたものは次のとおりである。

第三五条　基本原則

1　いかなる武力紛争においても、紛争当事者が戦闘の方法及び手段を選ぶ権利は、無制限ではな

い。（陸戦規則第二二条）

2　過度の傷害又は無用の苦痛を与える兵器、投射物及び物質並びに戦闘の方法を用いることは、禁止する。（陸戦規則第二三条ホ、一九八〇年特定通常兵器禁止制限条約の制定根拠となった条項）

3　自然環境に対して広範、長期間かつ深刻な損害を与えることを目的とする、又は与えることが予期される戦闘の方法及び手段を用いることは、禁止する。（新規。第五五条関連、一九七六年環境改変技術使用禁止条約を踏まえて規定、ベトナムにおける枯葉剤の使用等が制定要因）

第三六条　新たな兵器締約国は、新たな兵器又は戦闘の手段若しくは方法の研究、開発、取得又は採用に当たり、その使用がこの議定書又は当該締約国に適用される他の国際法の諸規則により一定の場合又はすべての場合に禁止されているか否かを決定する義務を負う。（新規。新兵器については常に後追いの状況であった。新兵器が戦場で使用され、非人道的と判断されたときに条約を制定するということが長く続いてきた。本規定により、将来開発される可能性の高い兵器、例えば、レーザー兵器等の予防的な規制が可能となった。前記、特定通常兵器禁止制限条約の中に既に盛り込まれている。また、兵器そのものだけではなく、戦闘の戦術・戦法まで視野に入れていることは評価できる。）

その他、危険な力を内蔵する工作物及び施設、すなわちダム、堤防及び原子力発電所は、原則攻撃の対象としてはならないと新規に定めた（第五六条）。また、軍隊指揮官に対し攻撃の際の予防措置に関する遵守事項を定めている（第五七・五八条）。

条約数、各条約の条項は、日露戦争当時に比べて大幅に増えたが、これらを運用するのは人である。指揮官の場合もあれば、現場の一兵士の場合もある。瞬時に軍事上の必要性と人道との節調を図り、判断を過《あやま》たないことを望むだけである。

第七章　旅順の攻囲と砲撃

一、旅順攻囲作戦の準備

露軍の前進陣地に対する第三軍（乃木軍）の攻撃準備は迅速に行われ、明治三七年七月二六日から三〇日までの間に日本軍の各部隊はそれぞれの地域に展開した。その中で特に重砲部隊は、その位置を秘匿する必要があった。

このとき、第三軍が攻囲、砲撃を準備するにあたり国際法上の観点から検討すべきことが二点あった。住民に対する避難の指示と露軍が降伏した場合の措置である。

（一）住民に対する避難指示

旅順の背面を防護する山脈と攻囲軍の前線との間に直径約二、三キロメートルの平野があり、支那（清国であるが、原文のまま記述する）の村落が点在し、その中で水師営が最も広大な地積を有していた。

そこの住民は財産を生命より貴重なものとみなしているため、大半の住民は家に留まっていた。

同地域の東西両側は海となっており、間諜（スパイ）が小舟に乗って海上から来て日本軍の砲兵の陣地を探り、これを露軍に通知することははなはだ容易なことであった。したがって、これを予防しようとすれば、地域を限定して交通を遮断し、小舟による往来を禁止するとともに、海上を厳重に監視することが必要であった。

また、支那人（清国人）はこの地域内に残留し、高地に登って日本軍の部隊の位置を遠方にいる露軍に信号で知らせることもできた。このため高地から展望することを禁止する必要があった。

このように平和に生活している清国住民に多くの不便を与えることとなるが、攻囲軍の自衛上、万やむを得ないところである、と有賀博士は述べている。

また、すべての住民を退去させようという案もあった。しかし、このようにした場合、日本軍が住民の財産を保護する責任を負わなければならないことになる。これは、満洲のような地方においては到底不可能なことであった。

したがって、日本軍は、住民を説諭して退去を希望する者は三日以内に退去させ、この期限を過ぎて残留する者には海陸の交通を禁止する手段をとることとした。

このため、第三軍司令官は、八月一日に住民に対して諭告を告示するとともに、隷下各部隊に対し必要な命令を下した。

「大日本帝国第三軍司令官　陸軍大将男爵　乃木告示す。

戦争に有害なるに依り茲《ここ》に双台溝、偏石柵子、大石胴、大白山、龍王塘を境界とし、その以西の地域における各村の人民及び大小船舶は、共に随意に往来通信することを許さず。もし、避難せんと欲する者は、明治三七年八月三日日没以前において随意に境界線以外に遷移するは妨げなし。この期限以後において避難せんと欲する者は出入することを得ず。その外山丘高地に攀登し遊探瞻望することを厳禁す。本件は東西を論ぜず即ち菫鎮堡、辛寨子、沙河口迄も一律に遵行せしむ。若し敢えて犯す者あらば立ちどころに射殺す。之が為に告示して暁諭《ぎょうゆ》す。一般人民夫《そ》れ之を知れ。

第三軍訓令　八月一日午後四時三十分於営城子

一、旅順要塞攻囲線の背後に於ける我が諸設備並びに動作を秘匿するの目的を以て双台溝、北方海岸より分水嶺子を経て龍王塘に亘る線に監視線を設置し交通を遮断せしむとす。

二、此の目的を以て各団隊は八月三日日没より監視線を配置し、各其の区域内に於ける交通遮断に関し責任を有し、且つ互に隣区域と連絡すべし。
　後備歩兵第四旅団任務、略
　第九師団任務、略
　第十一師団任務、略
三、略
四、略
五、予はこの企図を予め人民に告知し置くの必要ありと認め、別紙告示文七葉を送る。各団隊長は成るべく速に各其の区域内枢要の地点に貼付し普《あま》ねく人民に知らしむべし」

　この措置は、当時の陸戦規則第二五条（防守されない都市の攻撃）、第二六条（砲撃の通告）の趣旨を体して行われたものである。軍の行動の企図の秘匿と戦闘間における村落、一般住民の生命、身体、財産を防護するため、第一線の部隊として必要な行動であった。

（二）露軍が降伏した場合の措置

　攻囲開始前に検討しなければならない第二点目は、敵が白旗を掲げた場合にどのように対応するかということだった。第三軍参謀長は有賀博士に「攻城戦中、国際法に関して注意すべき要点を立案せよ」と命じ、有賀が起案した文書（以下要約文）を八月八日に各部隊に配布し、参考とするように指示した。

　凡《およ》そ彼我対戦中において白旗を掲げたるは降伏の意思を示すものである。しかし、敵は真に降伏の意思がなく、ただ一時をとりつくろうために白旗を掲げることもあり、また、たとい真に降伏の意思があったとしてもその降伏が我が軍に不利になるため到底認められない場合もある。よって、敵が白旗を掲げただけでは完全に降伏の手続を尽くしたとはいえない。したがって、我はこれに対して直ちに砲撃を中止する必要はない。

つまり、軍使の派遣、交渉により始めて彼我の意思疎通が適うのである。

今ここに白旗を使用する種々の場合を想定し、これに対する処置を略示する。

① 一人の軍人が白旗（ハンカチ等を代用することがある）を持って投降するときは捕虜とすること。

② 要塞を砲撃中、一堡塁が白旗を掲げてもその堡塁に対し砲火を中止する必要はない。敵が軍使を派遣し、その結果により我が軍司令官から必要な命令があるまでは引き続き砲撃すること。

③ 敵の各堡塁ことごとく白旗を掲げた場合においても、②と同様に行うこと。この場合は砲撃を継続しながら急報して命令を待つこと。

④ 砲撃中、敵の陣中から軍使が出てきたのを見たためにその方面に対する砲撃を止めたり、または緩める必要はない。ただし、軍使の一行を狙撃することがあってはならない。

⑤ 砲撃中、陣中から婦人幼児を送り出し、我が戦闘陣地地域内を通過して安全な場所に移そうとし、あるいは我が軍に保護を求めようとするときは、その陣地方面に対する砲撃を止めたり、または緩める必要はない。しかし、婦女子に対して射撃してはならず、軍司令官に急報して命令を受けること。

⑥ 敵の要塞内において屋上に白旗、または赤十字旗を立てた建築物は寺院、病院の類と推測されるので、敵が軍事用に使用している証拠が明らかな場合を除き射撃しないように注意すること。軍使はその不可侵を尊重することが必要である。国際法規に照らしてその取扱いを示すと次のとおりである。

軍使は白旗を掲げ、ラッパまたはその他の楽器を鼓吹し、通訳その他の従者を引率して行進して来るのを条例としている。このような者に対しては狙撃してはならないことはもちろんのこと、まず最前線に止め、順序を経て速やかに軍司令部に報告し、どこに置くべきか指示を仰ぐこと。軍使はその官職相応の待遇を与え、護送が必要なときは相当の護衛を付け、還送する場合は安全に敵軍に帰さなければならない。

二、聖旨伝達及び開城勧告

（一）明治天皇の勅命

明治天皇は、露国との戦争において常に寛仁の心をもって臨まれ、旅順攻城戦がまさに始まることを聞かれるや、要塞内の婦人、幼児、僧侶、中立国の外交官、観戦武官で避難を希望する者を退去させるようにせよとの勅命を発され、参謀総長から満洲軍総司令官に伝達された。

満洲軍総司令官は八月一二日、第三軍司令官宛に電報を打ち、その徹底を図った。

大本営からの訓令は次のとおりである。

大元帥陛下ハ至仁ノ聖意ヲ以テ旅順港要塞内ニ在ル非戦闘員ヲシテ成ルベク戦火ノ惨害ヲ免カレシメンコトヲ望マセ給フ。右ノ聖旨ニ対シ貴官ハ旅順港要塞内ニ在ル婦人、小児、僧侶、中立国ノ外交官、観戦将校ニシテ避難ヲ希望スルモノヲ「ダルニー」ニ護送シ、該地碇泊部司令官ニ引渡スベシ。作戦ニ影響スルノ恐レナシト認ムルトキハ要塞内ニ在ル前項以外ノ非戦闘員ヲモ同ジク避難セシムコトヲ得。

これを受け乃木第三軍司令官は、露軍に軍使を派遣し、書簡（公文書）を在旅順露国陸・海軍の司令官に送って聖旨《せいし》を伝えることにした。書簡は二通準備された。

一通は、露軍の指揮官が天皇陛下の仁愛に満ちた意思にそって非戦闘員を域外に出すことを望むならば、彼らを日本軍が収容して大連に輸送する条件を定めるものであり、二通目は降伏を勧告するものである。

有賀博士は、この二通の起案を命ぜられ、日文を正文とし、これに英訳を添える書簡案を作成した。書簡は、軍使を派遣して手交することとされた。

(二) 軍使の派遣及び露軍の回答

軍使は、第三軍参謀山岡熊治少佐が指命された。山岡少佐は、八月一六日、水師営において露軍の関東州要塞地区参謀長レース大佐以下と会見して二書を手交し、明日再会することを約束して帰った。これが日露戦役における第一回の軍使による交渉であった。

翌一七日、第三軍司令官は、露軍が日本軍の提議を容れて非戦闘員を要塞外に出す場合に対する準備を整えた後、再び山岡少佐を軍使として派遣した。第三軍参謀長伊地知少将は、参謀及び有賀博士を率いて土城子に出向き回答を待った。露軍の軍使は、指定の時間に回答二通（仏文）を携え、到着した。

露軍の回答は、いずれも拒否するものであった。

回答は、日本帝国軍隊指揮官乃木男爵、日本帝国艦隊司令官東郷大将宛に、シベリア第三軍司令官ステッセル中将、旅順要塞司令官スミルノフ中将及び露国太平洋艦隊司令官ウクトムスキー公爵三名の連名自署によるものであった。回答本文は次のとおりである。

「両閣下、茲《ここ》に吾らは婦女、幼者、僧侶、外国従軍武官等を貴示の方法及び時間に於いて自由に通過せしめんとする閣下等の懇篤なる提議を利用するの不可能なることを拝告するの光栄を有す」

「両陛下、茲に吾らは要塞を引き渡す提議は露国軍隊の名誉及び威厳と相容れず、また旅順の現状に照らして正当にあらざるを以て、詮議の目的物たることを得ざる旨を閣下に告ぐるの光栄を有す」

三、旅順における外国従軍武官

ドイツ皇帝は、明治天皇が旅順の非戦闘員及び外国武官を救助するべき勅命を発したことを聞き、ドイツ海軍少佐ホプマン、同大尉キルヘンハイムに旅順を立退く命令を発し、その伝達を同国公使を経て日本政府に依頼してきた。

これを受け、山縣参謀長は、八月一六日、第三軍司令官に「作戦の状況の許す限りにおいて、同人達にドイツ皇帝の命令等を伝達する手続きをとるよう」命じた。

第三軍司令官は、一七日、山岡少佐が再び敵の軍使と会見する際、「ドイツ皇帝のドイツ帝国海軍少佐と大尉に対する退去命令を伝達することを依頼された旨」の書簡を手交させた。

ホプマン少佐は、乃木将軍の書簡を受領し、白昼公然とジャンクに乗船して旅順を出たところを日本海軍の水雷艇に臨検を受け、日本の軍艦八重山に収容され、膠州湾に護送された。

このホプマン少佐の件に関しベルリン駐在井上全権公使は三七年八月二三日の電報で外務大臣に報告している。

「軍艦八重山がドイツ海軍将校を青島に送りたるは、当地特に海軍部内に於いて頗《すこぶ》る良好なる感覚を与えたるが如し。これに加えて同将校に対する待遇極めて厚かりし旨青島より電報ありたるに付き『ローカル・アンツァイゲル』新聞は曰く『当該将校が日本軍艦内に迎えられ以て青島に送られたるについては、ドイツは日本官憲に対して深くその厚意を謝せざるべからず』」

一方、キルヘンハイム大尉は、八月一六日から一七日の夜半にかけて在露仏国大使館付武官キューウェルウィルとともにジャンクで旅順を脱出したが、行方不明となっていた。

この二人は、その後悲惨な結果となったことが判明した。三八年二月二四日、水野芝罘領事から外務大臣宛の電報がその詳細を伝えている。

「昨年八月ジンメルマン（露国人）所有のジャンク（密輸船として使用）の乗組員五名は、独仏の武官二名を鳩湾から秦皇島へ送ることを命じられたが、その地方は航路不案内であると断ったところ、芝罘までで良いということに決まり、報酬は百ドル、内二十ドルは即金、残り八十ドルは芝罘で受け取る約束で八月一六日午後六時頃鳩湾を出港した。しかし、風雨が烈しく船員は航海を中止しようとしたが、武官はこれを聞かず、そのまま航海を続行したが、翌一七日午前三時頃投錨碇泊した。

天明に至り両武官は出帆を迫り、船員が聞かなかったため自ら錨綱を切り離し、ピストルを突き付け脅した。このためやむなく出帆した。水雷を避けるため一人の武官が付き、他の武官は羅針盤を掌《つかさど》った。午後一時頃武官は酒を飲み始め、三時過ぎ酔って眠ってしまった。これを見て、船員達は今後どのような乱暴をされるか分からないので、こちらから彼等を滅ぼした方が良いと決めた。そして午後六時頃なお熟睡しているのに乗じ、二人共難なく海中に投げ込んでしまった。その後、武官の行李を物色し、金品以外証拠となるものを海中に投棄した。芝罘到着時、ジンメルマンからの託送品を渡し、約束の八十ドルを受け取り、引き続き密輸品の航行を続けた。（略）なお、同年三月までに犯人三名は逮捕された」

三七年一〇月頃仏国内では、日本の艦隊がジャンクを攻撃したのではないかとの報道がなされ、日本に対する非難が高まったが、この事実が公表されたことにより沈静化した。

旅順港内の露国艦隊を重砲をもって間接射撃

四、旅順市街への攻撃及び病院保護に関する交渉

(一) 経緯

八月一九日から開始された第一回総攻撃は二四日まで続いたが、日本軍の失敗に終った。東西盤龍山の水師営南方の一部の陣地を奪取できたが、戦闘全般の目的は達成することができなかった。

この上は、時間がかかっても確実な正攻法によって攻撃するほかはなくなった。つまり、旅順北側正面の松樹山、二龍山及び両鶏冠山の永久砲台を砲撃の目標としたのである。さらに、旅順港内に潜伏している露国艦隊を撃破し、なるべく速やかに敵を降伏させるためには、港内及び旅順市街を砲撃する必要があった。

しかし、日本軍の陣地と露軍の堡塁との間には、旅順背後の山脈があり、しかも日本軍の砲列が露呈したときはたちまち四方の砲台から射撃されることとなる。したがって、重砲は丘の下に隠蔽し、遠方から地図判読で間接照準射撃を行うほか方法がなかった。

このため、日本軍の砲弾が露国の病院、教会、そのほか射撃が禁止されている建築物に落ちることは避けがたいことになった。このような状況の下では日本軍の砲撃は、目的物を直接観測することができなかったからである。

ビスマルクは「砲弾は目を有せざればなり」と言っている。また、この言は鉄血宰相といわれたビスマルクのみではなく、マルテンス博士自身もトルコとの戦争におけるカラダックに対する砲撃の際に同じことを言っている。カラダックの堡塁は山頂附近にあり、その後方の反対斜面にある病院は直接観測することができなかった。「この事実を知る上は病院に落下した弾が有罪の意志を以て発射されたものではないことに同意する」と。

いずれにしても、日本軍は九月中旬から旅順にある露国（軍）の病院を射撃するのではないかとの風説が流れていた。在芝罘水野領事は、三七年九月一五日、外務大臣に、在旅順露国赤十字委員が公表した文書の要約を電報で報告している。

「日本軍は赤十字旗を無視し、日本歩兵は露国衛生隊に向かって発砲す。日本は赤十字旗を掲揚し、それに対し露国側がその戦争行為を中止するに乗じ日本人は自己の軍事計画を進捗せり」

また、三七年九月一六日、ウィーンの牧野全権公使は、上記赤十字委員の公表した内容を掲載した新聞通信員の電報が、当地（ウィーン）新聞に掲載されたと報告している。

露国人の芝罘発の通信は欧州各国に伝わったことが、各国駐在の日本公使から外務大臣に報告したことで明らかになった。病院砲撃に関して露国赤十字社の批判に反論するには、当時の状況について説明する必要があると同博士は述べている。

（二）二〇三高地占領以前の状況

露国の第二、第三太平洋艦隊はすでにバルト海を出発していた。この艦隊が極東に近づく前に旅順を封鎖している日本の連合艦隊の戦力を回復させる必要があった。そして、封鎖を解くためには、まず今なお旅順港内に温存されている露国軍艦をさらに徹底的に破壊し、ウラジオストック艦隊と合流することを防止しなければならなかった。しかしながら、攻囲軍から旅順港の内部を直射するために便利な唯一の場所である二〇三高地は、いまだ日本軍は奪取できていなかった（一度、日本軍が占領していたが、露軍に再び奪回されていた）。

したがって、一一月末までは間接射撃により港内の敵艦を破壊せざるを得なかった。

迂大山から碾盤溝の高地の麓に隠された砲兵陣地からは、ただ老虎尾半島の一建物上に赤十字旗が翻るのが展望できただけであった。そのほかの各病院がどこにあるのかについてはまったく知る途はなかった。なぜならば、攻城開始後、露軍は病院を開放し、表示していなかったのである。また、支那人からの諜報によって知り得たところもあったが、もとより不正確であり役に立たなかった。

一一月二〇日、在旅順露国赤十字社長バラショフは無線電信によって次の通報を芝罘の露国領事に送り、全世界に流布した。

「日本攻囲軍はジュネーブ条約及びハーグ条約を無視し、軽気球又は紙鳶（空にあげる凧）にて予備病院及び病院船の位置を知りながら特に之を集弾の目的物となし、病院船アンガラは為に沈没し、モンゴリア、カザンの二隻は損傷のため患者を陸上に移して打ち捨てるに至り、新旧市街の諸病院もまた常に砲撃の目的物となれり」（在芝罘大阪朝日新聞電報）

この電信に対して有賀博士は次のとおり反論し

ている。

旅順攻囲戦で軍用軽気球を利用しようとしたことは事実である。しかし、不幸にして成功しなかった。このことは、日本軍に従軍していた外国武官及び新聞通信員が承知しているところである。ただ、第一回総攻撃の際、繫維気球を敵の前進地の弾着距離外に飛ばしたことがあったが、ほとんど役立たなかったことがわかった。また軍用紙鳶については我が軍は所持していない。

（三）二〇三高地の占領後の状況

一二月五日、第三軍は、二〇三高地を占領した。これにより第三軍はこの高地から港内及び新市街の大部分を展望することができるようになった。しかし、旧市街の全部と港と称する部分はまったく識別できない所があった。したがって、この方面に向かっては従前のとおり間接射撃を継続したのである。

一二月一四日、日露両軍の地区隊長の協議により、彼我将校が松樹山の補備砲台前において捕虜の名簿を交換する際、露軍の一軍使は砲撃のことについてのステッセル将軍自署の書簡を第三軍司令官に伝達して欲しいと依頼した。書簡は、英文で記述され、その訳文は次のとおりである。

「貴下、予は茲《ここ》に貴軍の砲兵が我が病院を射撃しつつあることを告知するの光栄を有す。これらの病院は明らかに赤十字旗を以て標識せられ、而してこれらの旗章は貴軍大砲の位置より見望し得べきものなり、よって予は貴軍と名誉の戦闘を為し既に負傷して赤十字旗章の下に病院内に平臥しながら減殺せらるる如き取扱いを受くべき筈に非ざる我が軍の勇士を尊敬する上より之を禁ぜられんことを希願す。これら勇士の中には日本軍の負傷者もあり」

翌一二月一五日、午後五時、旅順赤十字社社長バラショフは、赤十字旗を立てて金州旅順街道上の日本軍の前哨線前に来て、ステッセル将軍の書簡一通を第三軍司令官に伝達して欲しい旨を依頼するとともに、翌一六日午後一時同一場所に再来することを述べて立ち去った。

第三軍司令部では、一四日及び一五日付のステッセル将軍宛の回答を次のとおり交付することとした。

「貴下、予は日本軍は人道及び条約を重んじ攻囲の当初より赤十字旗を掲げたる家屋及び船舶を故意に照準し発砲したること断じて無きことを確保するの光栄を有す。然れども要塞内の大部は我が火砲の位置より展望し難く、また吾人の知る如く砲弾は必ず希望の点に到達するものに非ず、特に貴軍の長き勇敢なる抵抗のために我が火砲の躲避（変換して火砲をかくすこと）も益々増大し、時として不慮の地点に到達することなきを保し難きは誠に遺憾とする所なり。

予は此の機会を利用して茲に再び敬意を表す」

第三軍司令官は、参謀斎藤季治郎少佐を軍使として派遣し、一四日付の回答を携行させるとともに、一五日付の書簡の件について談判させることとした。

一六日午後一時四五分から一時間、日本軍は軍使斎藤少佐、有賀博士、河津通訳官の三名、露軍は軍使バラショフ、参謀マルチェンコ少尉の二名が三里橋東方旅順街道東側の支那人の家屋で会見した。

交渉は、露軍から一四日、赤十字旗を掲揚した病院に砲弾一二、三発が命中し死傷者が出たため、今後病院を砲撃しないようにとの申し出が行われた。

会見の細部は省略するが、斎藤少佐は回答文と同趣旨の内容を繰り返し説明をした。また、露軍が一六日糧食倉庫及び製粉所に突然赤十字旗を掲揚したことについて詰問したが、露軍はそのような事実はないと否定した。会見の最後に、日本軍が押収していた郵便五嚢を交付すると、バラショフは「美事ナリ」と感激し、軍司令官に宜しくと伝言し、お互いに敬意を表して会見は終了した。

一二月一八日午後、バラショフは、ステッセル将軍の命令書の写しを携行して再び日本軍の前哨線に現れ、前線の将校に写しと地図を交付して立ち去った。命令書の内容は「各病院の繃帯所《ほうたいじょ》特に新市街において掲揚している赤十字旗はすべて降ろすこと。これらの建物の壁に白色円形内に赤十字を書き、赤十字旗は病院の上にのみ掲揚することと」であり、掲揚している病院の位置を示す地図が添付されていた。

これに対し第三軍参謀長伊地知少将は、いっさいの誤解を避けるため病院の位置を示す地図を受領した事実は、日本軍がこれらの建物を必ずしも砲撃しないことを承諾したことを意味するものものではない旨の書簡を、関東要塞地区参謀長レース大佐に軍使を派遣して伝達した。

(四) 評価

有賀博士は、日本軍の一連の対応を次のように評価している。

① 要塞内において敵が赤十字旗を立てた建築物を傷病者の救護ではない目的のために使用しないという保証はなく、また砲弾の方向を絶対に正確にすることは不可能であり、乃木将軍の参謀部のこの時の決心は国際法の原則と日本軍の利益とを調和する唯一の方法である。

② 一八七七年の露土戦争中、露軍自身がニコポルの攻城戦において砲火を敵病院に向けたことを非難されたとき、露国側はマルテンス博士が次の弁解で、ほかに策はないと述べたことを私は記憶している。

「敵は市街の中央に二、三の病院を編成してその上に赤新月旗を翻しているが、もしこれらの建築物を保護して欲しいとなれば、露軍は全く敵対行為を止める外に方法はない」

筆者も有賀博士と同意見である。病院施設の位置の選定には十分に考慮する必要がある。一九四九年ジュネーブ条約第一条約は、病院は、できる限り軍事目標に対する攻撃によってその安全を危うくされることのないような位置におかれることを確保しなければならないと定めている。また、逆に保護の対象となっている病院を軍事目的に使用することは禁止されている。

五、遺体収容のための戦闘休止

明治三七年一二月一日、旅順要塞の西部、二〇三高地においてはなお激戦が続いていたが、その東部においては東鶏冠山永久砲台において彼我両軍の間にすこぶる友情あふれる光景が見られた。それは、露軍の陣地から何ごとか叫ぶ声があり、通訳に聞かせたところ次の申し出があった。

「貴軍将卒の死体が我が陣営内に充溢している。貴軍がこれを収容したいのであれば一名の指揮官に四名の担架卒を付け赤十字旗を立てて収容のため来られたし。我は貴軍の勇敢な戦死者に対しあくまで同情を表するが、未だ収容することができず遺憾と感じている。かつ、衛生上の点からも勧告する。もし、貴軍が同意するならば速やかに収容されることを切望する」

東鶏冠山の第十一師団はこの申し出に応じ、二日から収容に着手することを約束した。

二日午後二時半、師団の将校二名、軍医一名、通訳官一名、兵若干名と赤十字旗を携行し、昨日の約束により来た旨を伝えたところ、数分たって露軍の曹長が来て、露軍としては、本日は時間の都合で見合わせ明日から実施したいとのことであった。したがって、いったんそれぞれの陣地に復帰した。

その後、同日午後三時二〇分、露軍は散兵壕に三角形の白旗を立て、死体収容について会談したいと申し込みがあった。それを受け前線の守備隊は、第十一師団司令部に報告し指示を受けることとした。そして、指示を待っている間に、露軍の将校十数名、兵百余名が外壕の上に現れ、守備隊との協議が直ちに整い、彼我の兵士が死体収容を始めたのである。第十一師団の兵士は露軍の壕内まで入り、日本兵士の死体を収集した。この日はすぐに日没となり、翌三日午前一〇時から再開することを約束して別れた。

三日は大きな赤十字旗を立て、散兵壕を挟んで一五メートルの中立地帯を設け、露国兵は山上の日本軍の将兵の死体を同地帯まで運び下ろし、日本軍がこれを受け取り運搬するということを繰り返した。

このわずかな戦闘休止間に、日露の将兵の交流は深まり、将校、軍医、軍僧相互に会話し、名刺交換を行い、酒、煙草等の物品の贈受及び写真撮影もさかんに行われた。

この日午後三時までに収容された遺体は三三二体であった。また、同日東鶏冠山北砲台においても戦闘を休止して遺体収集が行われ、一五二体を収容した。

この後、遺体収容のため戦闘を休止することは師団の権限とし、逐一軍司令部の訓令を待つことなく、適宜敵と交渉して行うこととなった。例えば、第九師団は盤龍山の前面において一二月三日午後四時三〇分から一時間戦闘を休止して遺体を収容し、二龍山においては同日午後三時から暫時休止して露軍の五遺体を渡し、日本軍の六七遺体を受け取っている。

一二月七日、日本軍は二〇三高地を完全に確保した。両軍の死傷者が特に多く、六日午後五時、露軍参謀長ライス大佐は軍使を派遣し、遺体収容のため五時間の戦闘休止を求めてきた。日本軍は翌七日、斎藤少佐、有賀博士、通訳官一名を派遣し、露軍の軍使と戦闘休止の条件を交渉しようとしたが、露軍はマルチェンコ中尉を派遣し、この交渉を拒否した。その理由は、負傷者はすでに皆死んでいるので収容する必要はないということであった。

これは事実である。しかし、昨日提案したのは「殺されたる者」を収集することにあったことを思うと、おそらくほかに軍事上の理由があり、自ら提案したことが実行できなかったと日本軍は判断した。

一二月一一日、第一師団長は、渡邊大佐に露軍と交渉して、一一月二六日、鉄道線沿いに旅順要塞内に突入した決死隊、いわゆる白襷隊《しろだすきたい》の勇士を収容するよう命じた。露軍は同意し、六〇遺体を収容した時点で、露軍の将校一名が来て「収容を許可する権限は私にはない。ステッセル将軍の許可を得て欲しい」ということであった。したがって、その手続きをとったところ、翌一二日ステッセル将軍の書簡を持参し、将軍が快諾したことを告げた。ただし、将軍は収容にあたり一つの条件を出した。それは、彼我の死傷者の収容を全線においで行うため、旅順における日露両軍の間に五時間の休戦を行おうというものであった。

これについては、軍事上の必要性から、乃木将軍はこの条件を拒否した。

第七章のまとめ

本章に記述されている「降伏勧告」、「攻撃前の処置事項」、「敵が白旗を掲げた場合の対応」、「遺体収容のための部分休戦」の要領は、戦闘一般の流れの中で生起するものであり、軍隊・軍人として当然、知識として知っていることはもちろん、実践できなければならない。

■降伏勧告及び戦闘弱者の保護

陸戦規則第二六条は、攻撃部隊の指揮官は、強襲攻撃の場合を除き、砲撃を開始するに先立ってその旨をあらゆる手段をもって関係官憲に通告することを求めている。

日本軍は明治天皇の勅命を拝し、旅順攻撃に際し在露軍陸海軍司令官に対し軍使を派遣して、降伏勧告及び要塞内の戦闘弱者保護の措置について申し入れを行っている。

残念ながら、露軍の回答はいずれも拒否するものであったが、条約の趣旨を体して戦闘による惨禍を軽減するために最善の処置を執ったものであり、評価に値する。

また、陸戦規則第二五条は、防守せざる都市、村落、住宅等はいかなる手段をもってしても攻撃、または砲撃してはならない、と定めている。

日本軍は攻撃前進経路上の住民に対し期限を切って避難を指示しているが、この措置も第二五条の具現策である。

建物そのものへの攻撃は禁止されているが、居住している住民については一言も言及されていない。当然、一般住民を保護することが必要であり、指揮下部隊を通じて徹底を図っている。攻撃に伴う中立国住民に対する巻き添え防止のため処置が行われていたのである。

戦闘間における文民（住民）保護が、条約に明文規定として設けられるのは、一九七七年のジュネーブ条約第一追加議定書第六章においてである。我が国においては、二〇〇四（平成一六）年の国民保護法において住民の避難誘導について規定された。

一方で、露軍に対する利敵行為、スパイ行為を防止するための対応も行われている。第十三章の軍律の適用対象事項であるが、予期される利敵行為を想定して対処しているのである。

■白旗の使用

白旗は、陸戦規則上、軍使旗（第二三条〔ヘ〕、第三二条）として使用することとされている。ただし、本文にあるとおり「凡そ彼我対戦中において白旗を掲げたるは降伏の意思を示す」ものでもある。

降伏の意思を示している将兵、部隊をどのように扱うべきかは、具体的に記述した明文規定はなく、慣行・慣例として行われてきた。

筆者は、本文に列挙されている事例を通じて、白旗がどのように使用されてきたのか、白旗を掲揚・提示しても攻撃が許される場合とはどのような場合なのかを理解することができた。

また、白旗の不正使用への対応についても多くの示唆を与えてもらった。

自衛官当時、この種訓練を行うことや、検討する機会さえなかったが、本要領は大変参考になった。

■遺体の捜索と収容

死傷者の捜索、収容、識別、報告が条約上明文規定として確立するのは、一九四九年のジュネーブ第一条約（傷病兵保護条約）である。

同条約一五条から一八条までに、捜索等の責務、捜索等を行うための休戦等の必要な合意、収容後の処置事項を定めている。

常に紛争当事国は、特に交戦後に死者を捜索し、死者が剥奪を受けることを防止するため、遅滞なくすべての可能な措置を執らなければならない。

このため、現地においては、事情が許すときは、休戦、戦闘停止、現地取極について合意をした後に行うこととされている。

日露戦争当時、このような明確な規定はないものの、戦闘後、長期間にわたり放置されている彼我の遺体を衛生上の観点から収容が必要であると判断し、上級指揮官の承認を得て現地部隊指揮官の合意の下、日露両部隊が協力して行っている。

その様子は、同博士の表現によれば「すこぶる友情あふれる光景」であった。おそらく戦場においては極めて稀なことであったと思う。

遺体の適切な措置は、戦闘員にとって重大な関心事であり、部隊の士気に重大な影響を与える。戦闘員が、明日は我が身も同じように扱われるのかと思うとき、いかにして早く収容し、丁重に取り扱うことの重要性がみえてくるのである。

第八章　旅順開城

一、旅順開城交渉及び開城規約の締結

(一) ステッセル将軍からの交渉の要請

明治三八年一月一日午後四時頃、第三軍司令部は、マルチェンコ予備少尉補が露軍の軍使として旅順街道上の前哨線に来たとの第一報を受けた。

しかし、この地区の守備隊長の錯誤（どのような理由かは不明）によりステッセル将軍の書簡が乃木第三軍司令官のもとに届いたのは午後八時半頃であった。英文の書簡の内容は次のとおりである。

「旅順口一九〇四年一二月　第二五四五号

貴下、交戦地域全般の形勢を考察するに、今後における旅順口の抵抗は不要なり。依って、無益に人命を損ぜらんがため、予は開城につき談判せんことを望む。若し閣下これに同意せらるるにおいては、開城の条件順序を討議するため委員を指名し、並びに予の委員と会合すべき場所を選定せられんことを願う」

書簡受領後直ちに軍司令部では参謀会議が開かれた。有賀博士は、篠田、兵藤両第三軍法律顧問とともに同会議に参加し、その席で一〇年前の威海衛の降伏の場合と同様に、露軍に対する回答文の作成を命ぜられた。

決裁された回答の骨子は次のとおりである。

① 開城の条件及び順序について談判したいとのステッセル将軍の提議に同意する。

② 交渉委員として参謀長少将伊地知幸介を指名したこと。なお、同委員に若干名の参謀及び文官を

随行させること。

③ 一九〇五年一月二日正午、水師営で貴軍委員と会合すること。

④ 双方の委員には、開城規約案の確定後、批准することなく直ちに開城規約に署名する全権を与えること。

⑤ 全権委任状は、双方の最上の指揮官が署名したものであり、交渉に先立ち相互に交換すること。

一月二日午前九時、参謀山岡少佐は、旅順街道上で露軍軍使ロズドーリスキー中尉にこの回答文を手渡した。

(二) 交渉の開始

一月二日正午、山岡少佐は、再び三里橋東方の旅順街道上に出向いた。そこには露軍の指名された委員らがすでに到着しており、山岡少佐は彼らを水師営に案内した。会見場は水師営村落西南の支那家屋で、これまで第一師団衛生隊が繃帯所を開設していた場所であった。

(ア) 交渉団の編成

露軍の交渉団は、全権の関東要塞地区参謀長ライス大佐以下八名であった。

日本軍は、全権伊地知少将、岩村海軍少佐、山岡少佐、津野田大尉、有賀博士及び通訳官の六名であった。

日露双方とも通訳官を随行させていたが、交渉は英語で行なわれ、マルチェンコ予備少尉補と有賀博士が通訳を行った。

交渉は日露双方の全権委任状の交換から行われた。この際、岩村海軍中佐が、露軍随行者「レトウィザン」艦長のスチェンコノウィッチェ海軍大佐に「貴官は露国海軍の代表であるのか」と質問したところ、大佐は「海軍を代表するのもライス大佐である。小官は海軍に関する事務の顧問として随行しているだけである」と答えた。

そこで岩村中佐は、東郷大将の署名した全権委任状をライス大佐に手渡した。

なお、東郷大将は岩村中佐に陸軍の全権委員（伊地知少将）と協議して交渉にあたるよう訓令していた。

日露双方による交渉団の確認が終わり、伊地知参謀長は開城規約及び同附録の草案をライス大佐に手渡した。

伊地知参謀長は約一時間後に再び会見して諾否の回答を受けることを述べた。

ライス大佐は「この条件は最終的なもので、一部の変更も許されないものかどうか」と質問した。

伊地知参謀長は「そのとおりである。しかし、ご意見があれば聞くことは妨げない」と答えた。

（イ）日本軍の開城規約案

開城規約案は本文一〇箇条と同附録一二箇条からなっている。本文のみ以下要約する。

第一条　旅順要塞及び同港にいる露国の陸海軍軍人及び義勇兵並びに官吏はすべて俘虜（捕虜）とすること。

第二条　旅順口の全堡塁、砲台、艦船艇、軍旗、兵器、弾薬、馬匹その他一切の軍用諸材料、官金、官有諸物品は現状のままこれを日本軍に引き渡すこと。

第三条　前二条の条項を承諾する場合は、その担保として一月三日正午までに椅子山、小案子山、大案子山及びその東南一帯の高地上の堡塁、砲台の守備を撤収し、また諸艦船艇の機関のすべてのエキセントリック（偏心器。回転運動を直線往復運動に変換して、弁装置やポンプを駆動するもの）を金州、旅順街道上の松樹山砲台の西方約千メートルの三叉路に運搬し、日本軍に交付すること。

第四条　露国陸海軍が談判実施間に現存する第二条の諸物件を破壊し、又はその他の方法で現状を変更していると認めるときは、談判を中止し、日本軍は自由の行動をとること。
第五条　在旅順口露国陸海軍官憲は、旅順要塞配備図、地雷・水雷その他危険物の敷設図及び旅順口陸海軍編成表、陸海軍将校官職等級氏名簿、文官官職氏名簿、軍隊艦船艇名簿及びその乗組員名簿、一般人民の員数男女人種職業表を調整し、日本軍に交付すること。
第六条　軍旗、兵器（各人の携帯兵器を含む）、弾薬、軍用諸材料、馬匹、艦船艇及びその内部の諸物件（私有物を除く）はすべて現在の位置に残置すること。
第七条　日本軍は露軍の勇敢な防御戦闘を名誉と認め、露国陸海軍の将校及び所属官吏に帯剣及び直接生活に必要な私有品の携帯を許可する。また本戦役の終局に至るまで武器を取らず、いかなる方法においても日本国の利益に反対する行為を行わないことを筆記宣誓する者は、本国に帰還することを承諾すること（いわゆる宣誓解放）。
第八条　武装を解除した陸海軍下士官、兵及び義勇兵は、制服を着用し、携帯天幕及び所要の私有物品を携行して、所属将校の指揮を受け日本軍の指示する集合点に移動すること。ただし、その細部については日本軍の委員が指示する。
第九条　旅順口の露国陸海軍の衛生部員及び経理部員は、傷病者及び俘虜の救護給養のため、日本軍が必要と認める時まで日本軍の衛生部員及び経理部員の指揮下で引き続き勤務すること。
第一〇条　一般住民の処置、市の行政・会計事務及びこれに関する書類等の引き継その他本規約の執行に関する細則は、本規約附録で規定すること。附録は本規約と同一の効力を有すること。

（ウ）露軍の回答及び同意見に対する第三軍の回答
午後二時三五分、両軍の委員による交渉が再開された。

露軍が提示した意見は次の一三項目であった。その際、岩村中佐から軍艦のエキセントリックに関して質問したところ、ライス大佐は「セバストポリ」は港外で沈没し、そのほかの軍艦はみな破壊したので一隻も残存していないと答えた。

　第三軍の委員は、いちおう露軍の提案を聞き取り、後刻回答することを約束して三時一〇分、それぞれの控室に退出した。

　午後三時三五分、両軍の委員は再び会見し、露軍の意見に対する第三軍の回答（↓以下の内容）を示した。
①将校及び官吏のみならず、守備兵の全部にも宣誓解放を許可して欲しい。
↓守備兵全部の解放は承認しがたい。しかし、守備兵のうち義勇兵に限り、宣誓解放を許す。
②宣誓は皇帝の許可を得る必要がある。ついては、直ちに電報を発することを許可して欲しい。
↓皇帝の許可を得るため英語で電報を発信することを許可する。
③軍旗は事実上交付することはできない。軍旗はすでに焼失してしまっている。
↓軍旗をすでに焼失しているのであれば交付には及ばない。
④馬匹は武官及び文官とも一人一頭ずつ与えて欲しい。
↓各将校の馬を携えることは許可しない。
⑤将校一名に従卒一名付けることを許可して欲しい。当該将校が宣誓解放した場合は従卒もともに帰国を許可して欲しい。
↓将校一名に従卒一名を付けることは承諾する。
⑥第四条の現状の諸物件を破壊云々については、規約調印後三時間の余裕を与えて欲しい。
↓協議成立しだい、直ちにステッセル将軍に書簡を発することとし、この書簡（第三軍回答）発送後一時間半を経て始めること。
⑦艦船はすべて破壊しており、開城規約中、その引き渡し手続に関する条件は自然消滅する。
↓艦船がすべて破壊しているとなれば、とくに引き渡す手続を強いて求めない。
⑧開城規約附録第三条の実施（一月四日午前九時

から将兵の移動を行うこと）は、一月五日に変更して欲しい。なぜならば露軍ははなだしく混乱しており、四日は早すぎ実行困難である。
↓一月五日午前九時からに変更することを承諾する。
⑨附録第七条の日本軍将校の戦時行李の重量を示して欲しい。なお、宣誓解放を許可された将校及び文官には、旅順在任中使用した荷物をすべて携帯して帰国することを許可して欲しい。
↓将校の携行荷物は日本軍将校の戦時行李の重量に準ずることとする。すなわち、将官は九〇キロ、上長官は三六キロ、士官は一八キロである。ただし、事情により斟酌する。
⑩開城実施のため委員を出すことは同意する。このため委員の人員及び兵種等を示して欲しい。
↓委員の人員及び兵種については調印後に協議する。
⑪赤十字社に属する汽船モンゴリア及びその他の財産は没収しないこと。
↓赤十字社の私有財産を侵害しないことは勿論である。
⑫赤十字社の救護員はいつでも自由に帰国できるように処置して欲しい。
↓赤十字の救護員は日本軍において必要がないと認めるまで旅順に残留するものとし、勝手に帰国することはできない。
⑬病院は現在の家屋形状を極端に変更しないこと。
↓病院の家屋等の改修等については、両軍の衛生委員が協議することとする。

交渉の席上、伊地知参謀長はライス大佐に旅順内の傷病者数を質問したところ、同大佐は一万五千名と答え、薬品と需品の欠乏が開城の第一原因であると述べている。

また、露国赤十字社全権委員バラショフは、傷病者の状態を詳細に説明して、なるべく速やかに日本の軍医を派遣して欲しいと要請した。

露国委員が交渉に最も時間を費やしたのは、将校の携帯する荷物の重量制限に関することであった。彼らは自費でさらに多くの私物品を携行する許可を求めた。しかし、対象人員が多く、鉄道輸送及び船着場選定が困難であることなどの理由で、この要求を拒否した。

このため、彼らは日本軍が将校の財産を保護するよう要求してきた。これに対し、将校の友人でその家族を旅順に残していく者に財産の保護を託すよりほかに方法はないだろうと回答した。

「それでは、その家族はどのように処置する予定であるか」との問いに対し、「家族は引き続き残留するも、退去するもまったく自由である」と答えている。

また、露国委員は家族が中立国の船舶によって退去することを許可して欲しいと申し出たところ、伊地知参謀長は「もし中立船を旅順に入港させても支障がない時期がきたならば、退去することを希望する家族がその旨を日本軍に届けることによって、これになるべく十分なる便宜を与える」と述べている。

質疑を終え、露国委員は各項に同意し、午後四時三〇分に交渉は終了した。

その後、有賀博士らは露国委員を含めて開城規約正本の作成に入った。

(三) 規約正本の作成

日露の交渉間、第三軍司令部から電話が入った。その内容は「右翼方面の露兵が群れをなして投降してきている。旅順市街では火災が発生し、騒擾状態に陥っている」というものであった。

この様子をライス大佐に伝えると、大佐は「交渉はこのように円滑に進んでいる。両軍とも直ちに戦闘行為を中止して良い状態である。自分は直ちにその旨をステッセル将軍に電報するので、貴軍でその手続をとって欲しい」と述べた。

その直後合意が成立し、ライス大佐はその旨を伝えるため旅順に伝令をもって急報させた。第三軍司令部は各部隊に射撃停止の命令を下達《かたつ》した。

この処置を終え、伊地知参謀長は露国委員に晩餐に招待したいと申し入れたところ、彼らは喜んでこれを受け入れたが、その前に開城規約と附録書を確定して調印することを望んだ。そこで露国委員はいったん控所で待機することになった。

この間、有賀博士は山岡、津野田両参謀と協議し、交渉結果を踏まえ原案を修正し、直ちに英文原本の浄写に取りかかった。そして、まず開城規約正本一通を作成し、これを露国委員に回付し、同様の正本を調製することを要求した。ライス大佐はマルチェンコ少尉補に謄写を命じた。

さらに、附録所の正本、謄写もできあがり、各二通の正本を有賀博士とマルチェンコ少尉補はこれらを照合校正した。この間五時間を要した。

また、この間にステッセル将軍から露国皇帝宛の電報を日本軍の野戦電信を使い因家屯の通信局から発信した。

午後九時三五分、日露両国委員は第四回の会見を行い、開城規約等に調印した。

（四）旅順口開城規約の締結

開城規約は、一九〇五年一月二日、水師営において調印された。旅順口開城規約は本文一一箇条、同附録一二箇条からなり、調印者は日露両軍とも二名であり、正本二通が作成された。

開城規約は、案の一部修正（艦船のエキセントリック〔偏心器〕及び軍旗の提出の削除等）と末項に調印後、直ちに効力が生ずることが追加されている。

第二項で条文の評価を行うため、開城規約全文を掲載する（傍線部は開城規約案から追加修正された部分である）。

旅順口開城規約
第一条　旅順港要塞内及びその水上にある露国の陸海軍軍人及び義勇兵並びに官吏はすべて俘虜と

す。

第二条　全堡塁、砲台、艦船艇、軍旗、兵器、弾薬、馬匹その他一切の軍用諸材料、並びに官金及び官有諸物品は現状のままこれを日本軍に引き渡すものとす。

第三条　露国陸海軍は前二条の条項を承諾するに於いては、これを誠実に執行するの担保として、一月三日正午までに椅子山、小案子山、大案子山及びその東南一帯の高地上の堡塁、砲台の守備を撤し、これを日本軍に交付すべし。

第四条　露国陸海軍に於いて本規約調印の当時に現存する第二条の諸物件を破壊し、又はその他の方法に於いて現状を変更すと認めるときは、日本軍は談判を廃止し自由の行動を取るべし。

第五条　在旅順口露国陸海軍官憲は、旅順要塞配備図、地雷・水雷その他危険物の敷設図及び旅順口陸海軍編成表、陸海軍将校官職等級氏名簿、文官官職氏名簿、軍隊艦船艇名簿及びその乗組員名簿、普通人民の員数男女人種職業表を調整し、日本軍に交付すべし。

第六条　兵器（各人の携帯兵器を含む）、弾薬、軍用諸材料、官金、官舎、官有諸物件、馬匹、艦船艇及びその内部の諸物件（私有物を除く）は悉《ことごと》くこれを現在の位置に整置すべし。

第七条　露軍の勇敢なる防御を名誉とするにより、露国陸海軍の将校及び官吏は、帯剣及び直接生活に必要なる私有品の携帯を許さるべく、将校、義勇兵及び官吏にして本戦役の終局に至るまで武器を取らず、いかなる方法においても日本国の利益に反対する行為をなさざることを筆記宣誓する者は、本国に帰還することを承諾す。

将校には各人に一名宛の従卒を随行せしむることを許す。この従卒は特に宣誓解放をなす。

第八条　武装を解除したる陸海軍下士官、兵卒並びに義勇兵は皆その制服を着用し、携帯天幕及び所用の私有物品を携え、所属将校の指揮の下に日本軍の指示する集合点に至るべし。ただし、その細部の詳細に関しては日本軍の委員に於いてこれを指示す。
第九条　旅順口に在る露国陸海軍の衛生部員及び経理部員は、傷病者及び俘虜の救護給養のため、日本軍に於いて必要と認める時期間残留して、日本軍の衛生部員及び経理部員の指揮の下に引き続き勤務に服すべし。
第十条　普通住民の処置、市の行政事務及び会計並びにこれに関する書類等の引継その他本規約の執行に関する細則は、本規約附録に於いて規定す。
右附録は本規約と同一の効力を有す。
第十一条　本規約は日露両軍の全権委員に於いて署名すべく、その署名の時より直ちに効力を生ずべきものなり。

正本二通を作る

一九〇五年一月二日水師営に於いて

日本軍　攻囲軍参謀長陸軍少将　伊地知幸介
海軍少佐　岩村團次郎
露軍　関東州要塞地区参謀長陸軍大佐　ライス
海軍大佐　セスノウィッチ

（五）晩餐会での談話

調印後、晩餐となり双方とも胸襟を開いて談話が行われた。会食の冒頭、伊地知参謀長はライス大佐に「今日乃木将軍は天皇陛下より『ステッセル将軍の武勇を嘉称《かしょう》し、名誉をもってこれを遇すべき』旨の電報を受けられた」旨を告げたところ、大佐は食後、ことさらに伊地知参謀長と握手し、ステッセル将軍に代わってこれを拝謝した。

なお、露国委員の談話によれば、飲料水が不足し、特別な方法で海水を飲用に変えて補充したとのことであった。また、旅順市街には約三万五千名がおり、外国商人はフランス人及びドイツ人が多いとのことであった。

ステッセル将軍は健康で旧市街で暮らしている。海軍提督は三名もおり、将官の数は軍艦の数よりも多いと述べていた。

そして話題が傷病者に移り、ライス大佐は食物は十分あったが、野菜が欠乏し、壊血病患者が多い。病院に収容している患者は一万五千名、兵営所にいる者を加えると傷病者の総数は二万人を超えており、かつ日々その数は増加している。また、昼夜交代なく勤務しているため神経に異常をきたしている者が多い。一日に各種患者の増加する数は平均五十から六十名である。健康な者は三千から四千名に過ぎないとのことであった。

有賀博士は、明治三七年一二月一六日、病院及び病院船に対する砲撃の件で第三軍の軍使に随行して交渉にあたっており、その際、露国赤十字社の代表バラショフ氏と面会していた。同博士も日本赤十字社の委員であることから二人は交誼を深めていた。バラショフ氏も開城交渉に参加しており、晩餐会終了後、同博士は伊地知参謀長の許可を得て、別に会合している。

砲撃の件で交渉した際には「もし要塞内に救護品に不足があれば、早速日本赤十字社に申し入れ補給するよう取り図らう」と提案したところ、「ただ今はその必要はない」と拒否していたが、晩餐後の会見ではじめてその窮状を訴えた。

バラショフ氏は「生肉類と野菜類が欠乏していること、病室が不足し患者は各所の兵営内に散在させていること、救護がすべてに行き渡っておらず、死者が続出していること」などの実情を述べ、一刻の猶予もできないと救援を求めた。

有賀博士は、三日午前二時に第三軍司令部に戻り、直ちに軍医部長に報告、敵要塞内の憐れむべき状態から救済する道を講ぜられるよう求めた。

二、開城規約の評価

有賀博士は、開城規約の規定を九項目に区分して法的に分析し評価している。

（一）開城規約案の作成時期

開城規約は、ステッセル将軍の要請を受けてから作成に着手したのではない。明治三七年八月、第一回の総攻撃前にはすでに成案ができていたのである。爾後、攻撃の数を重ね、包囲の状況の変化に応じて改訂を加えてきたのであった。

また、これは決して一人で立案したのではない。各部各機関にそれぞれの担当事務について開城の場合に規定すべき条件の案を作成、提出させていたのである。

さらに世界の有名な開城規約、セダン、メッツ、ベルフォール、ストラスブルク等の先例を参考とし、これらを総合して具体的な規約本文及び附録書（案）を起草していた。

この結果、一二月二六日、最後の総攻撃時には、開城規約案はすでに確定していたのである。

（二）規約の効力（第一一条関連）

陸軍大学校において有賀博士の教育を受けた山岡少佐、津野田大尉と同博士が開城規約の立案について、第一に解決しなければならないものが「形式」であった。

形式とは、端的にいえば誰が規約を締結できるのか、委任された場合、その権限行使の範囲はいかなるものかということである。

この件について有賀博士は、先例を比較研究することによって結論を見い出した。例えば、セダン開城は普仏両軍の司令官がそれぞれの君主であるヴィルヘルム一世及びナポレオン三世の全権委任を受け交渉を開始して調印した。メッツ開城では両軍の司令官バゼーヌ元帥及びフリードリッヒ・カール親王がそれぞれの参謀長ゼラス及びスチールに全権を委任して交渉調印させた。そして双方とも調印後直ちに有効とした。

また、ベルフォールの開城規約もこれに調印した将校四名とも正式にその長官の全権委任状を与えられており、締結後直ちに効力が生じた。

しかし、ストラスブルク開城はその形式を異にしていた。ドイツ側は攻囲軍の参謀長、フランス側はストラスブルク要塞司令官がこれに調印したにもかかわらず、全権を委任していなかったため、攻囲軍司令官ウェルデルトとストラスブルク知事ウーリヒトがこれを承認するまで効力が生じなかった。

これらの先例を比較検討すると、単に総司令官または参謀長の資格があるだけでは、直ちに効力が生じる開城規約を締結することはできない。もし、さらに上級の権力者がいるときはその全権を委任するか、そうでなければその権力者が直接交渉にあたる必要があることは明らかである。

したがって、旅順口開城に際しては全権委任を与え、司令官の認可を待たず、調印後直ちに効力を生じるような形式をとることを決し、そのことを規約第一一条に規定したのである。

（三）俘虜及び宣誓解放（第一条、第七条関連）

確定した規約第一条及び第七条は、すべて露国官吏をいったん俘虜とし、その後、宣誓解放を請う者にこれを許すことを規定している。相当官及び陸海軍所属の文官を俘虜とした先例はあるが、これを一般官吏にまで拡大した先例はなかった。

そこで新例を設けた理由を二点述べている。

第一に旅順は通商港ではなく敵艦隊のための根拠地としての要塞である。したがって、そこに勤務する官吏はみな直接間接に敵の陸海軍に関係あるものとみなさなければならない。

第二は露国社会の組織に関わるものである。露国においては、その他の国のように文官と武官の区分が明確ではない。露国のいわゆる「チン」すなわち位階を有する者はともに士族の階級に属し、それぞれその家格に応じて、あるときは文官となり、あるときは海陸武官となった。したがって、生まれながらにしてこの階級に属する者は、みな武人の職を奉ずる者とみなすべきものである（開城交渉の一人であるマルチェンコは本来税務官であるが、人員が欠乏したためステッセル将軍の幕僚として勤務している。もし、文官と武官を明確に区分することを求められたならばステッセル将軍自らも極めて判断が難しいのである）。

かつ、ここで注意すべきことは、開城規約附録第四条に「諸官吏義勇兵に加わったことがない者は宣誓を行わず解放す」と規定して第一条の規定を緩和しているのである。

（四）露軍の軍事物資等の取扱い（第四条関連）

第四条は、一八九九年の陸戦規則第三五条第二項「降伏規約確定ノ上ハ双方ニ於テ厳密ニ之ヲ遵奉スベキモノトス」と規定していることから、論理上の帰結として定めたのである。

我が軍は旅順に残存する弾薬及び戦闘材料を受領する引き換えに、開城を承諾し、かつ軍人及び官吏に一定の名誉及び便宜を与えることに同意した。これは両軍相互間の利益の交換に均しい。この交換によりまさに我が軍に帰すべき物件を、たとい愛国的な目的によって行ったものとしても、一切これらを破壊することは許されないことは当然である。

（五）一般住民の管理（第五条関連）

第五条において旅順の一般の平和的住民の員数、男女、人種、職業を表した表を作成し、提出することを求めたのは、我が軍の行政に使用するためである。また、このことは住民の利益に資することとなる。

（六）帯剣（第七条関連）

第七条において将校及び官吏に帯剣を許したこ

とについて、要塞司令官伊地知少将は明治三八年一月一七日、陸軍次官から次の電報を受けている。

「開城規約第七条の帯剣は欧州語においていかなる文字を用いられているか、また俘虜として内地に収容する場合における帯剣のことについて特に言い渡したことはないか、返事待つ」

返電の内容は次のとおりである。

「帯剣は英語（to wear sword）の字を用いた。その時と場合を制限しないといえども、厳密にいえば開城規約は第三軍司令官の職権をもって締結したものであり、第三軍の管轄区域内に限るものとすると解釈するのが当然である。その他は政治上の判断によって適当に斟酌する余地があるものとする」

有賀博士が、のちに知り得たところによると、俘虜として日本内地に抑留されつつある露国将校の中に、第七条により引き続きこの帯剣の権利を主張する者があったとのことであった。このため多少物議が生じたのである。

しかしながら、陸戦規則第八条によれば、俘虜はいったんその捕獲者である国の内地に到着した上は、その国の現行法律、規則及び命令に服従すべきものである、したがって、日本内地においては、軍人及び剣が制服の一部分である官吏のほかは、何人も帯剣は許されない。また、明治三七年二月一四日の俘虜取扱規則一〇条においても、俘虜となった将校で特にその名誉を標章する必要がある者に限り、軍司令官または独立師団長は本人所有の刀剣を携帯させることができる旨を規定している。さらにその本文には「携帯している兵器は俘虜収容所において領置すべきものとす」の一文が加えられている。

有賀博士は、開城規約の英文で帯剣の字を用いたことは、過失であったことを認め、このために露国将校が認識を誤ったのだと述べている。

同博士が先例としたメッツ開城規約では「剣を携帯す」、セダンでは「兵器を保有す」、ベルフォールでは「兵器を持ち行く」という用語になっていた。剣または兵器を携帯、保有または持ち行くとは、単にその所有権を失わないことを意味し、「帯剣す」というときは所有権を失わない上に、その剣を身に帯びて軍人の名誉を全うすることを意味する。つまり、露国将校に対して保有させるべきは、その所有権のみであったのである。

（七）衛生部員及び経理部員（第九条関連）

第九条を必要としたのは、一九〇五（明治三八）年においては一八六四年八月二二年のジュネーブ条約が改正されていなかったためである。敵の衛生部員は旧条約の明文により、いつでも随意に退去する権利を有していた。

また、敵の経理部員も、とくにその残留を義務とする明文を設ける必要があったのである。

なぜなら、ある国々の衛生部隊の編制中には経理官を包含しているが、露国の編制は明瞭ではなかった。そして、旅順のような広大な要塞内においては、傷病者に供給すべき需品の所在を知る者を衛生勤務に使用する必要があることが明らかであったからである。

（八）旅順の行政事務（第一〇条、附録関連）

旅順市の行政及び財産を日本軍に引き渡すこととしている第一〇条と附録の中の補充条項は、とくに説明が必要である。

陸戦規則第五六条によれば、市町村の財産は私有財産とみなすべきものとしている。歴史的にみても開城の先例もまたそのように取り扱っている。

しかし、旅順開城における取扱いは先例とは異なるものとなった。

旅順において露国の国有に属する財産は、弾薬、要塞のような純然たる軍用物件の他はほとんどその全部を旅順市、東清鉄道会社、または露清銀行の名義に移っていた。つまり、もし陸戦規則第五六条を正直に適用するならば、旅順攻城の価値はその過半を減少することになるのである。例えば、地所は露国政府が二五年の期限で清国から租借した所であり、露国政府はこれを旅順市に永久譲渡したのである。要塞内の多くの建築物についてもまた同様であった。官費で建築し、政府からこれを二〇年年賦で旅順市に売り渡し、旅順市はこれを一個人に貸し渡したのである。

しかし、ともかく引き渡しは、開城規約の規定したとおり実行された。

自治体である旅順の市長は陸軍中佐の等級に属する士族（チノブニック）であり、すべての財産の関係書類とともに日本委員に引き渡し、ほかの官吏とともに宣誓して露国に帰国したのである。

この引き渡しは、法律上、果たしていかなる性質を持つものなのか。

もし、旅順市が真に市と称するものにあたるものので、その財産がこの市の財産であるとするならば、ステッセル将軍は開城規約をもってこれを引き渡す権利はなく、乃木将軍もまたこれを受領する権利はない。

しかしながら、その実はこれすべて国有財産であり、いわゆる旅順整理委員がこの引き渡しの性質について立てた理由は、ただ一つ、日本はその占領中いわゆる旅順市の自治を中止して、その行政を軍隊に委任することである。このため、すべての財産及び関係書類を旅順における陸軍官憲に一時的に引き渡し、これを保管し、管理させ、確定の処分は平和回復を待って行うよりほかに途はないということである。

（九）将校の従卒の処置（第七条関連）

第七条の「露軍の勇敢なる防御を云々」という一文を加えたのは、露国委員の請求による処置である。日本軍の寛大を示すものにほかならない。

露軍の将校数は一二七一名であった。ゆえに実際は俘虜とすべき兵卒一二七一名を解放したことと同じである。日本の委員がこれに同意したのは、従卒は露国将校の日々の生活に欠くべからざるもののみならず、露国軍人の名誉の標章なのである。陸戦規則三五条に「降伏規約には軍人の名誉に関する慣例を参酌すべきものとす」とあるのを履行したことにほかならない。

なお、第二条、第三条、第五条及び第六条は陸戦規則の原則を規定したものであり、説明はとくに必要ないとしている。

三、開城手続及び処理

（一）ステッセル将軍の処遇

明治三八年一月三日、第三軍司令部は、津野田参謀をステッセル将軍のもとに派遣した。

派遣の目的は、同将軍の待遇に関する明治天皇の聖旨を伝える電報を示し、乃木大将が聖旨を誠実に執行する意志があることを伝えることにあった。

電報は、山縣元帥から乃木大将宛であり、その内容は次のとおりであった。

「将官ステッセルより開城の提議を為し来たりたる件を伏奏したる処、陛下には将官ステッセル祖国のため尽せし苦節を嘉したまひ、武士の名誉を保たしむべきことを望ませらる。右謹んで伝達す」（一月二日午前八時発）

ステッセル将軍は大いに感激し、乃木将軍に面会して親しく陳謝したいと申し入れた。

両将軍の会見は、一月五日正午、水師営で行なわれた。会見は二時間にわたったが、もとより社交的なものであり、なんら公務上の意味はなかった。

その際、ステッセル将軍は宣誓解放を受けることについて露国皇帝の勅許を受けるため、日本軍の軍用電信を使用したことについて感謝の意を述

旅順開城後の乃木将軍及び幕僚とステッセル将軍らとの個人的会見。前列右から津野田大尉、氏名不詳。中列右から伊地知少将、ステッセル将軍、乃木将軍、ライス大佐。後列右から渡邊少佐、松平中佐、マルチェンコ予備少尉補、安原大尉、川上貿易事務官。

べた。電報は一月二日午後九時一〇分に英語で送信され、一月四日午後四時に皇帝が許可した旨の英文での返電を受け、同将軍に通知されていた。

(二)規約に基づく開城手続・処理

(ア)開城手続・処理の経緯

開城引き渡しの事務を簡単にするため、日本軍はあらかじめその手続(細部要領を含む)を定めていた。日本の各開城委員は(※)、これを露国の関係委員に提示し、その承諾を得て実施したため、混乱なく処理できたのである。

その全般の経緯は次のとおりである。

附録第一条に規定した日露委員は、規約のとおり一月三日正午会合して、要塞、俘虜、傷病者及び行政事務の引き渡し手続を協議した。

まず開城の担保として日本軍に引き渡すべき

各砲台は、一時三〇分にすべて受領を終えた。そして、日露両軍の部隊相互間の一切の衝突を避けるため、一月三日から五日までの三日間は日本委員の他、何人も旅順に入れなかった。

露軍の各部隊は、一月五日午前九時にことごとく俘虜となることになっており、この時刻までは露国官憲が旅順の秩序を維持する責任を負っていた。その後、その責任は日本軍に移ることとなっていた。

したがって、日本軍はこの日の未明に、まず憲兵を入れて各警察署を占領させ、また憲兵を市内の各要所に配置して秩序を維持させた。

その後、同日九時に日本軍は混成一個旅団を要塞内に入れ、直ちに守備の態勢をとらせた。日本軍において常時旅順内に出入りを許可されたのは、この旅団隷下の部隊のみであった。

このようにして開城引き渡し手続間に秩序は完全に維持され、支那人及び露兵による軽微な窃盗事案が発生した他は、何らの異状はみられなかった。引き渡しの最中に欧州の婦人が幼児を連れて平然と市街を散歩するのが見られるほどであった。

一月七日にほぼすべての手続が完了した。ただし、俘虜引き渡しだけは多数の将校士卒を取り扱わざるを得ず少し遅れたが、一二日にはすべてが終了した。これに伴い、露国開城委員に指命された将校は、俘虜として日本に送られる者、あるいは宣誓の上解放される者に分かれて処置された。

これにより要塞内に残留している者は、開城規約第九条に基づき日本軍がその出発を許可するまで傷病者の救護の義務を負っている露国衛生兵と経理部員だけとなった。

（※）開城委員とは、開城規約附録第一条に定める規約を実行するため日露両軍において指定された者をいう。四つの委員会からなっており、それぞれの事務を担当した。

①規約第六条に関する委員会（第一委員会）：堡塁、砲台、陸上にある兵器・弾薬、艦船等、給養諸物件、危険物除去に関すること。

②規約第八条に関する委員会（第二委員会）：俘虜に関すること。
③規約第九条に関する委員会（第三委員会）：傷病者等に関すること。
④規約第十条に関する委員会（第四委員会）：行政に関すること。

（イ）開城に伴う条約（法律）上の処置

引き渡し手続は大半が軍事的性質のものであったが、ときには条約上の問題も生じていた。したがって各法律顧問はそれぞれ支援、助言を行っている。兵藤氏は第三委員会で傷病者の取扱いを、篠田氏は第四委員会で行政事務を、有賀博士は各受領委員からの処理伺いに対して伊地知少将を補佐していた。

各委員が取り扱った案件で、戦時国際法関連で特異なものは次の五点であった。

①軍用書類の引き渡し

露軍は開城規約第五条により砲台、火砲及び弾薬を日本軍に引き渡したのみならず、露軍の参謀部は要塞の防御計画及び在旅順露国陸海軍の編制に関するすべての書類を日本の委員に引き渡した。

その是非を問えば、軍事上の観点からは、これらの記録は決して敵に交付すべきものではないことは明らかである。しかし、規約調印当時に現存していたものであり、法的には交付することが当然である。

要するに開城交渉に着手する前に、軍艦、軍旗を廃棄したようにこれらの書類を焼却しなかったのは、すべて露軍の過失であるといえる。

②水雷の処理

第一委員会の報告書の中に水雷に関するものがあった。

露国委員の海軍大尉サウエンスケによれば、同大尉は露国機械水雷敷設の主任であり、水雷の状況について次のとおり述べた。

「旅順港外に敷設した機械水雷の総数は千四百個であり、その位置は潮流のため著しく変動した。そのうち電気触発水雷は総数百個で、旅順港外には八字形に敷設した。そして、その衛所（発火装置の管理施設）の一方は牧猪礁旧砲台内にあり、他の一方は蛮子営砲台内に設けた」

日本委員の黒瀬大尉はこの説明を受け、直ちに同大尉とともに衛所に行き、発火電池の電路を切断したのである。

③俘虜・宣誓解放に関する細部協定

第二委員会の日露委員相互間では、俘虜及び宣誓解放について開城規約及びその附録に明記していない種々の点について、さらに協定の必要があるとの認識があった。その主要なものは次の六点であった。


㈠宣誓解放された将校が携行する荷物の重量を確定すること。

開城規約附録は「その量目は概ね日本軍将校及び所属官吏の為に規定せられたる行李の数量に準ずるものとす。ただし、事情により相当の斟酌を為す」と定めていた。

これを受け約三割の増量を認めることとした。そして旅順から二十キロメートル離れた長嶺子の停車場まで運搬するため露国陸軍将校用として支那馬車三十両、同海軍将校用としてさらに三十両を準備した。

㈡旅順に残置する露国将校の私財の取扱いについての取決め
露国将校にとって私財の取扱いは重要なことであった。開城交渉時は、この件に関し特別に必要な規定を設けなかった。
先例であるメッツ開城規約の附録は、この点について次のように定めていた。
「守備軍ニ属スル各軍ガ『メッツ』ニ残シ置カザルヲ得ザル所ノ総テノ動産ハ、之ヲ掠奪セズ、没収セズ、依然彼等ノ所有タルベク、彼等ハ平和克復ノ時ヨリ、又ハ解放セラレタル時ヨリ六箇月内ニ之ヲ持チ去ルコトヲ得ベシ」

また、同規約第九条にも規定があり、「要塞ヨリ退去スル将校ノ私有財産ハ一般ノ私有財産ト同様ニ尊重セラルベシ」としていた。

しかしながら、旅順はメッツやストラスブルクのように文明国土の中央にあるわけではない。かつ日本軍は当時北方において引き続き大戦を行なう必要があり、支那人の盗取及び馬賊の掠奪に対し私有財産を完全に保護するに足りる守備兵を残すことは不可能であった。

このため、日本委員は将校の私有財産については一切責任を取ることを避け、ただ「将校荷物ノ残部ハ入院将校若クハ在旅順普通人民ニ其ノ保管ヲ委託スベシ」と協定するにとどめたのである。

ステッセル将軍及びその他多くの将校は新市街の欧州の商人にその家財を委託することにした。

㈢各聯隊の公用書類は、日本委員がその内容を検定し、携帯することを許可した。

㈣将校の家族の大半は将校とともに旅順を退去することとなっており、規約第七条に基づき将校に随行することを許可した従卒の外に、一家族につきさらに一名の従卒を付けることを許可した。これにより海軍及び陸軍将校の各三十家族はこの権利を利用した。

㈤規約第七条の修正により解放されることになった露軍の義勇兵はすべて旅順の市民であったので、宣誓が終れば直ちに自宅に復帰することを許可された。

㈥従軍僧侶は特別の規定を要した。在旅順陸海軍に属する僧侶約二十名の中には日本に行き、俘虜のためにその任務を継続することを望む者、また傷病者のために旅順に留まることを望む者がいた。

したがって、第三軍司令部は満洲総軍に伺いを立て、日本に渡航したいという者は軍司令官が許可し、旅順に留まることを望む者にはその希望とおりに処理した。また軍隊用神像を携帯することは日本軍委員が検査し、これを許可するようにした。

④傷病者の取扱い

開城の結果、日本軍の責任に帰することになる事業の中で最も苦難を強いられたのが第三委員会であり、当時において世界の歴史に類例をみない一万七千名の傷病者の取扱いに関することであった。

言語、風俗を異にするため、この事業はさらに一層困難を極めた。その細部については後述（第四項）する。

⑤行政事務等の処理

第四委員会は、行政・司法事務、建築物、記録類、金庫等の引き継ぎを担当し、必要な処理日誌を作成した。この機能はのちに旅順軍政委員に引き継がれることになる。

同委員会の日誌によれば、行政・司法事務の引き継ぎはもっぱら記録の授受であった。

日露両委員は将来行政及び司法事務をどのように整理するかを模索していた。

この点、第三委員会の衛生業務とは大いに異なっていた。

その理由は、同事務は二国政府（もし清国が加われば三国政府）の間において主権の問題を決定した後でなければ受理することは困難であり、これらの問題は和睦交渉の段階でなければ決定することはできないからであった。

この件については、日露委員も、彼らを任命した日露両軍もその権限を持っていないのである。

例えば、篠田法律顧問は裁判事務に関する現状として、まだ裁判が終了せず係争中の事件、すでに裁判は終結したが執行が行われていない事件が数多くあると述べている。この原因として旅順攻囲前に裁判官が退去したり、開城規約に基づき露国官吏に旅順を退去することを求めたことによる。したがって、これらの訴訟を終結することは、実際上、日本軍の権能が及ばないのである。

つまり、旅順における物情は騒然としており、要はただ現状を維持し、軍政に属する一時的な処分を行うことにあった。

そのほか特異事項を二点紹介する。

まず、東清鉄道、露清銀行に属する不動産は陸戦規則第五五条による敵の公有財産として取り扱っている。これらは露国の国有施設ではないが、露国政府の管理下で運営されており、戦争当初から日本政府の方針に基づき公有財産としたのである。

次に、旅順の監獄に収監されていた露国罪人は日露両国政府の協定により、戦争終了前に芝罘に輸送して露国領事に引き渡している。

四、開城以後における傷病者の取扱い

（一）露軍の傷病者の状況

旅順の開城当時における傷病者は、旅順市街に一万六八八九名、病院船カザンに収容されている者が二二一名、総数一万七一一〇名であった。

日本軍は一時にこれら患者の救護の責任を負わなければならなくなった。傷病者の状態は、戦傷者が約六千名、壊血病患者が約九千名、そのほか赤痢などの伝染病者と、約四〇名の精神病者であった。この中には日本人の傷病俘虜一二一名も含まれていた。

この約一万七千名の傷病者は、要塞内の三九カ所に散在していたが、露国の衛生委員はその収容場所すべてを承知していなかった。そのため、日本軍の委員によって捜索し、発見した収容所も数多くあったのである。

また、真に病院といえるものは旧市街に陸軍中央病院と露国赤十字病院が、新市街に海軍病院が、そして老虎半島にある衛戍《えいじゅ》病院の四カ所のみであった。

このほかに臨時収容所としてホテル一カ所、個

人所有の建物数カ所を使用していた。

そして、これらの病院及び救護所の間にはなんらの連絡手段も協力態勢も整っていなかった。

救護員は陸海軍及び赤十字社の医師及び薬剤師一五〇名（研修学生含む）、看護婦一二〇名、看護人一五〇三名、事務員一八五名、使丁（雑用人）四二五人であった。なお、看護婦は専門の教育を受け資格を持った者は約四〇名であった。

衛生器資材としては、外科の手術器材のみ豊富に備わっていた。しかし、病衣、包帯等は至る所で不足しており、患者のほとんどが砲台及び防御戦闘にいた時のままの汚れた制服を着用していた。包帯は正式なものでなく更紗《さらさ》であった。

壊血病患者は顔色も悪く憔悴しきっていた。

（二）日本軍の救護準備

旅順がいったん日本軍の支配下に入り、これら傷病者の状態を改善する責任が生じるや否や、日本軍は迅速に対処した。

不足していた衛生資材等を集めることは比較的容易に行われた。また、野菜、果物、生肉等を取り寄せ、患者全員の給食の改善がなされた。さらに、日本赤十字社が寄付した病衣三千枚及び毛布類は開城前にすでに到着しており、直ちに各病院に配布された。

しかし、救護員の不足をいかにして確保するかは重大な課題であった。

このため、露軍の衛生要員を引き続き活用するほか方法はなかった。彼らは日本人より傷病者の病苦をよく理解して処置することができた。

日本軍の衛生部隊は、部隊の北進に同行する必要があり、全員を旅順に残置することは困難であった。いずれにせよ、露軍の衛生要員のみでは足らず、日本軍と協力して救護にあたったのである。

この課題を解決するため兵藤法律顧問が立案した処理要領を、日露の衛生要員が協議して決定した。

決定事項は一四項目で、その概要は次のとおりである。

① 救護勤務のため一つの事務所を設けること。日露の衛生委員は毎日会合して協議し事務を処理すること。露国委員はその決議内容を露国衛生要員全員に通知すること。

② 新旧市街及び老虎尾島の各所に散在する傷病者を監督容易で交通の便が良い所にある少数の建物内に収容すること。

③ 前記収容所を日本陸軍の衛生部隊が採用する方法によって分類し命名すること。各収容所に赤十字旗と日本国旗を掲揚すること。

④ 監督及び連絡を容易にするため各収容所に日本の軍医一名（以下「監督軍医」という）、属員一名を配置する。しかし、露国衛生要員が勤務する収容所及びその分室においては、監督軍医はその治療に干渉しないこと。

⑤ 日本の衛生要員と露国の衛生要員はそれぞれ別の収容所及びその分室において勤務すること。

⑥ 露国衛生要員は一つの収容所、またはその分室に収容されている患者を移動させないこと。また患者が治癒した場合、監督軍医の許可なくこれを退院させてはならないこと。

⑦ 露国衛生要員は日本軍の規則及び命令に従うこと。規則等違反者は日本軍の刑法及び懲罰令により処分されること。

⑧ 各収容所の入口に日本軍の風紀衛兵を配置し、傷病者は監督軍医の許可なく外出することを禁止する。外柵を設けていない収容所においては建物から五十メートル以上出ることを禁止する。また、赤十字の腕章をつけていない者は何人といえども特別の許可なくして収容所内に入ることを禁止する（これは傷病者の正確な員数を知るため必要）。

⑨ 旅順内の収容所のすべての傷病者は、反対の証拠があるまですべて露国の陸海軍人とみなすこと（実際は数名の一般住民が混じっているのが判明

し、後日行政委員に引き渡された）。
⑩収容所内で勤務する者は、その任務のいかんにかかわらず旧赤十字条約（一八六四年）第三条のいわゆる病院職員とみなし、露国衛生委員及び露国赤十字社の人員も同様とみなすこと。その病院職員は、特に認証状（身分証明書）を携帯する必要はないが、疑義が生じた場合は日本軍においてこれを決定する権利があること。
⑪傷病者が治癒したときはすべて俘虜として取り扱うこと。再び軍務に就くことができない者は例外として本国に送還することとする。
⑫各収容所及び海軍病院内の材料は旧赤十字条約第四条に規定する陸軍病院の材料とみなすこと。しかし、露国委員の特別の要求により開城前に死亡し、または全癒した傷病者の救護日誌に限り、露国の医学上における価値あるものであり、これを戦利品としないこと。
　また、各収容所にある神像その他宗教上の物件は、たとい国有財産といえどもこれを没収しないこと。
⑬傷病者の私有品は、その所有権はその者にあるといえども、必要な場合は日本軍において検査し、あるいは日本軍が保管し退院の際、還付すること。
⑭露国病院の職員が携帯することができる私有物品の重量は制限を設けないが、日本軍が乗船所まで運搬する重量には制限を加える場合がある。したがって、携帯することができない物件は、自ら適宜処分（売却、譲渡、貸与）すること。

（三）日本軍の救護の実施

（ア）救護の態勢

　露国患者の大多数は重症であった。そのため日本軍は彼らを日本内地に輸送することなく旅順の現場において救護を行うこととし、その編成を定めた。

　この時点は、奉天会戦の時期が切迫していた。このため日本の衛生委員長落合軍医監及び兵藤氏以下の委員は乃木軍に従い北進せざるを得なかった。

これを受け、旅順整理委員長伊地知少将の下、加古一等軍医正を首座として別に衛生交渉委員を指定した。

露国側は、従前の衛生委員が引き続き勤務し、病院監督総督にレヴィアニン氏からドクトル・クルゼウィッチが就くこととなった。

日本軍は第一、第七、第九及び第十一師団の衛生予備員、第三軍兵站軍医部員並びに日本赤十字社の七個救護班をもって旅順の傷病者救護にあたらせることとした。

そして、この四個師団の衛生予備員もまた北進する必要がある場合は、遼東守備隊及び旅順要塞病院の衛生部員が対応することとしていた。

当初、日本の救護員と露国の救護員とを混成して勤務させ、日本の軍医及び看護人に、露国の軍医及び看護人を通じ、患者の希望、風俗、習慣を周知する機会を得させるにした。しかし、言語、教育、薬品その他の用品が異なっており、この方法は到底実行しがたいと判断した。

したがって、露国の要員は開戦前に露軍が整備した大病院で勤務し、日本の要員は兵営及びその他の建物を臨時病室に使用した場所で勤務することを敢えて取り決めた。

しかし、この取決めは誤りであったと有賀博士は分析評価している。

その理由として、まず兵営及びその他の建物を臨時病室に使用した場所は、もとより患者を満足させる点において真の病院に及ぶはずもない。また、日本人が料理した食事は露国傷病兵の嗜好に適しておらず、さらに患者は言語不通のため、その病状、苦しみを正確に伝えることは困難であった。つまり、日本の要員の治療を受けている者はみな不平を持っていたのである。

かつ彼我両国人の習慣は時として正反対に出ることがあり、一層困難になった。

例えば、日本人の家屋は木造で火災のおそれがあり、室内を暖める手段を講ずるより、衣類をなるべく厚くする習慣があるのに対し、露国人は冬季においても衣服をなるべく薄くして過度に室内を暖める習慣がある。

このため、日本の衛生要員が勤務する病室の患者は、露国医師の訪問を受けた際に寒冷を訴え、露国医師から露国衛生委員に日本医師の患者虐待を告発するようになった。

露国海軍は、この状況を聞き、病院船カザン内の患者を日本軍医に引き渡すことを拒否するようになった。

これはすべて当初の取決めが適切でなかったからであった。日本軍としては、輸送に耐え得る傷病者全員を日本に後送し、また大連まで後送して便船を待つ態勢を整えさせ、その他の患者を留めていっさい露国軍医に委託すべきであったと述べている。

そして、次の戦争においてはこの患を再び繰り返してはならないと反省している。

（イ）救護態勢の見直し

この事態を打開するため、露国委員と再協議を行い、初めの取決めを次のとおり改訂した。

① 陸軍中央病院及び海軍病院は設備が最も充実しており、爾後これを日本衛生要員の管理に移し、各所にいる重症患者をここに収容すること。

② 日本の衛生要員が露国患者の取扱い方法及び食物の調理方法に慣れるため、若干の露国医師、看護人、料理人、小使、汽缶夫、火夫を同病院に転属させること。

③ 日露軍医各一名による視察組を若干組織し、各病院の治療看護を視察し、注意すべき点があれば各主任者を指導し、その状況を日露両軍医の連名で交渉委員に報告するとともに、重症患者を発見したときは、①の病院に転院させること。

この処置をとるとともに、諸処に散在する小規模の病舎及び収容所はなるべく速やかに閉鎖する方針をとり、二月中旬には一三カ所が閉鎖された。

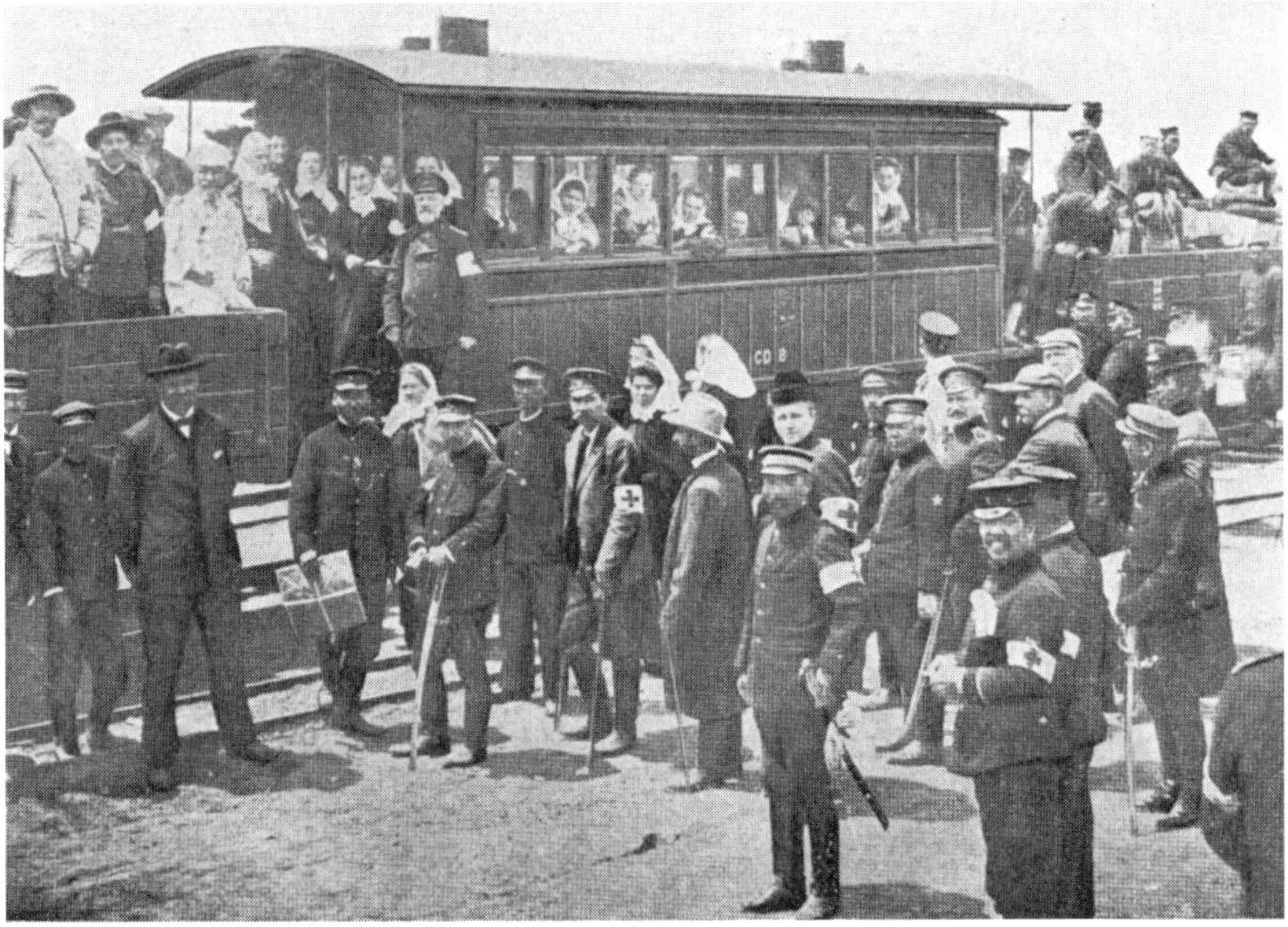

旅順残留の露国赤十字社救護員の退去

また、すでに治癒し、治癒に向かいつつある傷病者は、旅順軍政委員及び遼東守備隊の手を経て漸次日本に後送された。

(ウ)軍務に就けない者の後送

明治三八年三月初旬から軍務に就けない者(以下「兵役不堪者《ふかんしゃ》」という)の還送を開始することになり、閉鎖した病舎等の露国衛生要員を途中看護のため同行させることになった。

在清国露国領事は還送に必要な船舶を調達契約し、一隻確保できるごとにその旨を芝罘の日本領事に通知した。日本領事はこれを大連の遼東守備隊に電報し、これに応じて傷病者を旅順から発進させる手順となっていた。

移動間における薬品その他の必要材料はすべて日本軍が支給した。

兵役不堪者の認定は、まず露軍が露国の規則に基づいて審査し、その後日本の軍医が日本陸軍の規則に照らして検定し決定した。これにより送還された者は四〇三九名であった。

（エ）露国衛生要員に対する処遇

露国衛生要員が傷病者を看護するため日本軍の支配下にある間、日本軍は宿舎を与え、生活、娯楽に必要な物品等及び煙草類にいたるまで支給していた。このため、俸給及び手当の支給に関する問題は生じなかった。

露国衛生兵の手当については、明治三八年三月一八日付の勅令第五二号で支給することにしていた。その額は、一カ月につき将官相当官一〇〇円、上長官五〇円、士官二〇円、准士官一〇円、下士官三円六〇銭、兵卒一円二〇銭であった。

四月六日、この件について露国の衛生委員に通知したが、数日後手当を請求する者は一人もいない旨を回答してきた。また、露国海軍の衛生代表であるドクトル・ヤルトレポフも海軍衛生要員に対する金銭支給について辞退を申し入れた。さらに、露国赤十字社のバラショフ狩猟官も文書で手当の支給について謝辞を述べるとともに、当分受領の必要はない旨を回答してきた。

また、露国衛生要員及び傷病者には、二月九日以来、露国語で葉書を発送することを許可した。将校は一カ月に三回、兵卒は一カ月に一回とし、旅順整理委員の検閲を受け発送された。

（オ）旅順における救護活動の終了

四月下旬までに日本内地への治癒者の送還、兵役不堪者の露国への還送が順調に進んだ。このため、露国陸海軍の衛生要員も三月から四月にかけて逐次に帰国を許可していた。

最後に残ったのが、最重症患者と精神病患者の処置であった。そこで日本軍は、輸送に堪え得ない最重症患者は露国赤十字社に看護を依頼するとともに、精神病患者は芝罘に後送することにした。これらの処置を五月二二日に完了し、旅順には露国の傷病者は一人もいなくなったのである。

第八章のまとめ

■事前に準備された降伏規約

本章は、有賀博士が『日露陸戦国際法論』の中で最も精魂を込めて著述された重要な章である。

永久に続く戦争はなく、戦いに始めがあれば必ず終わりがくる。旅順の要塞がいかに堅固であっても破壊し、露軍を降伏に導くことができる。また、日本陸海軍にとっては一日も早く制圧しなければならない事情もあった。

破砕するとの強い信念と必要性のもと、露軍が降伏する場合を想定し、第一回総攻撃前から降伏規約（案）を準備していた。準備に際しては、関係各部の意見を聴取し、必要な細部規定案の作成を指導して臨んだ。その後二回の総攻撃を行うが、そのつど、当時の状況に適合するように規約案の見直しを行っている。

その周到な準備が、一月一日夕刻の露軍の降伏申入れから二日二一時三五分までのわずかな期間に降伏規約の調印に結びついたのである。

有賀博士には、十年前の日清戦争における威海衛の降伏規約調印の経験と、文明国の過去の戦役における降伏条項の研究により、旅順要塞の露軍の状況に応じた処理を的確に実施できる自信があったのである。

■降伏に関する陸戦規則

降伏に関する規定は、陸戦規則第三五条に一箇条あるだけである。

締約当事者間ニ協定セラルル降伏規約ニハ軍人ノ名誉ニ関スル例規ヲ参酌スヘキモノトス
降伏規約一旦確定シタル上ハ当事者双方ニ於テ厳密ニ之ヲ遵守スヘキモノトス

第一項の名誉に関するものが、ステッセル将軍に対する明治天皇の「将軍の武勇を嘉祥し、名誉をもってこれを遇すべし」の指示に基づく待遇であり、また、将校に対する帯剣の処置である。

第二項は、規約の誠実な履行を求めているが、規約に定める事項は規定していない。したがって紛争当事国軍隊相互に内容を決定していかなければならない。

降伏するとの意思表明は突然に行われる。それに瞬時に対応するためには、降伏部隊の規模にもよるが、予め予期して規約内容を整理しておく必要がある。

乃木第一軍が降伏交渉を主導的に、かつ有利に進めることができた要因は二点あると思う。

第一に、有賀博士が平素の先例研究を含めて戦時国際法に通暁《つうぎょう》していたこと、

第二に、交渉に臨んだ軍人参謀は、同博士の薫陶を受け、交渉する各規定の内容の本質、趣旨を理解していたことである。

したがって、露軍の要求に対して柔軟に対応し、譲歩できることと断固拒否することが明確であった。

一方、露軍の交渉団の関心は、将校の私物品の携行または管理に関することにあった。露軍全体より個人の利益に偏していた。

これが、交渉の行方、ひいては両軍の戦い方に出たものと考えている。

軍事的には、宣誓解放の要領、鹵獲兵器の処理に関心があるが、紙幅の関係で本項においては割愛する。

第九章　樺太占領

一、樺太南部の占領

露国ノ「バルチック」艦隊ハ三十八年五月二十七八日ノ対馬海戦ニ因リ全滅ニ帰シタルヲ以テ、原口中将ノ指揮スル独立第十三師団ヲシテ樺太ヲ占領セシムルニ決シ、該師団ニ属スル第二十五旅団ハ先発隊トシテ出発ヲ命ゼラレタリ。旅団長ハ、曾《かつ》テ旅順ノ攻囲軍ニ属シ、陥落ノ後旅順市ノ行政事務受取委員長ニ任ゼラレタル竹内少将ナリキ。

満洲軍は、バルチック艦隊の全滅後、樺太占領を企図して独立第十三師団を派遣することとした。

同師団は、第二十五旅団を先発隊として派遣することとし、六月二十日、弘前において次の命令を下達した。

（一）独立第十三師団は樺太を占領せんとす。

（二）貴官は別紙（甲、乙）諸隊を率い南部上陸隊となり、コルサコフ附近に上陸し、リュートカ、ナイブチ、ススヤ河谷を占領すべし。

第二十五旅団は、片岡司令長官の指揮する艦隊に護送され、七月四日、日本を出発し、七日アニア湾頭のコルサコフより一日行程のメレアに無事上陸した。

コルサコフを守備していたアルチシェフスキー大佐は、小抵抗の後、同地を焼き、北方に退却した。

独立第十三師団が得ていた情報によると、露軍は戦闘力を保持していたが、本土との連絡が絶たれ、最後まで抵抗する意志がないことが明らかであった。

これを受け竹内少将は、七月八日、満洲における露軍の状況及びバルチック艦隊の状況を知らせるとともに、降伏を勧告する勧降書二通を作成した。

同少将は、勧降書を二名の露人に預け、二経路で樺太の露軍に発送した。

勧降書の要旨は次のとおりである。

勧降書

「コルサコフ」州に守備せらるる露西亜帝国の陸軍中佐（大佐）アルチシェフスキー貴下。

予は大日本帝国皇帝陛下の命を奉じ「サカリン」（原文のママ）島を占領せんが為到着したり。予は名誉ある貴下の軍隊に向て攻撃をなすに先ち、人道を重ずるの精神より左の言を貴下に致す。

（満洲及び日本海海戦の状況、略）

今や我が帝国は陸海軍の余力を以て本島の占領に着手せり。予は貴下の率いる兵力と其の配備の詳細とは、予め為したる偵察と去年コルサコフ及其の附近より脱走し来れる十七名の貴国人民の言とにより之を詳悉《しょうしつ》せり。

而《しこう》して予の率いる兵力は現に貴軍に幾倍せるを知る。予は人道を重ずる精神より成し得べくんば惨憺たる戦禍を避けんと欲す。貴下にして若し予と此の精神を同ふするあらば、現に衆寡敵せざるの炳然《へいぜん》たるを知り乍ら、徒に人命を損するが如き非道を敢てせざるを信ず。賢明なる貴下幸いに予の言を容るるあらば、抵抗を休めて予の軍門に来られんことを望む。

然る時は貴下及貴下の率いる将校に対しては相当の礼意を表して、一身の安固を保証し、又下士卒は交戦以来我が帝国に保護しある七万有余の貴国陸海軍下士卒と同一の優遇を受けしめんとす。

予は此の書に対し、明九日午後六時迄貴下の回答を待つ。
予は此の機会を利用し、茲《ここ》に貴下に向て誠実に敬意を表す。

露軍は直ちに回答しなかった。あとでわかったことであるが、露軍の中に軍艦「ノーウィク」の乗組員だった海軍大尉マキシモフがいた。彼は勇敢な将校で、守備隊の参謀となり、すべての作戦をほとんど一人で企画し、勧降書を受け取ったときも降伏を受け入れなかった。

したがって、第二十五旅団は攻撃を継続し、一〇日夕刻にはウラジミロフカを占領し、一一日から一二日にわたるダルネー附近の密林戦において敵の主力を撃破した。マキシモフ大尉以下八〇名は生け捕りにしたが、残余の敵兵はますます攻撃困難な林中に潰走した。

七月一四日、第二の勧降書を作成し、露人を使者としてアルチシェフスキー大佐に送った。

また、コルサコフ駐在の日本領事官野村基信は、友人でもある露軍司令官アルチシェフスキー大佐に宛て、日本軍の勧告を受け入れること及び受け入れた場合はなるべく名誉ある待遇を行うよう取り計る旨の書簡を送った。

七月一五日正午、露国樺太守備隊副官ブラソロフ二等大尉は、軍使として一名の騎兵を従えて、旅団の前哨線に現れた。前哨線の指揮官は、両名に目隠しをして司令部に案内した。

軍使が提示したアルチシェフスキー大佐の返書は、次のとおりである。

返　書

閣下、

刻下の状態に於て卓絶し且つ優勢なる貴軍隊に対し将来の戦闘は無益なるを覚り、茲に予の全権を委任したる二等大尉ブラソロフを軍使として貴軍に派遣し、閣下の任命せらるる者と予の現在直接指揮下に属する軍隊の降伏に関し名誉ある条件を以て交渉せしめんとす。蓋《けだ》し我が軍隊の各員は皇帝及び祖国に対し已に力の限り任務を尽したるものにして、将来の戦闘は唯徒に無益の血を流すに過ぎざるを認むればなり。

　茲に閣下に深厚なる敬意を表す。


　ブラソロフ二等大尉の提出した全権委任状は有効なものと認め、交渉の結果次の降伏条件が定められた。
（一）露国陸海軍人はすべて俘虜となすこと。
（二）兵器、弾薬、糧秣等は現在のまま日本軍に引き渡すこと。
（三）露国軍隊は明十六日午後二時までにダルネーの北方約三百メートルの地点に集合すること。
（四）国家のため努力せし名誉を重んじ、将校及将校相当官には帯剣を許し、並びにウラジミロフカまで乗馬を許すこと。

　これらの条件はたいへん簡単なものであり、条約書等を取り交わすことなく、単に手帳に筆記するに留められた。

　この内容は、ほとんど無条件降伏といえるものであり、日本軍は兵器、弾薬の引き渡しを受けるのに対し、露軍の将校に帯剣を許し、なお途中まで乗馬を許したことだけが一つの条件といえる。

　しかし、ここで一つ問題があった。それは、当時アルチシェフスキー大佐の直接指揮していた部隊の他に、ナイブチ、マウカ、チビサン、リュートカ、キサン等、樺太南部の各地を守備している小部隊がいた。

　同大佐に、これらの小部隊にも降伏を命ずる権限があるのかないのかということであった。

日本軍の将校は、露軍軍使に対し、同大佐からこれら小部隊にも降伏の命令、または訓令を発するように求めた。

　しかし、露軍軍使は、同大佐の返答書には「予の現在直接指揮下に属する軍隊」だけであるとして、日本軍の要求を拒否した。さらに、アルチシエフスキー大佐は、全南部樺太守備隊の長官であり、もちろんすべての部隊はその指揮下にあるが、同大佐を指揮する沿黒龍総督は、同大佐にコルサコフ州の兵力を小部隊に分割し、各部隊長に独立的に行動させることを命じた。

この露軍の事情を承知した竹内少将は、未だ一度も交戦していない部隊に降伏を命ずることは困難なことと判断し、この件についてはは深く追求しなかった。

七月一六日、アルチシェフスキー大佐は将校二〇名、下士卒七八〇余名を率いてダルネーに来て降伏した。

日本軍の樺太占領は既成の事実となり、七月二四日から仮軍政を施行した。

二、樺太南部露国住民の還送

第二十五旅団がコルサコフを占領したのに伴い、旅団長は直ちに住民に向けて告示を発した。

日本軍は、露国住民の生命、財産を十分に保護するので、安堵して自宅に留まるようにと勧諭した。

その目的は、陸戦規則中、敵地における軍の権力に関する各規定に基づいて行政を施行することである。

樺太は、日露戦争中日本軍が占領した唯一の敵地であった。このため、満洲軍は、戦闘指揮に卓越しているとともに、善良な行政者でもある竹内少将を占領軍の先発隊司令官として就けたのも占領地行政を的確に実施するためである。

しかし、占領後間もなくして、樺太の占領は普通の敵地占領とはまったく異なることが判明した。つまり、陸戦規則の各条項の適用が困難な状況が起きた。

陸戦規則は、占領地住民は生活に必要なものを有しており、引き続いて占領地内に留まり、その業務に従事することを前提として制定されている。

だが、樺太南部に生活している住民の状況は、規則が想定したものではなかった。

同地域の住民のほとんどは、流刑に処せられ、生涯本国に帰還する望みのない罪人及び家族であり、もとより職業なく、資産なく、もっぱら官給される衣食で生活していた。平時において彼らは次のように給養されていた。

刑期を終えていない者は直接露国政府の給養を受け、刑期を終えた者は帰国が許されず、家族がいる者は毎年日本から樺太に来て、南方海岸で漁業を営む日本人に雇われ生計を立てていた。

つまり樺太南部住民の生活は半ば日本人に依存していたのである。しかし、戦争はこれらの状況を一変させた。日本人がことごとく島を去り、露国住民は食糧物品を得る道が途絶え、官給を受ける罪人もまた供給する露国船、または中立国船の往来が途絶えてしまった。

このため、罪人らはやむを得ず解放された上で義勇兵に編入されることになった。しかし、これらの新解放者達は住民に食を求めるより他に途がなく、たちまち食品は欠乏した。日本軍が到着する前に、すでに飢餓の状態にあった。

さらにコルサコフ州で火災があり、住居を失った者が多く、実に憐れむべき状態にあった。したがって、日本軍の到着を待って食を求めるしか道がなかった。

しかし、露国住民の生活を安定させるための施策を検討するとしても課題が山積していた。

それは、当時日本軍は、満洲軍、及び豆們江の露軍に対して攻撃している北韓軍への糧食運搬のため多くの船舶を必要とした。そのため、樺太に往復する船舶は極めて少なかった。

また、樺太近海は一年の大部分が氷結しており、一二月以前に生活関連物資を輸送しておく必要があった。厳寒が近づきつつあり、露国住民の生活の安定を図るため一日も早く解決策を見いだす必要があった。

この実情を踏まえて竹内少将は、七月一八日、冬期間における樺太住民を救助する施策に関する意見書を陸軍大臣に提出した。

この意見書によると、樺太の人口については正確な調査が行われていないが、約二万人を少し超えるくらいであること、交通途絶の期間は一月から四月までの四カ月であるとみなし、この期間に糧食一人一日四合の割で給与するとなると、およそ九六〇〇石が必要である、としている。

樺太の住民を救助するため、旅団長は次の四件を建議した。
(一)日本の商人に貨物を託して樺太に往来することを許すこと。
(二)日本の漁民に仮免状を与えて直ちに漁業を開始させること。
(三)住民を軍道の建設に使用すること。
(四)住民を日本軍の建築用に供する木材を得るため伐採に使用すること。
この提言を日本政府が検討している間に、新たな事態が生じ、自然にこの課題は解決することとなった。それは次のようなことであった。

七月一〇日、旅団がウラジミロフカを占領すると、露国知事スヤーギンと一名の官吏は、非交戦者として露国へ還送して欲しいと申し出た。

師団は、運送船で日本に護送し、青森で上陸して仏国領事に引き渡した。

その後、他の官吏及びその家族等の多くが帰還を願い出てきた。師団長は、大本営に打電し、第二回還送の許可を得て、樺太を退去したいと願う者は日本軍に届け出るようにとの告示をした。

その結果、還送希望者の数は多く、官吏のみならず住民の大多数も申し出たことに驚いた。

これには種々の理由がある。その主なものは、住民は皆罪人であり生涯再び祖国の天地を見ることはないと信じていたが、今やこの好機会を得て、これを利用したいと考えた。

他の重大な理由としては、島内に残留しても生活が困難であるということだ。また、住民は概ね知力が劣り、文明戦争がどのようなものかを知らず、日本軍はもとより迫害を加える意志はないにもかかわらず、露国軍隊及び官吏が退去した後は、日本軍及び日本官吏から虐待されることを恐れたのも一つの理由であった。

当時、日本軍の告示を受け、還送を願い出た者を各軍政区に区分すると次のとおりである。

第一仮軍政区	七八八
第二仮軍政区	一八一三
第三仮軍政区	一二〇〇
第四仮軍政区	約四〇〇
計	約四二〇一

このように多数の住民が退却することにより、一村でわずか二、三名が残るだけという所もあるが、給養そのものが困難であり、日本軍としては制止することはできなかった。

次に問題となったのは、住民の移動に伴う経費のことであった。

ほとんどの退却者は貧困であり、日本までは無賃輸送することができても、日本から露国までは旅費を支弁できない状況であった。したがって、一回目の官吏の輸送とは違う方法を検討する必要があった。

師団は、大本営と協議して次のように処置することとした。

（一）自費でもって旅行できる者のみ日本に寄って帰国することを許可する。

（二）その他の者は、日本海対岸の露国の一港まで直接輸送することとし、海軍と協同して沿海州のデカスツリー湾（黒龍江の南二百キロメートル）に輸送する。

さらに、退去者の財産処置について検討する必要があった。露国政府は、樺太住民に土地所有を認めていなかったので、この点については簡単であった。

しかし、家屋及び動産を所有している者が多く、この処置は困難であった。日本軍は、所有者の不在間その財産を保管することは望まず、また実際保管することはできなかった。そこで、次の告示を発して住民に徹底を図った。

本島在住露国住民にして左記の条件を承認の上、その本国領土に帰還を希望する者は、その希望を容れ、我が軍に於いて之を送還すべきに依り、軍政署に届出つべし。

(一)旅費を自弁し得る帰還志望者は、その志望に依りては日本を経て上海に到らしむ。但し日本内地港湾までは軍用輸送船を以て輸送し、同港湾揚陸後の費用は自弁とす。

(二)旅費を自弁し得ざる者は、我が軍用運送船を以て沿海州デカスツリーに輸送す。

(三)凡《およ》そ樺太を退去せんと願う者は、その所持する所の物件に就き左の条件を承諾する旨を書面を以て宣言すべし。

(イ)各自退去の際、その私有財産は適宜処分すべく、若し之を遺留する場合に於ては、他日之に関し如何なる申出を為すも日本官憲は何等の責任を負わざること。

(ロ)各自の私有財産中各自の体力にて携行し得るものは携行を許す。

右記の条件に従い、樺太住民の帰還準備が始まった。

帰還計画は、ポロアントマリ(大泊)を乗船地とし、アレキサンドロウスクに寄航した後、日本海を南下し、デカスツリー湾に到着することとし、八月二三日帰還者全員を運送船二隻に分けて乗船させることとした。

江都丸乗船者	合計一五〇〇人
第一仮軍政区住民	七〇〇人
第二仮軍政区住民	五〇〇人
第三仮軍政区住民	二〇〇人
第四仮軍政区住民	一〇〇人

東洋丸乗船者　　合計一〇〇〇〇人
　第一仮軍政区住民　　五〇〇〇人
　第二仮軍政区住民　　四〇〇〇人
　第四仮軍政区住民　　一〇〇〇人

　ポロアントマリの集合点には二一日から多数の天幕が張られ、遠方から来る帰還者を宿泊させ、食事を提供していた。また、各人には上陸後五日間の糧食を給与する準備も行った。

　また、混雑防止のため、村落ごと数個班に分け、一〇人ごとに組長一人を置き、その村落の名望家を班長とした。各仮軍政区の軍政署から提出された名簿により、到着順に乗船させたので混乱はなかった。

　帰還者が運送に使った牛馬車両は乗船地に棄てていくので、日本軍はこれらを遺棄物として拾得した。

　各船には軍医一名、看護長一名及び通訳官二名を乗船させ、病者の救護にあたらせた。

　各輸送船は海軍軍艦で護衛した。各船には歩兵小隊の半数を乗り込ませ、帰還者の船中護衛、取締りを行わせた。なお、歩兵小隊の将校及び兵卒は帰還者を懇切に取り扱うように命令を受けており、帰還者はすべて日本軍の慈善に感動し、感涙したということであった（歩兵第二十五旅団副官岸歩兵中尉が有賀博士に寄せた記事より）。

　歩兵第二十五旅団の八月三一日の日誌に帰還者の記事があった。

「本日午後一時東洋丸露国帰還者をデカスツリーに送り、その任務を了って還る。帰還者護衛将校長屋中尉の報告に依れば、帰還民は衷心より喜悦の情を以て我が軍の好遇を感謝しつつあり。上陸後彼等に麦粉を給与するの計画なりしも、彼等はこれを携帯し能わず。又多少彼等は糧食を有するの故を以て辞して受けず。又海岸より一里程の処に於て敵の将校一下士卒若干を見たるも、射撃を交換するに至らざりき。江都丸は更に北部の輸送に任ずる筈なり」

九月九日、さらにポロアントマリから帰還者を出発させた。その総数は一四九六人であり、前回と同じ要領でデカスツリーに護送した。

また、多少資力がある者で日本経由で帰国した者も少なくなかった。したがって、樺太南部に残留している住民は極めて少数となった。

三、樺太北部の占領

七月一六日、樺太南部の占領がアルチシェフスキー大佐の降伏により既成の事実となったことを受け、独立第十三師団主力は、樺太北部を占領する目的をもって同月二一日、日本を出発した。

同月二四日、同師団主力は、樺太全島の首府アレクサンドロフスク附近の上陸地点であるアルロフに到着した。敵は、日本海軍の艦砲射撃に耐えられず敗走したため、二五日午前三時、アレクサンドロフスクを確実に占領した。

アレクサンドロフスク市は、一八八一年皇帝アレクサンドル二世の命令により開設した所であり、戸数一三〇〇、人口一万五千人、家屋は不整頓に散在しているが、警察署、郵便局、印刷局、官立販売所、中央貯蓄倉庫、兵営、監獄、教会堂、博物館、図書館、陸軍病院、監獄病院、孤児院、学校等、多少の重要な建築物があった。

樺太の軍務知事リャプノフ中将は、部下官僚とともにここに駐在していた。しかし、中将と称しているのは家格に対する尊称であって、軍務に就いているわけではない。したがって、彼は軍事については一切わからない。

アレクサンドロフスクの露国守備隊は、タラセンコ大佐が率いる歩兵五百名、砲兵約二個中隊、予備下士卒七三名、及び囚人の義勇兵約二千名からなっていた。

露国はアレクサンドロフスクでは防御せず、数カ月前から同地から東方三〇キロメートルのピオリスキー山脈の背面にあるルイコフに拠って、同山脈を防御線とする計画を立てていた。

ルイコフ、すなわちルイコフスコイは、一八七八年に監獄長ルイコフがチム河の左岸に建設した小都市である。戸数約六〇〇、人口三千人。露軍は開城後この地に多量の弾薬、糧食を集積し、歩兵三五〇名及び解放囚徒義勇兵一五〇〇名でここを守備していた。

軍務知事及びその部下官僚は、家族とともにこの地に逃走していた。

独立第十三師団は、直ちにルイコフに向け進撃し、攻撃第一日目に、俘虜四〇〇名を得た。そして、師団主力は山険に構えていたペーレンゲ及びデルヒンスコイの要塞を、苦戦の末、七月二六日に陥した。

他の部隊は同日ルイコフに進入し同地を確保した。しかしながら、ルイコフ周辺に残留していた部隊が攻撃を開始し、夜中市街戦が起こり、翌二七日午後になり同市を完全に制圧した。軍務知事リャプノフ中将は、一部の部隊とともに南部のオーノールに向け退却した。

ツイモフ州長（ルイコフはツイモフ州の首府）は、なおルイコフに留まっていたので、占領軍司令官原口中将は州長に対し、今後の抵抗はただ無益に人命を犠牲にするのみであることを説いた。

同中将は、州長を介してリャプノフ中将に対して降伏を勧告した。

明治三八年七月三〇日午前八時、敵の軍使が日本軍の前哨線に来たとの一報があった。司令部は直ちにルイコフに護送するように命じるとともに、教会堂を談判所にすることとした。午後一時三〇分、敵の軍使アクチノフ中尉は兵卒六名を率い、日本軍の騎兵に警護されルイコフに到着した。

第十三師団参謀長小泉大佐は、蜷川法律顧問及び幕僚とともに会見した。軍使が提出した七月一八日（露暦、日暦は三〇日）付リャプノフ中将の書簡は次のとおりである。

繃帯材料及び薬品の欠乏と負傷者治療の不可能とは、人道の感覚により、予をして閣下がツイモフ州長官を経て予に致されたる地方住民の生命、財産を確保する条件の下に今後の流血的戦闘の中止に関し閣下の勧告を容るるの止むを得ざるに至らしめたり。

これに対し第十三師団は、降伏条件として次の各項を提出した。

(一) 将校及び下士卒はすべて俘虜となすこと。

(二) 兵器、馬匹その他の軍用物件及び官に属する金銭、有価証券、その他の動産、不動産は現状のまま引き渡すこと。

(三) 樺太行政に必要なるすべての書類を引き渡すこと。

(四) 樺太守備隊編成表及び防御計画に関する地図及び書類を引き渡すこと。

右条件を承諾するに於いては、全権を有する将校とともに、その回答を三十八年七月三十一日午前十時までに第一「ハムサダ」に送るべし。その時刻に至り回答を得ざれば、我が軍は直ちに攻撃を続行すべし。

交渉は三時四〇分に終了した。軍使一行の人馬にパンと馬糧を与え、四時三〇分一行は帰途についた。ルイコフより敵の位置までは一三、四里であり、敵の位置から回答地点まではさらに三里である。

午後一一時、小泉参謀長、両角副官、蜷川法律顧問、その他降伏受諾の際に必要な若干の人員は、ハムサダに向けて出発した。また、敵が我の条件を拒絶した場合に直ちに再び攻撃を開始する準備を行った。

約束の時刻以前に、敵の特務少尉プコロフが軍使として到着し、回答書を提出した。

その内容は「降伏条件は悉《ことごと》くこれを承諾す。但し、樺太の防禦計画に関する書類は軍機の秘密に

日本軍と在樺太の露軍との降伏談判。正面奥に立つのは小泉参謀長。向かい右側は露国側のアクチニコフ談判委員、左は蜷川法律顧問。

属するを以て、現行法規に照らし軍事行動の開始と同時に悉く之を破棄せしため、日本軍に引渡す能わず。降伏の上は将校に帯剣を許されんことを希望す」というものであった。

しかし、彼には降伏規約に調印する全権委任状が付与されていなかったため、三時間の猶予を与え、正式の全権委任を与えられた将校を派遣するようにと言い含め、帰軍させた。

午後零時四〇分、露軍の守備隊司令官タラセンコ大佐が、参謀長心得二等大尉ブーレウィッチ及び特務少尉プコロフ等を随え、リャプノフ中将の全権委任状を携え、ハムサダ会見地に到着した。

降伏規約は、すでに提示した降伏条件に基づき起案され、小泉参謀長、タラセンコ守備隊司令官が署名し調印された。条約内容のうち、露軍が要望した帯剣は、リャプノフ中将のみに許された。

この規約により露軍将校七〇名、下士卒約三二〇〇名が俘虜となった。リャプノフ中将は八月一日予定の時刻に幕僚六名とともに到着し、原口中将と会見し、その後日本に後送された。

七月三〇日、日本軍は樺太北部全体に軍政を施行することを宣言した。露国住民で露国に帰還を希望する者には、樺太南部の住民と同一の条件で輸送することを告示した。しかし、北部から帰還するものはごくわずかであった。


有賀博士は、この降伏規約について国際法上批評すべき点が一つあると述べている。

それは、古来条件を約して降伏するのは、みな要塞戦の降伏について行われてきた。野戦軍が兵器及びその他の軍用の物件を敵に引き渡す条件をのんで降伏したのは、恐らくこの時が初めてであろう。多くの国の陸軍刑法においては、軍隊の指揮官が平地戦において条件降伏を行うことを禁止している。

しかしながら、同博士が見るところによれば、樺太北部の降伏においては、要塞戦と同一の事情があったため、同一の結果が生じたとみるのが適当であるとしている。

およそ要塞内に包囲された軍隊が、その兵器、弾薬を敵に引き渡す条件で降伏するのは、すべて抵抗することが無益であり、援軍が来る見込みがない場合において、その余すところの戦闘力と交換してなるべく有利な条件を得るためである。

そういうことを踏まえると北部樺太軍の地位は、恰《あたか》も孤立した要塞内の守備軍のようであり、遠隔地にある植民地にあって、かなり以前から一切の連絡が絶たれ、増援を得る望みもなかった。

したがって、条件を示されて降伏したことは必ずしも不当とはいえない。ただし、この規約によって得た利益は、果たして日本軍に引き渡した兵器及びその他の物件に値するものがあったのか、あるいはむしろ悉く焼却し、然るのち無条件で降伏するのが有利であったかは別の問題である、と論評している。

四、樺太北部の還付に関する交渉

ポーツマス平和条約により、樺太の北緯五〇度以北は露国に還付すべきものと決定された。条約の批准を待たずに直ちにその手続を終わらせる必要があった。なぜなら、樺太近海はいったん氷結すると、同島と日露両国との交通は断絶するからである。

小村全権大使は、露国全権と交渉し、受取委員を九月末日以前に樺太北部に派遣する承諾を得て、桂外務大臣宛てに明治三八年九月一一日、ニューヨークから電報を発した。電報は一二日、東京に着いた。

本官は九月十一日露国全権委員より左の回答に接せり。

一、薩哈連の北部を日本官憲より露国事務局に引渡すの件に関し、露国政府に於ては必要なる準備を整へたり。警察官及びその他の官吏は直ちに同地に派遣せらるべし。

（二、三　略）

第十三師団長は、九月十六日アレキサンドロフにおいて、歩兵第五十一聯隊長を北部樺太引渡委員に指命し、参訓第一五七五一号に基づき、これに左の訓令を与えた。

訓　令

一、樺太島北部を受領すべき露国官吏は、九月中にアレクサンドロフスクに来着する予定なり。

二、貴官は引渡に関する諸般の準備を整へ置き、講和批准後直ちに露国官憲に北部の引渡を了し、成るべく速に諸部隊を撤退し軍需品を還送せしむべし。

三、貴官は爾今乗船の困難なるべきを顧慮し、秩序の維持並びに引渡に必要なる最小限の部隊のみを残留し、その他は便船毎に逐次青森に帰還せしむべし。

四、貴官は海上途絶のため還送する能わざる部隊及び軍需品を生じたる場合には、露国官憲と協議し、便宜の方法に依り本島に残留せしめ、翌年海路開通の期を待ちて帰還せしむべし。
五、貴官は爾今逐次に減少する部隊及び全部撤退の時期並びに海路途絶のため残留すべき部隊ある場合とを顧慮し、剰余となるべき軍需品は今より極力内地へ還送を努むべし。
六、樺太北部引渡委員左の如し。

委員長　歩兵中佐　中野　廣
委　員　歩兵少佐　牛圓重二郎
同　　　中隊長　　参　名
同　　　一等軍曹　山田茂太郎
同　　　一等主計　吉田　利貞
同　　　歩兵中尉　蜷川　新
同　　　領　事　　野村　基信

委員長は所要の委員助手を任命すべし。

一〇月六日、露国軍使イジツキー大佐は将校四名及び軍医一名を随え、白旗を掲げてアレクサンドロフスクに到着した。

同大佐は、引渡委員長に全権委任状を提示した。

証明書

本証は、ニコラエフスク要塞聯隊長大佐イジツキーに交附せられしものにして、陸海軍総司令官は貴官に委任するに、貴官が日本の高級官憲と会談し、北部サガレン島に軍政官と共に文官を派遣して、全島の事実的境界画定及び行政並びに民政施行上北部サガレンの受領に関し必要なる予備談判開始の承諾を得、之を書面に認むることを以てす。且つサガレン島に軍政官及び民政庁補助のため、現下の一個大隊及び山砲一中隊派遣の許可を得べきことを以てせり。提議の全部又は一部に対する日本人の諾否如何は、双方合意の上之を文書に調整すべし。

千九百五年九月十四日（第二七六六号）

ニコラエフスク要塞司令官陸軍少将　ジュコフ
参謀長参謀部中佐　アドノグラズコフ

一〇月七日から翌八日の終日にわたり、蜷川法律顧問、野村領事、露国海軍少尉ソロウィヨフ及び陸軍少尉ウォロオフの間で準備会談が行われた。

会談結果を受け、両全権委員の間ですべての要点を協定し、一〇月九日九時三〇分、約束書が調印された。一二項からなっており、その主要内容は次のとおりである。

樺太アレクサンドロフスクに於て樺太北部日本軍守備隊長中佐中野及び露国総司令官の全権委員大佐イジツキー間に締結せる約束書

一、露国官憲は、現下航海の杜絶前、及び講和条約の批准に先んじ、樺太島に軍政官を派遣することを得。

（二、略）

三、条約批准前は軍政権行政権共に日本軍の手中に在るを以て、露国官憲は露領部引受に関する予備商議を為し、且つ事務を執ることを得るに過ぎず。

四、日本軍衙は講和条約批准成立の報に接するや、直ちに本島露領に帰する部分の事実的引渡に着手し、軍隊全部を撤去せしむべし。

五、日本軍隊は其の占領したる本島露領の占領地域の撤去を本年の航海杜絶前に結了せしめんことを努むと雖《いえど》も、若し海上の模様其の撤去を為すこと得せしめざるに於いては、人員及び物資の一部を冬期間本島の露領部に留置することとなるを以て、日本軍隊は来春航海開始期まで現状の儘《まま》所要の宿舎、倉庫及び土地等を占有するの権利を保留するものとす。（以下、略）

六、樺太北部守備隊長中野中佐は、本島の事実的境界の画定に関し権限を有せず。且つ命令次第聯隊と共にアレクサンドロフスクを去るを以て、該問題は日本政府が特別委員を組織するまで未決に属するものとす。

（七～一二項、略）

明治三八年一〇月二〇日、樺太北部露国軍務知事ワルウーエフ大佐が、その部下及び貨物を運送船三隻に積載してアレクサンドロフスクに到着し、中野中佐と会談した。

中野中佐は、翌二一日、引渡議事録に調印し、日本軍の各部隊は直ちに樺太北部を撤退した。

その際、大量の糧食を譲渡し、貧民救助に活用して欲しいと述べた。露国委員は深く感謝の意を述べるとともに、外務省へも報告する旨を明言した。

第九章のまとめ

■南樺太及び北方四島の領有権

樺太の領有権の経緯を振り返ると、一八五五年の日魯通好条約においては境界を定めず日露共有とされていたが、両国国民の間で争いが絶えず、一八七五年の樺太・千島列島交換条約で千島列島を日本領、樺太をロシア領とした。

そして、日露戦争後のポーツマス条約において、日露戦争の賠償として、日本に樺太の南半分（北緯五十度以南）が割譲され、日本領となった。

その後、第二次世界大戦の際、一九四一年の日ソ不可侵条約を当時のソ連は一方的に破棄して対日宣戦布告をして樺太、北方四島を攻撃し占拠している。

一九五一年の対日平和条約に当時のソ連は署名し

ておらず、北方四島のみならず樺太の南半分の不法占拠が続いている。

■理想的な戦いで樺太占領

前述したとおり、樺太での戦闘は日露戦争において唯一敵国の領土における戦いであった。しかし、ここでは、戦闘らしい戦闘は起こらなかった。

さまざまな要因はあるが、樺太は囚人の島であり、この地域の守備部隊の規模も大きいものではなかった。ロシア政府としては、日本軍が樺太まで攻めてくるとは想定していなかったであろうし、同政府そのものが樺太の存在を認識していたのかどうかは不明である。

したがって、軍隊にとって最も重要である指揮・通信の確保は得られず、兵站物資の継続的な補給が行われていなかった。まして、部隊を増援することは計画されてはいなかった。囚人を義勇兵として運用することとしていたのだ。不凍港はなく、夏季の一時期を除いては海路の確保も難しく、専属の艦船も準備されていなかった。

同地の守備隊は、日本海海戦でのバルチック艦隊の全滅、満洲におけるロシア陸軍の状況について、日本軍の降伏勧告書によって初めて知ることになった。

一方、日本軍は、攻撃開始前から樺太の現状を把握していた。無益な戦いを避けるために降伏勧告を行い、最小限の被害にとどめて、同地の確保を目指した。

戦争の目的を達成するためには、敵を殲滅する必要はなく、敵兵の戦意を挫《くじ》けば足りる。敵兵が降伏したならば、人道的に処遇することとし、短期間に戦闘を終え、樺太を占領することができた。理想的な戦いを行ったのである。

ここでの戦訓は、いったん部隊を配置したなら、中央司令部は、常に現地部隊の把握と、全般状況を知らしめることを怠らないことであろう。

第十章　俘虜の取扱い

一、俘虜に関する諸規則

日露戦争中、日本軍が管理した俘虜《ふりょ》（捕虜）の総数は、八万四四四五名であり、そのうち一万四四二名は戦場において直ちに解放された。

日本軍人で俘虜となって露国に抑留された者は二〇八三名であり、その内訳は将校一〇六名、下士卒一九七七名であった。

この戦争は、陸戦規則の俘虜に関する条項をはじめて適用して実施する場であり、しかも敵である露国は歴史上これらの条項の主唱者であるアレクサンドル二世が統治する国であり、我が国の当局者は開戦のはじめから俘虜の取扱いには特に注意をしていた。

（一）陸軍俘虜取扱規則

陸軍大臣は、開戦八日後、明治三七年二月一四日に陸戦規則第一款第二章を実施するため「陸軍俘虜取扱規則」四章三四箇条を制定した。その主要内容は次のとおりである。

第一章　通　則

第一条　本規則において俘虜と称するは帝国の権内に入りたる敵国交戦者及び条約又は慣例により俘虜の取扱を受けるべき者をいう。

第二条　俘虜は博愛の心を以て之を取扱い決して侮辱、虐待を加えるべからず。

第三条　俘虜は其の身分、階級に応じ相当の待遇を為すべきものとす。但し其の氏名及び階級の訊問に対し誠実に答へざる者其の他の犯則ありたる者は此の限りにあらず。
第四〜六条　略
第七条　俘虜逃走を遂げ又は遂げずして再び捕へられたるときは懲戒処分に附するの外其の逃走の故を以て何等の刑罰を之に加ふることなし。
第八条　略
第二章　俘虜の捕獲及び後送
第九条　俘虜とすべき者を捕獲したるときは直ちに其の携帯品を検査し兵器弾薬其の他軍用に供せられるべき物件は之を没収し其の他の物件は之を領置するか又は便宜本人をして之を携帯せしむべし。
第十条　前条の俘虜中将校にして特に其の名誉を表彰するの必要ある者に限り軍司令官又は独立師団長は本人所有の刀剣を携帯せしむることを得。
前項の場合に於ては其の氏名及び事由を大本営に報告し之を陸軍省に通報す、携帯せしめたる兵器は俘虜収容所に於ては領置すべきものとす。
第十一条　軍司令官又は独立師団長は戦闘後敵軍と協議の上其の捕獲に係る俘虜中傷者、病者を送還又は交換することを得。又時宜に依り同一戦争中再び戦闘に従事せざる旨の宣誓を為したる俘虜を解放することを得。
第十二〜十八条　略
第三章　俘虜の収容及び取締
第十九条　俘虜収容所開設の準備に関しては当該所管の師団長をして之を掌らしむ。
第二十条　俘虜収容所は俘虜の名誉、健康を害せず且其の逃走を防止するに足るべき陸軍建築物又は寺院其の他の家屋を以て之に充用すべし。
第二十一〜二十七条　略
第四章（雑則）第二十八〜三十四条　略

（二）俘虜情報局、同事務取扱規程

二月二一日勅令で、陸戦規則第一四条の規定に基づき俘虜情報局を設置するとともに、同二七日、俘虜情報局事務取扱規程が定められ、九月一二日、一部改正された。

俘虜情報局設置の件

第一条　俘虜情報局は之を東京に置き左の事務を掌る。

一、俘虜の領置、移動、入院及び死亡に関する状況を調査し其の銘々票を調整すること。

二、俘虜に関する状況の通信に関すること。

三、俘虜に関する寄贈及び俘虜の発送に係る金銭及び物品の取扱に関すること。

四、俘虜死亡者の遺留品及び遺言書を保管し且之を遺族其の他の関係者に送付すること。

五、敵国戦死者に付陸海軍軍隊に於て知得する事項又は其の遺留品及び遺言書あるときは俘虜に準じ其の取扱を為すこと。

六、敵国に俘虜と為りたる者に関する状況を調査し及び該俘虜と帝国に在る家族其の他の関係者との通信を幇助すること。

第二～六条　略

俘虜情報局事務取扱規程

第一条　俘虜情報局は各俘虜の氏名、年齢、国籍、身分、階級、本国の所属部隊、捕獲及び収容の場所並に其の時日を調査する為、俘虜を管轄する当該官衙より所要の通報を受け若《もしく》は同官衙に之を求むべし

第二～九条　略

第十条　平和回復したるとき銘々票は対手国政府に送付し、其の謄本は他の書類と共に之を陸軍省に保管するものとす。

第十一～十三条　略

(三) その他の規則

その他、日本政府が制定した規則類は以下のと

おりである。

明治三七年三月三日、逓信省は「俘虜郵便規則及び俘虜為替規則」を定めた。

俘虜自身及び俘虜のために発受する内国通常郵便・為替及び外国郵便・為替は、すべてその料金を免除することとした。

また、五月に第一軍が満洲に進入するとともに俘虜の数が増えてきた。それに伴い、俘虜収容所内における俘虜の取扱いに関して、さらに詳細な規則が必要となり、五月一五日、陸軍省達「俘虜取扱細則」を定めた。

九月一〇日には陸戦規則第六条に基づく「俘虜労役規則」を制定した。しかし、労役は任意であり、強制ができないため実際には少数の靴職人が戦友のため、求めに応じて修理することが行われていた。

明治三八年二月二日には勅令で「俘虜収容所条例」が定められた。

さらに、日本において俘虜の犯罪は軍法会議の管轄になるが、陸海軍刑法には俘虜の宣誓違背、犯行暴行等を罰する規定がなかった。したがって、緊急勅令を発して、帝国議会の開会を待って明治三八年二月二八日、法律「俘虜処罰に関する件」を制定した。

また、珍しい規則として陸軍省達「俘虜自由散歩及び民家居住規則」がある。この規則に基づき四国の俘虜収容所周辺では散歩、民泊が行われた記録が残っている。これにより日本の女性と結婚した俘虜もいた。

二、いかにして俘虜となるか

投降には二種類がある。部隊降伏と単独降伏である。部隊降伏は軍使の交渉により行われるが、野戦においてはこの例は稀である。これに対し、敗残の兵士が単独で投降してくることが普通であった。

日露戦争において日本軍は、真に力尽きて投降した者と、自己の安全を図るため本隊から逃亡した者とを区別しなかった。これは最近（当時）の戦争において一般に行われていることであった。したがって、いったん日本軍は投降した以上は両者とも等しく俘虜として待遇した。

ここで、有賀博士は投降の要領について意見を述べている。

単独投降者ノ為ニ国際間ノ約束ヲ以テ其ノ様式ヲ一定セザルコトハ誠ニ遺憾ナリトス。若シ一定セル様式アリタランニハ、誤解及不用ノ殺傷ヲ避ケ得ベシト信スル場合多シ。然レドモ軍隊トシテ其ノ兵士ニ教フルニ敵ニ投降スルノ方法ヲ以テスベカラザルコトハ勿論ナリ。

同博士は、投降する際の方法、要領が定まっていないのは問題である。その要領が彼我ともに理解されていないと相互に誤解が生じ、無用な殺傷が行われる可能性がある。もちろん、軍隊が将兵に投降の方法を積極的に教育することには抵抗があるのは理解できる。

したがって、将来は文明戦争の法規に、軍使及び衛生要員の標識を定めたことと同じように一定の方法を定めることが必要である、と強調している。

現在、各国において投降の意志を表すために用いる様式はまちまちである。その最も一般的なものは白旗であるが、銃器を逆さに（銃口を下に）持ったり、あるいは敵が近づいたら銃器を投げることもある。

日露戦争においては、彼我の兵士相互間には言語が通じず、日本兵士は露国兵士の投降の要領がわからなかったため、奇談が残っていたり、また時には気の毒な結果になることがあった。

有賀博士の陸軍大学校の学生である奥軍の齋藤亘大尉が事例を紹介している。同大尉が沙河対陣中、守備隊を指揮していたときのことである。露兵一人が暗夜に投降しに来た際、突然日本軍の歩哨兵の頬に接吻をしてきた。兵士は接吻の意味がわからず、銃剣で露兵を刺そうとしたら、露兵はあわてて身体を避け、右手で握手を求めてきた。日本軍兵士ははじめて降伏の意志があることを理解し、同兵を将校のところに連行した。

齋藤大尉は、明治四〇年陸軍大学校での国際法講義の資料の中で、露国兵士の間で行われている投降の要領についても述べている。

同大尉が歩兵第六聯隊に所属していた当時のことである。明治三七年六月一五日、得利寺南方の瓦房窩鋪附近で敵の一部の部隊は、我の歩兵第十八聯隊、第三十三聯隊により包囲されていた。

敵は数回脱出を試み、特に北方に一つの血路を見い出そうとしたが、失敗続きであった。日本軍は投降を勧告しようとしたが、その中の二、三〇名が小屋に逃げ込んだ。日本軍は小屋に火を放ち、様子を見ることにした。

そのとき、露軍の一兵が、手を挙げて小屋を出てきて、我の一兵士の方に歩いてきた。我の一兵卒は、敵の兵卒が銃器を捨てて投降するものと誤解し、射撃を中止して捕獲しようとしたところ、突然手の中に隠し持っていた拳銃を発射させ、一兵卒に傷を与えた。日本軍は直ちにこの兵を射殺したが、将校であることがあとでわかった。

その後しばらくして、また一名が出てきた。刀だけを持ち銃器は持っていなかったが、日本兵はこれを射殺した。敵兵はみな肩章をはずしており、一見将校か、兵士なのかの区別ができなかった。

小屋は焼け落ちつつあり、また一名が出てきた。敵兵は、白布を小屋の戸口に翻した。これを見て、投降の意志があると判断し、手で我の方に来るように招いた。この露兵は、身体を現し、武器を持たず、恐怖の念をもって一歩一歩ゆっくりと近づいてきた。日本兵は露兵を捕らえた。

この様子を見ていた残りの敵兵は、白布を持ち、あるいは帳簿の一片の白紙を翻し、はなはだしいのはわずかな紙切れを白旗に代えて、続々と投降してきたのであった。

この戦闘で俘虜としたのは二一六名であり、投降する際は白旗を用いることがほぼ確立していた。


有賀博士は、前述のような事実をみると、生死を分ける場面において日露両国兵士が、その意志を相手に通じさせることがいかに難しいことであるかがわかると述べている。

敵兵の投降を容れる余地がある場合においても、敵兵の意志が果たして投降にあるのか否か、迷うことがあれば、咄嗟の判断として敵兵を射撃せざるを得ない。この一瞬の判断が人の幸不幸を決めることを知るべきである。

つまり、敵が明瞭にして、理解しやすい形式をもって投降の意を示すまでは、我が軍は攻撃する権利を持っていることは明らかである。

これははなはだ残酷と見ざるを得ないといえるが、いかんともしがたい。日露戦争において、日本側も、ロシア側も等しく免れることができないのが実態であった。

したがって、将来、投降に関する法規慣例の改正を図ることが必要である、と有賀博士は強調している。


現在、白旗そのものの掲揚は定着しているが、第一線部隊における投降の意志不明の状況における対応は、この当時と変わっていないと、筆者は考えている。

三、俘虜心得書の配布

言語が異なる両軍が戦争する場合において、俘虜に命令、訓示を与える場合、その徹底が図れないことは致し方のないことだ。

それに加えて、捕獲されたときは心身が激動し、訊問の要旨を理解することができず、応答が要領を得ないことは自然なことである。

しかし、これにより行き違いが生じ、怒りが高じると、俘虜が不幸な状態になることが多い。したがって、第三軍は俘虜の心得るべき事項を露文で列記して印刷したものを彼らに交付することとした。そして、これに日本語で訳文を付けて各部隊に配布した。

これは明治三七年六月二七日から実施したが、名案であり将来の戦争における模範となるものである、と有賀博士は高く評価している。

なお、一九四九年のジュネーブ第三条約（捕虜条約）は、捕虜収容所には条約その他規則は、捕虜の理解できる言語で掲示することを求めている。制定条約にさきがけて実践されていたのである。

心得は一〇項目からなっており、その要旨は次のとおりである。

① 正義を重んじる日本軍隊は俘虜に対し博愛の心をもってこれを取り扱い、俘虜の身分、階級に応じ相当の待遇を与え、決して侮辱、虐待を加えることはない。各自安心して諸事に従順であること。

② 俘虜はその氏名、階級等の訊問を受けるときは誠実に答えること。

③ 俘虜もし不従順の行為あるときは監禁、制縛、その他懲戒上、必要な処分を受けること。もし逃走を謀った場合には日本軍隊は兵力をもって防止し、場合によっては殺傷されることを覚悟すること。

④ 俘虜の犯罪は日本陸軍軍法会議に於いて審判すること。

⑤ 俘虜の所持する兵器、弾薬、馬匹、公用書類その他の軍用に供せられる物件は没収されること。

⑥ 俘虜の一身の属する私有品は依然その所有たること。しかし、特にこれを領置するか、便宜本人に携帯させることがあること。

⑦俘虜は近日日本内地の俘虜収容所に護送されること。当該収容所は俘虜の名誉と健康を保持するために充分であること。
⑧俘虜は日本内地の俘虜収容所に到着したら、監視将校の許可を得て各自嗜好品その他日用品を購入できること。また通信は監視将校の検閲を経て許可されること。
⑨日露両国間平和克復の後、俘虜はその本国に送還されること。
⑩日本内地にある俘虜収容所に到着したら、同収容所において定められた諸規則を遵守すること。

陸戦規則第九条は、次のように定めている。
「俘虜ハ其ノ氏名及階級ニ付訊問ヲ受ケタルトキハ実ヲ以テ答フベキモノトス、若之ニ背クトキハ同種ノ俘虜ニ相応スル利益ヲ減殺セラルルコトアルヘシ」

有賀博士は、俘虜に敵の動向を尋問することの可否は疑問である、と述べている。

もし、この条項を制限的に解釈すれば、氏名、階級以外のことを尋問することは違反であるが、日本軍はこれを制限的には解釈しなかった。

なぜならば、第九条は、俘虜が回答しなければならないことを規定し、もし答えなければ罰せられることのみを定めているからだ。

我が尋問する権利は氏名、階級のみに限るという趣旨ではない。敵兵を俘虜とした軍隊は、人道に背かない限り、いかなる手段を用いても敵軍の行動について多くの情報を得ることは差し支えがない。

このように日本軍が実行したことは、満洲に転戦した各軍の記録書類には、俘虜の口述書類が多く保存されていることからもわかる。

有賀博士の見解は、俘虜に対する権利を制限して、野戦軍隊の行動の自由を束縛することはできない、ということである。

現在、捕虜に対する尋問は、一九四九年の捕虜条約一七条に定めている。

捕虜が尋問を受けて答えなければならないことが二項目増えている。氏名、階級に加えて、生年月日及び軍の番号、聯隊の番号、個人番号または登録番号のいずれかが増えて四項目である。故意に虚偽の回答をした場合は、その特権に制限を受けることは同じである。

また、捕虜から情報を得るために、これに肉体的、精神的拷問その他の強制を加えてならない(同条四項)と定めている。

捕虜から敵軍の情報を得ることの可否については、現在においても課題の一つである。

筆者は、有賀博士と同意見であり、拷問、脅迫、侮辱等を加えることなく情報を得ることはできると考えている。捕虜の管理、尋問要領により、得られる情報の量、質の差が出てくるものと思っている。

四、俘虜整理委員

大会戦後、一時に多数の俘虜が生じた場合、その収容事務が混雑するときは、特に俘虜整理委員を置いて、一定の規則に基づき処置させることが便利である。

これにより俘虜を拘束した部隊は、整理委員に引き渡し、直ちに戦闘を継続することが可能となる。

第三軍は、旅順開城受け取りの際、俘虜整理委員を設けた。その他の各軍も奉天会戦の場合はこの委員を設けた。また、独立第十三師団は樺太においてルイコフ降伏交渉において設けた。

この方法は、過去の戦争においてすでに先例があるかどうか知らないが、将来の戦争において模範となるべきもの、と有賀博士は論評している。

なぜなら、俘虜を捕獲した部隊にとって、その行動に支障を与えず便利であるし、俘虜にとっても、俘虜のために設置された機関に取り扱われるのであるから便利なことが多かった。

　第二軍が設置した整理委員の編成は以下の通りである。

第二軍臨時俘虜整理委員規定

一、今回の戦闘に於いて各團隊の捕獲せる俘虜は之を軍司令部所在地にある臨時俘虜整理委員に引き渡すべし。

二、臨時俘虜整理委員左の如し。

委員長　軍高級副官

委　員　軍副官、軍管理部附将校、軍軍医部員、
　　軍経理部員、第四、五、八師団より将校

三～八、略

五、野戦軍における俘虜の取扱い

斥候の衝突及び小戦闘において捕獲した俘虜、ときどき投降してくる脱走兵のために新たに整理委員は設けなかった。各軍が定めた俘虜取扱規則により処置された。したがって、各軍の法律顧問は、拘束した俘虜の取り調べを課せられることが多かった。

　第一軍の先鋒隊である第十二師団は、前述した諸規則が制定される前に日本を出発したため、陸戦規則に則って自ら俘虜取扱規則を定めて行った。

　しかし、その他の部隊は、二月一四日の俘虜取扱規則をもとにして、戦地の状況により適宜修正して俘虜取扱いの手続を定めた。その条文は各軍同じではないが、内容はほとんど一致していた。

　ここで、有賀博士は、露国の俘虜は果たして我が軍の処遇に満足していたのか、という疑問を発している。

　この問題は、不運にして我が軍の俘虜になった者にとっては暗涙《あんるい》の種であるが、戦時公法の実際的な適用の点からは興味があった。

我が軍の不時の賓客《ひんきゃく》として満洲に滞在中に嘗《な》めた辛酸を追想して憮然としている将校が多かったと聞いている。

その要因として、食物が粗悪であり、宿舎も不潔であり、さらに厳寒のなか採暖の処置も十分ではなかったからというものだ。

しかし、彼らは公平に思量《しりょう》しているのだろうか、彼らの艱難《かんなん》はまったく日露両国民の生活状態に大きな差異があったことからきたものであり、決して日本軍の意図から出たものではないことを認識すべきである、と述べている。

日本の俘虜取扱細第二八条は、「戦地に収容する俘虜に在りては前諸条に準じ其の地最高指揮官適宜給養の方法を定むべし」としている。また、第一六条は「俘虜に給養すべき糧食は附表第一号の金額以内において現品を給養すべし」とある。

指定金額をフランス貨幣に換算すると次のとおり。

将校、同相当官、準士官：一日六〇銭以下（一フラン五〇サンチーム）

下士兵卒：一日三〇銭以下（七五サンチーム）

この少額では、露国の将卒を満足させる食物を給することは不可能であることは明らかである、と有賀博士は述べている。

六、宣誓解放

日露戦争中、宣誓により俘虜を解放したのは二回である。

一回は、開戦当初、仁川で日本艦隊から撃沈された露国巡洋艦「ワリヤーク」の乗員の解放である。日本赤十字社仁川臨時救護所に収容された負傷水夫二四名のうち二名は死亡し、二二名は明治三七年三月、日本に後送され、日本赤十字社が彼らのために松山に開設した救護所に収容された。

彼らが二倍優勢な日本艦隊に対し勇敢に奮闘し

たのは敵ながら称すべきことであるとして、日本政府は全快を待って帰国させることを決定した。

還送の方法については、彼らを監視していた松山の留守師団と、神戸の仏国領事とが協議し、兵庫県知事の面前で、「再び日本に反対して武器を取らないこと」を口頭で宣誓して、仏国領事に引き渡された。

これは、例外の特典なので、他日の模範とはならない、と有賀博士は論評している。

二回目は、旅順陥落の後、日本軍が露軍の勇敢な防戦を行ったことに対して、その将校、官吏及び義勇兵に宣誓解放を許したときである。

彼らは開城規約第一条の規定に基づいて解放された。開城後の一週間内に宣誓解放を受けた将校及び官吏は四四一名であった。

もし、開城の際、露軍の要塞引渡委員である将校及び官吏、開城当時病院に収容中の者、将校の従卒並びに義勇兵を合算し、俘虜となるべき身分で解放される者の数は一万人を超えたであろう、と有賀博士は推計している。

なお、海軍将校は宣誓解放の特権を利用する者が少なかった。部下の水兵が全員俘虜となるため、彼らと離れることを望まなかったからである。

宣誓解放の手続は開城規約第七条で規定したとおりである。本条はドイツが定めていたものを参考として作成された。

七、日本国内における俘虜待遇

満洲から日本内地に後送する俘虜は、いったん大連に集合させ、運送船の便を待って陸軍の停泊地司令部がある宇品《うじな》に向けて輸送された。宇品到着前に、瀬戸内海の似島《にのしま》に上陸させ、消毒を行った。

似島から傷病者は、日本赤十字社の病院船または陸軍病院船で輸送された。

健康者は、似島から船便で、または宇品から鉄道で松山、濱寺、姫路、伏見、大坂、仙台、習志野に向け移動し、その後、俘虜収容所、兵営、官舎、寺院、または私人の別荘等に収容された。

俘虜の抑留地は、いずれも健康に良いこと、監督に容易なることを主たる条件として選定された。

傷病者は、特に彼らのために開設した病院、または留守師団の予備病院に収容された。その治療については日本赤十字社の救護員に委託された。

日露戦争当時、海戦により生じた俘虜の待遇に関する規則がなかったが、日本は海陸により差別することなく俘虜として対応した。海軍は海軍省令で海軍の俘虜を陸軍に委託することとした。

平生贅沢な生活に慣れた露国将校の数名が日本の待遇に不満を懐《いだ》き、露国の新聞に不平を漏らしたことがあった。しかしながら、秋山参事官の証言によれば、俘虜は一般に食物、被服等について満足の意を表していた。

日本の給養規則で定めた一名一日の給養費は、欧州の生活費に比べると実に少額であるが、日本は物価が低廉《ていれん》であり、十分満足できる対応ができたのである。

自己の宗旨《しゅうし》に基づき礼拝することは、すべての俘虜に最大の自由が与えられていた。

俘虜将校及び同相当官で家族を有する者は、陸軍大臣の許可を得て、かつ逃走しないことを宣誓した上で、収容所外の一定の地域内にある民家にその家族と同棲することが許された。

また、すべての俘虜は逃走をしないとの宣誓を行い、監視部隊司令官の許可を得て、一定地域の自由散歩が許されていた。

マルテンス博士は、機会あるごとに日本の露軍俘虜に対する処遇・対応について称賛した。明治三九年のジュネーブにおいて開催された赤十字条約改正会議、四〇年六月ロンドンでの第八回万国赤十字総会でその意を述べている。さらに、ロシアの捕虜情報局長の資格をもって、特に在露国日本公使を訪問して謝辞を述べた。この内容は、明治三九年一二年一四日付外務大臣から陸軍大臣への移牒文《いちょうぶん》によりみることができる。

日露戦役中露国俘虜情報局長官タリシ同国外務省顧問博士マルテンス氏客月《かくげつ》五日在同国本野公使ヲ往訪シ、長官ノ資格ヲ以テ戦役中本邦ニ於ケル露国俘虜ノ取扱方ノ極メテ懇篤ナリシニ対シ正式ニ帝国政府ニ感謝ノ意ヲ表シ度趣ヲ以テ右伝達方依頼有（以下略）

八、露国の日本軍俘虜に対する待遇

露国は「仁愛の精神をもって俘虜を待遇すること」としたブリュッセル宣言及び陸戦規則の主唱者であるアレクサンドル二世及びニコライ二世が統治する国である。

したがって、日本は、日本兵士が俘虜（捕虜）となったときは十分な厚遇が与えられるものと希望的観測をしていた。しかし、この予期に反する二件の違反行為があった。

この国際法上問題がある事例の前に、露国の俘虜取扱規則に関する報道及び俘虜の体験談について述べることとする。

（一）俘虜取扱規則に関する報道

露国の俘虜取扱規則が公明正大であるとの報道が行われているが、そのうち二件を紹介する。

① 露国の俘虜取扱規則（ニューヨーク「イブニング・ポスト」明治三七年六月一〇日）

露国の俘虜取扱規則が本日（六月一〇日）公布された。各条すべて博愛の主旨に適い、俘虜取扱いに関する最近の改正思想によって立案されている。赤十字社は俘虜に関する諸般の通報を収集し、配布することとしている。また、俘虜情報局を開設し、マルテンス博士（露都大学国際法教授、ハーグ裁判所所長）を総裁に命じた。

同規則に基づき日本商船の水夫を俘虜として扱った。これは、日本が拿捕した露国商船の水夫を俘虜としたことに対する措置と同じである。

また、日本兵士は露国兵士と同様の食事が供給され、俘虜監督官は日本兵士にその故国と同じ食事を与えるよう注意すべきことを特命した。日本兵士は日給を受け、将校には十分な小遣いを与えている。

② 俘虜優遇に関する露国政府訓令（ロンドン「ビナン・ガゼット」明治三七年六月三〇日）

露国政府は、クロパトキン将軍に「日本の負傷兵を待遇するにあたっては武勇ある敵人に対し敬意を以て対応することを各軍に命じ、かつ日本負傷兵の看護は露国の負傷兵と均一にすること」を命じた旨を発表した。

この命令は、日本の病院において露国の負傷兵に対する優遇に照らして発せられたものであると同紙は論評している。

（二）矢野法学士の経験談

法学士矢野亮一氏は、自らの俘虜の経験談を日本の国際法雑誌（明治三九年五月六日）に掲載している。

同氏は、野戦鉄道隊の文官で、佐渡丸で渡航中露国巡洋艦の襲撃を受け、俘虜となった。ウラジオストックからトムスクに送られ、明治三七年七月一二日から一〇月二七日まで同地に抑留、その後モスクワの南約一九〇キロメートルのトラウに送られた。経験談の概要は次のとおりである。

「露国政府は、初め日本人俘虜を一〇名一組にしてモスクワ周辺の数町村に抑留していたが、一一月三日からすべての俘虜をメドウェージに収容し、翌三八年一二月一二日まで抑留した。

俘虜には現金を支給し、毎日五名ずつ町に出て、俘虜全員分の食料品等を購入させていた。また、健康管理のため一日二時間練兵場で散歩することを認めていた。しかし、病気になったときは、手当を支給しているとの理由で、薬代を自ら支払わせていた。

一方、日本から日本軍俘虜に送られた慰問品が途中で紛失したり、何ら価値のない品物と交換させられた者も多かった。

なお、抑留中一九名が死亡した」

矢野法学士の経験談を読み、有賀博士は、日本人が故意に虐待されたといえる事実はなく、日本軍の俘虜は抑留の全期にわたり寛大な自由を与えられていたと論評している。

(三) 国際法上検討すべき事項

有賀博士は、一収容所の人道的な待遇は認めつつも俘虜の取扱いについて国際法上批判せざるを得ないことが二点あると述べている。

① 黒溝臺における俘虜の処置

陸戦規則第四条に、俘虜は人道的に取り扱わなければならないとしている。この人道は、単に物質的に解するべきではない。俘虜に良い食事、温かい被服を与えることのみではないのである。

つまり、俘虜に精神的苦痛を与えないよう最大限の注意を払わなければならないと強調しているのである。

露国軍隊は、遼陽の戦いによって敗走する際、黒溝臺で俘虜になった日本軍の兵士を縛って奉天市内を引き回し、清国人民の面前に披瀝した。これは非難すべき行為である。

名誉を重んじること特に厚い日本人にとって、このような屈辱は最も耐え難いことである。もし、刀剣を持っていたら一人残らず自殺をとげること疑いないところである。

露軍のこのような行為が果たして人道ということなのか。欧州二国間の戦争においてこのような行為を行ったとしたら、非難は起こらないのか否かと指摘している。

②不正確な抑留人員数の把握

露国陸軍を非難しなければならないことは、露国に抑留された日本人の俘虜の数が正確ではなかったことである。

一般に露国人は、数字に対する観念が大雑把である。かつて旅順の開城交渉でステッセル将軍の幕僚が健康な兵士の数を三〜四千名と明言したが、実際は二万五千名であった。

したがって、露国の俘虜情報局がついに一回も日本人の俘虜の人員数を正確に報告することができなかったことについても、一向に懸念することはない。平和交渉開始までに露国の情報局から公式に通知してきた人員数は、将校四六名、兵卒九二一名であった。しかし、日本が間接に調査した結果は、このほかに、将校五名、兵卒六二九名であった。

平和条約調印後、日本政府から俘虜の正確な人員数を通知するよう求めたところ、露国の回答は曖昧であって、将校九〇名、兵卒一六七〇名であり、地方の部隊で抑留している者の数は確答できないとのことであった。

しかし、日本人の俘虜の送還を準備するため、また両国政府の俘虜維持費を相殺計算するためにも、実際何名の俘虜が露国の管理の下にあったのか明確にする必要があった。

そして、再交渉の結果、前記の他にモスクワに一六二名、病院に収容中の者五六名であると回答してきた。前数と合わせると一九七八名である。しかし、この数も正確ではなかった。

送還の日になり確認したところ、総数二〇八三名であった。これに加えて、秋山参事官の談によると、交戦中日本に氏名を通知してきた俘虜で、還送された者の中に実際本人がいなかった者が数名いたとのことであった。

この数名は果たしてどうなったのか、死亡したとすればどこで、どのようにして亡くなったのか疑問が残る。露国においては、なにごとに限らず、正確な報道を得られることが難しいとあらかじめ承知していたが、このように実に人の一生を軽視することは、まったく陸戦規則の精神に合わないことは明らかである、と有賀博士は述べている。

九、日本軍俘虜送還時のドイツ皇帝の厚遇

露国に抑留されていた日本軍俘虜は、ポーツマス条約の締結三カ月後に送還されることになった。明治三八年一二月一二日、メドウェージを出発、ベルリンを経由してハンブルクに輸送された。

その際、ドイツ皇帝は侍従武官を派遣し、慰問品を下賜され好意を示された。井上駐独公使は桂外務大臣宛の電報（明治三八年一二月一四日）で次のように伝えている。

「在露国俘虜は明一五日ドイツ国境において受け取り、直ちにベルリンを経てハンブルクへ輸送の手筈なり。右に関して只今ドイツ皇帝侍従武官長より左の通り電報に接せり。

『露国よりベルリンを通過する日本俘虜に巻煙草、チョコレート等を手交し以て好意を表すべき旨皇帝陛下より本官へ御沙汰ありたり』

右思召しに対し本官の深厚なる謝意執奏方直ちに同武官長へ依頼に及び置けり。なお我が俘虜輸送に関してドイツ政府は諸般の便宜を与えつつあり」

また、ドイツ赤十字社は日本俘虜の乗船に先立ち、傷病者に厚い救護活動を行った、と紹介している。

第十章のまとめ

■称賛された日本軍の捕虜の取扱い

日本（軍）の俘虜（捕虜）の取扱いは適切だった。その評価は、ロシアの捕虜情報局長であるマルテンス博士が明治三九年一二月五日、在露日本公使を訪問し、長官の資格をもって「戦争間における日本国内での露国の俘虜の取扱は極めて懇篤《こんとく》であった」と謝辞を述べていることに表れている。さらに同博士は、赤十字条約改正会議等の国際会議の場においても再三にわたり日本の俘虜取扱を称賛している。

なぜ、このような評価を得ることができたのだろうか。

一八九九年の陸戦規則の俘虜に関する規定は一七箇条である。

同規則第四条第二項は「俘虜ハ人道ヲ以テ取扱ハルヘシ」と定め、人道的に扱うことが原則となっている。しかし、このように取り扱うことがいちばん難しく、幾多の悲劇が生じてきた。俘虜は憎しみ、憎悪の対象とされ、個人の恣意的判断で殺傷されたり、衆人の前にさらされたり、暴言・暴行を受けたりということが繰り返されてきた。

このような行為は、日本においては筆者が調べた限りにおいては報告されていない。それは、俘虜となった露軍将兵から苦情もなかったことにより明らかである。そして、彼等が本国送還後の調査により、露国俘虜情報局長の謝辞につながったと思われる。

日本陸軍の俘虜取扱規則第二条「俘虜は博愛の心を以て之を取扱い、決して侮辱、虐待を加えるべからず」を遵守し、実践してきた証左である。

十年前の日清戦争に参加していた将兵が、どのくらい日露戦争に参加したのか記録はないが、一部の上級将校及び古参の曹長を除きほとんど初陣であったと思われる。初戦でありながら、戦争に参加した全将兵が、俘虜の取扱いについて認識し、虐待行為を行わないように徹底していたのである。

軍規が徹底され、降伏した戦闘不能者に対しては博愛の精神をもって臨んでいたと評価している。

■戦争終末段階での適切な処理

日本陸軍は陸戦規則に基づく国内手続を戦争開始後逐次に制定し、充実させていった。約八万五千名を管理していくのは困難を極めたものと思うが、露兵の拘束、内地への輸送、各収容所への配分、抑留間の給養、健康管理、宗教上の配慮、戦争終了後の送還等の戦争の終末段階の整理を適切に処理した。

特筆すべきは、露兵の投降及び宣誓解放の具体的な要領を提言し、確立することに努めたことである。

有賀博士は、単独投降する際の要領が確立していないことの問題点を指摘し、改善策について提言している。相手方に投降の意思が伝わらないことによる不幸な事態になることを避けるために陸戦法規上、明確にすべきと訴えている。

宣誓解放は陸戦規則に三箇条規定されているが、この規定に基づき実施したのは、日露戦争が初めてあった。じ後の戦争における先例として評価されている。

明文規定を実行するためには、どのような手順、考慮事項があるのか教えてくれているのである。

第十一章　傷者及び病者の救護

一、日本軍の野戦衛生体制

彼我両軍の傷病者を救護する第一要件は、すべての点において優秀な衛生要員を得て衛生機関を編成することである、と有賀博士は述べている。

たとえ赤十字条約に準拠して看護する意思が堅固であったとしても、優秀な医師、看護人を得ることができなければ、死の床にいて生を得る者の数は少なくならざるを得ない。

幸いにして日本軍の衛生態勢は、当時の軍隊において完全なものであったと中立国の専門家は評価している。この体制は、ドイツ陸軍の編制を基本として、日清戦争、北清事変で実践し、これらの経験、教訓を踏まえて改良されたものであった。

およそこのように編制の優劣によって分かれるのは、その要員個々の能力、その繃帯所及び病院で使用する衛生資材の良否、及びその勤務が平易かつ円滑に機能し、軋轢や混雑がなく、かつすべての変化に応じて順応することの可否による。

日本陸軍官憲は、これらを高めることに努め、完全に成功した。

(一) 従軍外国軍隊軍医の評価

黒木(為楨)軍に従軍した英国の二等軍医正マクファーソン氏は、明治三九年の赤十字条約改正会議に英国を代表して日本陸軍の衛生編制に関する論文を発表して次の通り結論づけている。(英国陸軍衛生隊雑誌、明治三九年三月号)

「上文にその要領を記述した編制は、ドイツ陸軍の野戦衛生隊編制を基礎としたものである。しかし、日本人は自己の考えでこれを改良して一層簡単にした。

例えば、野戦隊に従い移動する機関の装備はドイツ陸軍よりむしろ英国陸軍に近似している。日露戦争において日本の編成は恐るべき即応・柔軟性を示し、その要員は所在の材料を利用し、すべての設備を急造して対処する能力を示した。また、戦争の始めから終わりまで多数の傷病者を敏速に、しかも混雑することなく後送した。

このような勤務要領が完全に行われたのは、その編制が適切であったとか、その要員の能力が高かったということだけではない。これらの業務を補助する一般住民と陸軍衛生勤務の指揮監督に絶対服従する日本赤十字社との義務的及び義勇的予備勢力を得ることによって行われたのである」

また、米国の軍医シーメンは、日本の戦地を巡視し、満洲及び日本内地の日本陸軍の衛生勤務を視察して「日本の真の勝利」と題する論文を発表している。

「凡そ軍隊はいずれの戦役においても二つの大敵に向かい合わなければならない。その一つは時々戦場において公然と遭遇し各種殺傷用具（武器）を以て我に対するもの、その二は二六時中（一日中）いずれの陣地にも潜伏し兵卒が病院又は天幕の中で起居しつつある間に幽霊のように各所に忍び込んでこれを殺傷するものである。そして、公然の敵に比べれば遙かに恐るべき隠然な敵は疾病である。

過去数百年における戦争の歴史の中で、長期の戦役における死者総数の中、第一即ち公然の敵に倒された者は二割であるのに対し、第二即ち隠然の敵に倒された者はその八割である。つまり言い換えれば、戦争において落命するものは百名中、敵弾によって死亡する者二十名であり、大抵は予防し難い病気のために死する者が八十名である。（以下各戦争における死亡原因の統計を述べているが省略）」

（二）傷病者の救護状況

ここで日露両軍の傷病者の救護状況を見てみる。

日本の衛生機関が救護した露軍傷病者の総数及びその中での死亡者数は次のとおりである（日露戦役衛生史編纂委員による統計）。

	傷病者総数	死亡者数
戦地	二万一七三〇名	一一五八名
俘虜収容所	七万六六九九名	〇名
予備病院	九二〇七名	三二一名
合　計	一〇万七六三六名	一四七九名

なお、露国俘虜送還時において治療中であった者は、一九六八名であり、その他はことごとく治癒している。

日本軍の傷病者総数は、五六万四八八五名であった。

日露両軍を合わせると六七万二五二一名の傷病者を日本の衛生機関は看護したのである。比率としては日本軍五名に対し、露軍一名である。

これら多数の傷病者の看護を適切に行うためには、衛生救護体制が確立し、各機関が十分に機能しなければ対応できなかったといえる。

二、戦場における露軍の傷病者救護

露兵、特にコサック兵は退却の際、死傷者を一兵も残さず迅速に運搬することで有名であった。しかし、時にはこれが完全に行われず、戦場に多くの傷者を遺棄することがあった。このため、日本軍の野戦衛生隊の負担が加重になることがたびたび生じた。

これを受け、第四軍参謀長上原（勇作）少将

野戦病院の一部として使用された支那家屋

は、明治三七年七月三一日、析木城戦闘の後、俘虜に紛れ込んでいたモスクワ赤十字分遣隊の看護手一名を送還する際、書簡を託送した。書簡の概要は次の通りである。

「従来戦闘の度毎に貴軍傷病者を戦場に遺棄されるのが頗《すこぶ》る多く、我が衛生隊は一々これを収容して懇篤《こんとく》な保護をしているが、戦地における衛生機関の処置には限界がある。長期に亘り多数の傷病者を留め置くことはできない。（中略）爾今《じこん》願わくば深く意を用いて負傷者の収容に勉められんことを。敬具」

内地には完全に編成された病院があり、陸軍の衛生部員が不足するときは、例えば赤十字社の医師、看護人などの補充員を使用するため、後送された傷病者を治療することは比較的容易である。しかし、作戦地域内において、戦場または戦闘部隊の後方において彼我の別なく傷病者を救護することは容易ではなかった。

日露戦争において、これが特に困難であった理由は次の二点だった。

（一）第一に、満洲の全域にわたり野戦病院を開設するに適した家屋がなかったこと。

旅順の数箇所の病院と、奉天の露国赤十字病院を除いては、特に病院として建築されたものは一つもなく、普通の支那家屋を利用するほかに策がなかった。しかも、支那家屋はみな狭隘で不健康であるのみならず、家屋相互間は遠く不便であった。

一般国民は戦地の報告書を読むにあたり、第何野戦病院とあり堂々とした一個の病院と思うかもしれないが、これは大きな誤解である。普通一個の病院は、一五～二〇軒の不潔な支那家屋から成っている。しかも、その家屋相互は離れ、一村の各隅に散在しており、医師が患者を診察するにも、看護人が医薬品及び食物を分配するにも数百メートルの間を往復せざるを得なかった。

（二）第二に、患者の後送に困難を期したこと。

当時日本軍の作戦地域内には、仁川、京城の間に数キロメートルの鉄道があるだけで、京釜線はまだ竣工されておらず、満洲鉄道は露軍の退却に伴い破壊されていた。日本軍はこれを修復して使用するのに数箇月を要した。

したがって、傷病者の輸送は常に険悪な道路に頼らざるを得なかった。その道路の状態は、欧米人の想像を絶するものだった。多くの地方では道路と言われるものではなく、あったとしても、地隙、凹凸、泥砂、岩石があり、雨期にはことごとく河湖となり渡航することはできなかった。

このような困難な状態の中で敵の傷病兵を救護しつつ病院の所在地まで輸送することを、日本軍の患者と同じようにするためには、特に堅固な仁愛心と国際法上の義務を尽くす誠実な熱情が必要であった。

大小会戦の後、またはその途中に、日本軍は彼我の区別なく傷病者の救護に努めたのである。

その状況は蜷川法学士の「黒木軍ト戦時国際法」に第一軍の敵軍傷病者取扱として詳しく記録されている。

三、傷病者虐待に関する相互の諭告

有賀博士は、はなはだ微妙で難しい問題を検討せざるを得なくなったと述べている。

それは、戦場において残忍な行為が行われたことについて、日露両軍が互いに諭告を発していることであった。そのような行為がどこまで真実であり、そのほか外交上、財政上、またはそれ以外の理由によって誇大に宣伝されたことを調査し、明らかにすることだった。

そして、二〇世紀初頭の純然たるアジア的国民と半欧米的国民との間に起きた戦争において、文明戦争の法規がいかなる点まで実行されたか判定することは、平和回復後、敵愾心及び沸騰した愛国心が少し沈静するのを待って、事実を冷静かつ公平に分析することによってはじめて行うことができると整理されている。

(一) 露軍の虐待行為

欧州国民は、明治三七年六月に露国側から発した報道によって、戦場において日本軍が残忍な行為を行ったことを知らされた。ただし、極東においてはすでに五月にはこの件が問題となっていた。しかも、露国側が報道したこととは正反対のことが生起していたのである。

それは、日露両軍がはじめて韓国の定州及び鴨緑江において、また満洲の九連城において会戦したときから、露軍の一部に残忍非道な行為があったのである。第一軍参謀長藤井(茂太)少将は大本営に露軍の違法行為を次のように報告(要約)している。

「露兵の暴行に関し左記の通り参謀長より福島

（安正）少将宛てに通報する。
一、戦闘翌日、戦場掃除隊を出したところ、武器を持たない同隊の兵卒を射撃し負傷させた。
二、虎山附近の戦闘において我が兵卒の死体の手、足及び耳等を剥ぎ取る者あり。これ必ずしも敵の行為と認定することはできないが、支那人がこのようなことを行ったとは考えられない。おそらく露兵の行為に相違ないと信じる。
三、敵の将校斥候が我の歩兵と衝突し、将校一名兵卒一名が負傷したため、彼らを病院に収容しようと近接したところ、将校はピストルで我が兵卒に重傷を負わせた。（中略）

我が兵は本日まで敵の負傷者に対しては極めて仁愛の精神で対応してきたが、敵がこのような蛮行を行うのであれば、我が兵は今後復仇《ふっきゅう》的の行動に出ることもあるのではないかと思われ、厳しく戒めるとともに心痛に堪えないところである」

さらに、報告書は別添として露国兵の暴行を受けた歩兵第二十四聯隊の一〇名の氏名とその内容を添付しており、大半が負傷している露国兵を救護中に刺殺されている。

第一軍参謀長が杞憂した報復が実行されたのか、あるいはむしろ露国将校が自国の部隊の暴行を覆い隠すために日本軍の暴行談を捏造し、国際社会の注意を牽制しようとしたものか、明らかではない。

（二）露国の世論誘導に対する日本（軍）の対応

サンクト・ペテルブルクの「パロール・ロス」新聞が、明治三七年六月一七日、同社特派員の遼陽発電報で日本兵の蛮行記事を掲載したところ、同月二二日、フランスの新聞「マタン」に転載されることになった。その概要は次のとおりである。

「日本兵が露国の死傷者を厚遇することはその都度報道してきたところであるが、今回初めてその蛮行を目撃し、日本人の博愛心なるものは信じがたいものである。六月十二日、得利寺附近で露国の負傷兵三名を救護していたところ日本の騎兵約三十名が突然現れ、露国の傷者を刺貫し寸断した。ある死体は二十八創の傷があり、その他頭部及び顔面は粉砕され、眼球は飛び出していた等々」

右記事についてパリ駐在本野公使は、明治三七年六月二四日、外務大臣に対し、当該報道は事実無根であると推定するが、これを否認するため、事の真相を明らかにして欲しいと電報で伝えた。

また、六月二七日、ウィーン駐在牧野全権公使は外務大臣に対し「日本兵の露国負傷兵に対する待遇が残忍を極め、銃剣を以て死者を刺した件は、ブルボン公も承知されており、『日本軍司令官及び将校に注意を促し、また将来このような行為が再演されないよう切望する』とのことである。諸新聞は未だ本件に関し論評はしていない。しかし、本官は利害関係者がこれを利用することを恐れる。これに対処するためには戦地からの報告を引証することが最も有効であると思考する」との電報を送っている。

六月三〇日、パリの本野公使は二九日付で第二報を送付している。

「今日のエコー・ド・パリ新聞によれば、露国皇帝はクロパトキン将軍の報告を詳細に閲読し、添付された文書及び写真によって、日本兵が露国の負傷兵、捕虜を虐待した暴行の事実を認められ、列国に向かって人道の名義の下に非難することを提示された。ただし、現時点では公然と仏国政府に申し込まれていない」

この時点で日本政府は、非難の対象になっている事案に関する野戦軍からの詳細な報告を受けていない。ただ、事実を取り消そうとするだけのものであった。しかし、欧州においては単純な外交上の取消しに何ら重きを置かないことは公知のことである。

その結果、七月二日、露国の半官報紙「ジェルナ・ド・サンペテルブルク」が日本政府を非難する社説「日本軍の残酷」を掲載し、同記事はニューヨーク・ヘラルド紙に転載された。

この社説が掲載されると同時に、露国が非難する行為の無実を証明するため、第二軍参謀長落合（豊三郎）少将は大本営に対して電報（七月一日午後七時五〇分発、七月二日午後六時三〇分着）で次のとおり報告（要約）した。

「六月十二日の件に関する仏国新聞の記事は事実を捏造又は転倒したもので、我が軍を中傷し、自己の蛮行を覆わんとする卑劣な手段に過ぎない。六月十二日には、我が軍は戦闘しておらず、かつ各方面において騎兵斥候が衝突したことはない。六月十五日、瓦房店附近の戦闘において露軍が我が死傷者を虐待したことはあったが、我が軍は絶無である。敵の負傷者は収容している。また、死体はこれを収集し、検審後埋葬しており、決して虐待したことはない。（以下露軍の蛮行について記述されているが省略）

爾後は細大となく直ちに報告する。（中略）名誉を重んじる軍人でありながら、なお敢えて戦場においてこのような卑劣手段をとるのは露人であって、虚構捏造他を陥れ己ではないと飾るのは彼らの常事である」

有賀博士は、この落合少将の詳細な電文が欧米の新聞に掲載されたかどうかは確認していないが、いずれにしてもはじめからこのような正確な事実をもって露人の論告に答えず、ただ事実無根であると唱えるだけでは遺憾なことだと述べている。

とにかくこの事件は、日本陸軍及び外交官憲に有益な教訓を与えた。

有賀博士は、満洲軍総司令部に従い戦地に出発する数日前、外務大臣を訪問したとき、大臣は「今後露軍が国際法違反の行為を行った時は、其の場所、日時及び其の事件を目撃した将校、下士卒、其の他の証拠人の職名を明記して直ちに報道する」旨を総司令部に伝言して欲しいと依頼されている。

これを受け、満洲軍総参謀長児玉大将は大連上陸後直ちに各軍に「敵ガ我レニ対スル残忍ナル所業並ニ国際公法違反ニ関スル出来事ハ速ニ電報セヨ」との訓電を発した（七月一六日）。

訓令が発せられた後は、露軍の蛮行についての詳細な事実が報告されている。同書（『日露陸戦国際法論』）には第七師団、第十師団、第十二師団及び樺太軍に対する露軍の違反行為が紹介されているが細部は省略する。

四、露軍主要幹部の陸戦法規違反

露国のマルテンス博士は、かつて『平和及び戦争』と題する自書の中で一八七七年及び一八七八年のロシア軍とトルコ軍との戦争で、互いに一方の蛮行を諭告したことについて、数万語を費やしトルコ軍の誹謗に対し反論を行っている。

しかし、有賀博士は前述したそれぞれの事実に対しては、有名なマルテンス博士といえども恐らくこれを否定するのは困難であろうと述べている。

その理由は、その大部分は戦場で作成され、現に東京の参謀本部の文庫に保存している公文書類から抽出しているからである。それでも、種々の理由をつけ、その事実は信じがたいと言う者もあると思う。

したがって、何人も絶対に疑念も挟む余地のない証拠書類をもって三七八戦役（日露戦争）に露人が暴行を行ったことを確実に証明するものを提示する必要がある。

その一つが原文を写真に撮った露国将校の命令書である。当該将校が自署し、その現物は満洲軍総司令部第三二九号綴込外事書類の中に保管されている。命令書は長文であり、本項に関係する部分を翻訳された箇所は次のとおりである。

「一九〇五年二月九日、シルプタイに於いて、歩兵第三十一師団第一旅団命令第三号　負傷して横臥せる日本兵を刺せとの命令

（前略）
予め下士卒に注意しておくべし。攻撃前進に当たり横臥したる日本兵特に仰臥する者に遭遇せば必ず之を刺殺すべし。如何となれば日本兵は負傷者の真似をなし散兵を通過せしめて後背後より射撃することあればなり。（後略）
歩兵第三一師団第一旅団長臨時代理大佐ミユレル
歩兵第一二二聯隊副官代理大尉　某　検」

右記露国将校命令書はほかの多くの敵軍用書類とともに奉天会戦の際、第一軍の手中に入ったもので、第一軍参謀長は四月二九日、次のとおり満洲軍総司令部に報告した。

「奉天附近の戦闘において鹵獲した敵軍の書類の中に一九〇五年二月の命令書があった。

第一軍においてはこれを不問に付すべきではないと思い、法律顧問の加福豊次に調査させたところ別紙のとおり復命した。よって露軍命令（原文）を添付して、この旨を報告する。

別紙『第一軍加福豊次意見』

そもそもこの命令はすべて戦場に横臥する敵兵を刺殺すべしとの命令であり、真に創痍に苦しみ憐れむべき傷者及び全く抵抗できない戦闘者に対しても危害を及ぼす非道な命令である。傷病者に対し危害を加えてならないことはジュネーブ条約（一八六四年）第六条に規定し、自衛の手段を失い抵抗することができない戦闘者を攻撃してはならないことは陸戦規則第二十三条に規定しており、共に人道擁護の目的をもって制定された鉄則である。

然るに露軍がこの法則を遵奉せず、なお自らが発した陸戦において遵守すべき公法並びに習慣法に関する訓令第二十一条同第二部第二条を無視し、この残酷な命令を発し、日本兵は傷者の真似をし、敵兵を通過させた後、背後より射撃することがあるとの言をもってその非道を曲庇しようとしている。

しかし、その狡策は効を奏せず、その卑劣な行

いは自ら暴露されたのである。（中略）
露国が我が軍に対し何ら通告することなく突然非道な命令を発し、無辜《むこ》の兵を害しようとするものである。日本兵が狡策を弄し露軍を欺瞞して戦うため、これに対抗する必要があると述べるのは、事実を明らかにしない虚妄の口実であり、却って自己の非道を曲庇しようとする狡策であると信ずる。（以下略）」

いずれの軍といえども多数の兵の中には、一時の憤激にかられて非行に及ぶ者が皆無であるという保証はしがたい。そのことは斟酌《しんしゃく》する必要がある。

しかし、部隊を指揮する司令官が公然と文明戦争の法規に違反する命令を発し、部下将兵にこれに基づき実行を強要すること、その罪は大きい。二、三名の兵卒の非行と同じように論じる訳にはいかない。露軍全体は世界の人道に対してその責任を決して免れることはない、と有賀博士は述べている。

第十一章のまとめ

■露兵にも分け隔てなく医療行為を実施

軍隊にとって衛生機能を充実させることは重視すべきことの一つである。

戦闘により負傷した将兵を迅速に保護し、適切な看護を行い、生命・身体を守るとともに、完治したならば再び戦場に復帰させて人的戦闘力を増強することが求められているからである。

日露戦争当時、日本陸軍の衛生体制は諸外国軍から高く評価されていた。戦場の第一線で負傷した将兵を収容し、応急処置を行い、さらに後方の野外病院へ後送する野外衛生組織・体制が機能的であると見られたのであろう。さらに制式搬送手段が限られているなか、創意工夫して担架等を作製し、補助手段としていることが評価されている。

さらに野外病院は、決して清潔とはいえない支那家屋を利用して開設されていた。家屋は満洲平原に点在するため、病院相互が連携して患者搬送、巡回治療、薬品及び食事の提供するには困難を極めたが、限られた人と物（衛生器資材・運搬手段）を最大限に活用して実施された。

しかも、日本兵のみならず、戦場に遺棄された露兵に対しても分け隔てなく必要な医療行為を施していたことに、外国の従軍医師団は深く感銘しているのである。

■戦場で求められる博愛の心

他方、露軍の一指揮官による「日本軍傷病兵を刺殺せよ」の命令には筆者は驚かされた。しかもその理由が、日本兵は戦闘不能を装い、背後から露兵を襲うからというものだった。

第一軍の加福法律顧問が指摘していたとおり、これは非道な命令である。ジュネーブ条約第六条及び陸戦規則第二三条ハに違反する命令であり、人道に反する行為である。

当時の日本軍が背信行為を助長するような指導を行っていたとの記録はないし、潔しを旨とする日本人が背後から襲うようなことは考えられない。多数の兵の中には、一時の憤怒にかられて非行に及ぶ者がいることは否定しがたい。しかしながら、いかなる状況においても〝ならぬことはならぬものです〟（会津藩校日新館の教え）との厳しい自制心がなければ戦場における悲惨な事態を防ぐことはできない。

抵抗できない状態に陥った戦闘員を保護し、看護する博愛の心を持つことが戦場においては求められているのである。

第十二章　死者の保護と戦場掃除

一、原則及び規則

日露戦争当時は戦場における死者の保護に関する成文規定はなかった。

一八六四年八月二二日の赤十字条約には、死者に関してはひと言もなく、陸戦規則には、ただ死者が遺した自用品等の取扱いのみが規定されていた。

第一四条　情報局ハ尚ホ戦場ニ於テ発見セラレ又ハ病院若クハ繃帯所ニ於テ死亡セシ俘虜ノ遺シタル一切ノ自用品、有価証券、書状等ヲ収集シ之ヲ其ノ関係者ニ伝送スルコトヲ担任ス。

日露戦争後、一九〇六年七月六日、ジュネーブにおいて新赤十字条約が制定され、死者に関する規定二箇条が新たに設けられた。

第三条　各戦闘後戦場ノ占領者ハ傷者ヲ捜索シ、且ツ掠奪及虐待ニ対シ傷者及死者ヲ保護スルノ措置ヲ執ルベシ。

右占領者ハ死者ノ埋葬又ハ火葬カ其ノ死体ヲ綿密ニ検査シタル上ニテ行ハレルコトニ注意スベシ。

第四条　各交戦者ハ死者ニ付発見シタル軍隊ノ認識票又ハ身分ヲ証明スベキ記号及収集シタル傷者又ハ病者ノ人名簿ヲ成ルベク速ニ其ノ本国官憲又ハ所属陸軍官憲ニ送付スベシ。

交戦者ハ互ニ其ノ権内ニ在ル傷者及病者ノ留置、移動、並入院及死亡ニ関スルコトヲ知照スベク、又戦場ニ於テ発見セラレ或ハ衛生上ノ固定営造物及移動機関内ニテ死亡シタル傷者又ハ病者ノ遺留ニ係ル一切ノ私用品、有価物、書状等ヲ利害関係者ニ其ノ所属国官憲ヲシテ伝送セシムル為収集スベシ。

なお、本条約に日本及びロシアは署名している。

これらの規則の内容は、古くから文明世界において認められてきたものであった。したがって、日本政府及び日本軍隊は、すでに日露戦争当時から、成文規定がないにもかかわらず、なるべくこれに準拠して処置するように努めてきた。つまり、これらの原則を実行するため規則及び訓令を制定し、実施してきた。

この規則類をはじめて制定し、実行してきたのは第一軍（黒木軍）であった。

明治三七年五月二六日に鳳凰城に駐屯しているときに定めた「第一軍戦場掃除規則」であり、九項目からなっている。

一、一局地の戦闘が終われば、その軍隊は状況の許す限りなるべく速やかに適当な人員を出して戦場を掃除し、彼我の死体を区別し、一地若しくは数地点に収集し、現地の物をもって掩蔽すること。

掃除の区域は、概ね当該軍隊が行動した戦場とする。ただし、その区域を指定することもある。

二、死体は将校と下士卒とに区分し、かつ所属部隊、等級、氏名を記録すること。

三、右記手続きを終えたら速やかに葬ること。我が軍の軍人及び軍属の死体は火葬又は土葬とし、敵の死体は土葬を主とする。ただし、場合によっては敵の屍も火葬に付すことも妨げない。

四、火葬を行う場合、将校の死体は区別してその遺骨を保存し、下士以下はその遺髪を保存すること。ただし、できるかぎり下士以下と雖《いえど》もその遺骨を保存すること。土葬の場合、将校は各別に埋葬すること。
五、土葬は軍服着装のまま葬り、その遺留品はの目録を作成すること。我が軍の死者の場合は所属部隊に交付し、敵軍の場合は軍司令部に届け出ること。
六、火葬又は土葬を行う場合は、将校あるいは相当官に監視させること。
七、火葬・土葬の場所及び方法は軍医の指示によること。その際、次のことに注意すること。①死生疑わしい者は決して埋葬しないこと。②風雨のために死体が露出しないように注意すること。③なるべく道路、村落から離隔し、人目に触れやすい場所を避けること。④死体が腐敗しないよう注意すること。
八、埋葬地には、死者の等級、氏名、死亡年月を明記した墓標を立て、その位置を明らかにすること。合葬した場合の墓標には、死者の等級、氏名を連記すること。
九、各隊掃除の状況、土葬・火葬の人員・場所(略図を添付)及び部隊番号・等級・氏名等を明記し軍司令部に報告すること。

右規則は第一軍法律顧問の起草に違いない。それは、その行間に国際法の原則と野戦部隊の必要性が巧みに調和されているからだ、と有賀博士は評価している。

この後、明治三七年五月三〇日、陸軍省はさらに綿密な規則「戦場掃除及戦死者埋葬規則」を定め、各軍に交付した。同規則は二四箇条からなっており、その主要事項は次のとおりである。

第一条　各部隊は戦闘が終わる毎に速やかに掃除隊を編成し、戦場における傷者及び病者を捜索し、その遺留品を処理すること。
第二条　傷、病者は戦時衛生勤務令の規定によりこれを取扱い、死者は帝国軍隊に属すると敵国軍隊に属するとを問わず身分、階級に応じその死体を丁重に扱うこと。
第三条　すべて死者については、できるかぎりその氏名、身分、階級及び所属部隊等を軍隊手帳、被服の標記及び認識票等により調査すること。
第四条　帝国軍隊所属者の死体は火葬し、敵国軍隊所属者の死体は土葬するを例とする。ただし、敵国軍隊所属者の死体と雖も、伝染病流行のおそれある場合は火葬することができる。
第五条　埋葬は、すべて死亡を確かめた後でなければ行うことはできない。
第六条　掃除隊は、帝国軍隊所属者の死体と敵国軍隊所属者の死体とを区別して一地点若しくは数地点に収集し、なるべく莚《むしろ》等で掩蔽すること。
（第七条、略）
第八条　火葬の場所は左記の一号、二号に、土葬の場所は左の各号に注意してこれを選定すること。
一、道路、市街、村落及び軍隊の駐在所より離隔すること。
二、水源、水流及び飲用井泉より離隔すること。
三、高原又は緩傾斜にして土地は適度に乾燥していること。
（第九条〜第十一条、略）
第十二条　敵国軍隊所属者の死体を土葬するにはなるべく左記の各号によるべきものとする。
一、将校、同相当官及び准士官の死体は各別に埋葬すること。
二、下士兵卒等の死体は各別に埋葬するか又は五十体以内を合葬すること。
三、土葬の穴はなるべく深くし、死体を平地より一メートル以上の深さに埋めること。
四、穴底には若干の粗朶《そだ》又は藁を敷き、これに死体を積み、その上層に石灰、木炭、灰等を置き、なお衛生上必要な注意を加えて埋めること。

五、発掘した土砂は、埋葬した地点に堆積して
　小塚を作ること。
（第十三条〜第十五条、略）
第十六条　凡そ死体を埋葬するに当たっては、死者の身分、階級に応じ相当の儀式を行い、且つ其の地に所在する部隊に従軍している神官、僧侶、教師又は他の教法家がいるときは会葬させること。
第十七条　戦場に於いて地方人民の死体あるときは敵国軍隊所属者の死体に準じこれを埋葬すること。ただし、関係者からその引渡しを願い出るときはなるべくこれを許すこと。
（第十八条〜第二十四条、略）

二、死者の保護

前項でみたとおり日本政府も第一線の軍隊も、死者に関する国際法の原則が未だ成文条約となっていないときから、すでにこれを実行する意志が明確であった。すなわちこの決心をしたことにより、日本の義務は半ば履行されたというべきである、と有賀博士は述べている。さらに、この上は、どの程度までこの意志が実行されたのか検証することが必要であるとしている。

また、有賀博士は、およそ陸戦の法規慣例においては死者に関するものの適用が最も困難であり、それが近年に至っても成文条約が制定されていない理由であるとも述べている。

このような状況の中で、日本が三七八戦役のような大戦において規則を定め、その理想をどのように実行したのかを研究することは学理上極めて価値あることである。

死者の取扱いに関して最も重要なことは、埋葬の前後において、掠奪及び虐待から死体を保護することである。

このため、まず兵士に対して死者を虐待することを禁じること、そして戦場の住民に対して死体

からその所持品を掠奪することを禁じる処置をとることであった。

韓国及び満洲のような土地にあっては、死んだ軍人から掠奪し、虐待を加える者はその地域の住民であり、これに対して厳重な手段を講じる必要があった。

韓国を経て満洲に出た第一軍は、ことさらこの点について注意し、四月一四日に宣川を出発する際に、第十二師団長、近衛第二師団長、浅田支隊長、兵站監及び野戦電信長に対し、死者の保護に関して諭達《ゆたつ》して保護に努めた。

これは、露国の騎兵二名が定州附近を斥候中に戦死し、第一軍がその死体を定州城内に埋葬したが、これを発掘した者があったからである。

この事案以降、いずれの部隊においても、死体の保護に注意するようになった。例えば、義州の戦闘で戦死した露国将校の死体は特別の棺に納めて礼を厚くしてこれを葬り、兵卒の死体もまたその等級に相応しい儀式をもって埋葬したことが報告されている。

死者の保護について日本軍が最も苦難を強いられたのは、清国住民が掠奪するために死体を発掘することを防止することであった。

彼らは死者の金銭、時計その他の有価物を掠奪するのみならず、死者の衣服その他身辺に付けている金属類等、些少の価値ある物に至るまでことごとく奪取していた。

支那人が死者が持っている物品を掠奪することは、戦地においては通弊《つうへい》であって、これを制止する道はなかった。このようなことを禁止する告示をいたる所に掲示しても、なんら効果はなかった。

それは、掠奪する支那人の数は、それを取り締まる日本兵の数よりはるかに多く、さらに、掠奪は夜間に多く行われるからであった。

また、旅順開城の後、堡塁及び砲台内における日露両軍の死体は非常に多く、一時にこれを検査して、これを火葬または埋葬することは困難であ

唐家屯北方高地における露軍兵士の死体を収容

った。

そのため、数日にわたって漸次処分せざるを得ず、その間は所々に番兵を配置して保護に努めた。しかし、多くの支那人がさまざまな箇所から城内に侵入し、掠奪を始めた。このような状態となり、番兵には夜間掠奪を行うため侵入する者に対して射撃すること命じざるを得なかった。

死者を保護するための規則は制定されても、それを徹底し、守らせることがいかに難しいか、いずれの時代においても大きな課題である。

三、死者の埋葬

戦場ノ占領者ハ独リ死体ヲ尊敬スルノミナラズ又之ヲ埋葬セザル可カラズ。此ノ新義務ハ実行容易ナルガ如クシテ実際ハ時ニ甚ダ困難ナルモノナルコト、予輩ノ自ラ経験シタル所ナリ。

戦闘の直後に死体を埋葬することができるのは極めて稀であって、数日経ってもまったく行うことができないことが多い。これが戦争の実際であって、どんなに規則、条約で定めたとしても救済できないことがある。

例えば、摩天嶺におけるように襲撃を受け、それに対し逆襲をする。これが数回繰り返されれば、彼我とも埋葬を行うことはできない。

また、旅順、沙河の対陣中にもしばしば起きたことだが、戦場がいったん閑戦《かんせん》となっても、死体が残置されている地域は絶えず敵火に暴露されており、埋葬するとなると却って戦場掃除要員が危険な状態に陥ることになる。

遼陽及び奉天においては、戦闘地域が広大であり、日々小区画ずつ分けて戦場を掃除せざるを得なかった。さらに、雪、寒冷のため土地が凍結し、死体を埋葬するには大変な障壁となった。

有賀博士は、自ら目撃した旅順の状況について次のように述べている。

露軍の旅順要塞が難攻不落といわれるのは、敵の堡塁及び砲台が我が部隊が通過する平原を制しているのみならず、堡塁等は地形を利用して巧みに配置されており、一つの堡塁・砲台を攻撃しようとすると他の堡塁・砲台から砲火を我が軍に集中するようになっていた。

このため、明治三七年八月一九日から二四日までの総攻撃、及びその後数回行われた総攻撃において我が軍は毎度撃退され、そのつど多くの死傷者を遺棄してきた。

遺棄死体を収容しようと我が兵卒が前進すると、敵の堡塁・砲台から集中砲火を受けた。また、夜間に収容しようとすれば、敵は探照灯で照らして近づくことができなかった。

一部の論者は、赤十字の徽章を付け死傷者を捜索する者を射撃することは規則に反することだと言うかもしれない。しかし、この論は支持しがたい、と有賀博士は述べている。

このような論を述べるのは、未だ実戦の経験がなく、自ら独り想像している戦争のみを論拠としているに過ぎないのである。

現実には、旅順の堡塁・砲台の前に倒れた不幸な兵士は、数箇月の間、墳墓に入ることはなかった。我が軍が唯一収容できた方法は、通例一箇月をおいて新たに攻撃を行い、その時を利用して前回の死者を収容することであった。

さらに、有賀博士は死者に関しては戦後三年経っても深く記憶に残っていることが二件あると述べている。

八月一九日から二四日までの旅順要塞への第一回総攻撃において我が軍は一万人以上を失い、敵の最も突出した両盤龍山の旧堡塁を奪取することができた。望台の峯に設置していた敵の砲台は、同堡塁に日本軍兵士が出入するのを見ると直ちに砲撃してきた。

そのため、日本軍兵士は地中に掩壕を作ってその中に隠れ、土嚢でもって自らを防御し、この堡塁を守備せざるを得なかった。

敵は昼夜を問わず間断なく射撃するため、毎日五、六名、多いときは三〇名の死傷者を出した。したがって、一時は同堡塁を放棄して後で再び奪取することが検討されたが、砲火が激しく撤退もできず、この作戦はできなかった。

そして、同堡塁は、旅順陥落までの五箇月半、この状態を維持したのである。有賀博士が、陥落後数日を経て同堡塁を巡視したところ、筆舌に尽くしがたい光景であったと述べている。

その状況とは、堡塁の中央附近に白骨及び髑髏《どくろ》が累々として地を覆い、長靴の中に脛の骨がそのまま残っていた。破綻退色した日露兵士の制服は、合い混じっており、その中からは一種の臭気を発していた。

このようになったのは、既述したとおり、敵火が止むときがなく、死体を埋葬することができなかったからである。加えて、夏の太陽はこれを腐敗させ、冬の風雨はこれを散乱させて憚《はばか》るところがなかったのである。

日本軍が旅順要塞の周囲及び内部の幾万の死体埋葬に着手することができたのは翌春（明治三八年）三月、凍土が溶け始めた頃からであった。

第二は、二〇三高地に関することである。この高地を確実に我が軍の手に帰することが、旅順の運命を左右すると全世界が認識していた。

九月の総攻撃において我が軍はいったんこの高地を奪取した。しかし、露軍の逆襲によって奪い返された。その後、露軍はこの高地の防御工事を強化して真に難攻不落の要塞にしてしまった。

しかし、ロシアのバルチック艦隊が到着する前に、我が艦隊を休息させ、必要な修理を行うためには、必ずこの高地を抜き旅順港内の露国艦隊を直射しなければならない。したがって、我が軍はいかなる犠牲を払っても必ずこの高地を奪取することに決した。

通常の要塞攻撃の場合、まず重砲弾で敵の掩壕を破壊し、その中に隠れている敵を追い出し、次いで榴弾砲でこれを殺傷し、歩兵が突撃に移るのを待って砲撃を止めることを順序としていた。

しかし、二〇三高地の攻撃においては、その順序を異にした。つまり、もし我が砲兵が砲火を止めたとき、敵は掩壕を破られていったん遁走するかもしれないが、再び帰来して我が歩兵を射撃した場合は、攻撃が困難となる。

したがって、我が歩兵がその高地に向け突撃している間も、引き続き砲撃するようにと歩兵部隊は要望した。

二〇三高地の一部は一一月二九日に我が手に帰したが、その他の部分は三〇日から一二月五日までの間に幾度か取っては、また取り返されたりした。

その間、彼我両軍とも絶えず砲火を浴びせ、敵兵とともに自国兵士を倒しても顧みなかった。

この戦闘により二〇三高地は、その周囲の掩壕及びその頂上の砲台とともに粉砕された。手投爆弾の使用によりその惨害は一層激甚となった。

全山死体の山であり、細断された骨及び肉は砲弾により穿《うが》たれた地上において岩石及び鉄の破片と混交していた。わずか二、三百平方メートルに過ぎないこの高地において、少なくとも六千名の日本兵と四千名の露国兵士は戦没した。

開城の後、直ちにこの高地を巡視した者の眼に映った惨憺たる光景は、世界のいずれの言語をもってしても表現することは困難であろう。

このような場合における死体埋葬はもとより問題とはならず、これを処理する唯一の方法は、なるべく多くの骨片を露軍が作っている塹壕内に集め、土石をもってこれを覆い、その上に墓標を立てることである。

旅順開城後、残留を命じられた露国衛生部員は、新旧市街の外に出ることを許されなかったが、特に二〇三高地を巡視することを要請し許可された。彼らもまた、我が軍が立てた墓標と並んで墓標を立てた。

「皇帝及祖国ノ為ニ高地ヲ防御シツツ戦没シタル勇敢ナル露国兵士ハ此ニ永眠ス」

埋葬が困難なことは要塞戦の場合だけではない。

沙河の会戦中、明治三七年一〇月一四日、我が歩兵第二十三聯隊（第六師団第二十四旅団）は沙河右岸に林盛堡という戦略上重要な地点を奪取した。しかし、翌日敵は逆襲を行い、ここを奪い返そうとしたが、大損害を受け撃退された。

当時、この地域は我が軍の最前線と露軍の防御線との間は、七〇〜四〇〇メートルの空地であった。対陣百数十日の間、敵の銃砲火はほとんど絶えることがなかった。

そのため、日露両軍とも二百に近い死体を収容することができなかった。明治三八年三月、奉天会戦の後になってはじめて我が軍の手で埋葬することができた。

しかし、日露戦争中、両軍の約束で一時戦闘を休止して死体の埋葬を行った事例がない訳ではない。すでに旅順の攻囲中における戦闘休止及び死体収容については第十一章で述べたとおりである。

また、第二軍は明治三八年一月一一日、十里河において第六師団の前面の死体収容のため休戦することについて、参謀長の命令によって実施させた。

「一、第六師団ノ前面ニ彼我ノ死体アルモ状況上掃除ノ機会ナキニ付、一部休戦シテ之ヲ掃除シ度旨兼テ意見具申アリシ處、右ハ総司令部ノ許可ヲ得タルヲ以テ実行スベキコト。但シ比隣部隊ニ通報シ決シテ間違ヲ生ゼザル様注意スベシ。他ノ師団ニ於テモ必要アラバ右ノ方法ニ依リ掃除スベシ」

第十二章のまとめ

■広範多岐に及ぶ死者の取扱い

戦場における死者の処置は、最も重要な事業である。国家のために身の危険を顧みず戦い、不幸にも生命を落とした将兵を敬意をもって丁重に弔う必要がある。

死者の取扱いは、戦場の第一線部隊及び中央軍司令部における処置、国家として軍の報告を受けての措置及び国際機関への報告・通知、国際機関を介して相手国への通報、並びに講和条約締結後の返還等の処置など広範多岐に及ぶ。

これらの内容が国際条約で明文規定として体系的に整備されたのは、一九四九年のジュネーブ第一条約(傷病兵保護条約第一五条~第一七条)である。具体的には、死者の捜索、収容、戦死者に関する記録、関係機関への情報の送付、死者の埋葬要領、墳墓登録機関の設置など死者の取扱いの一連の手順が定められた。日露戦争後、第一次・第二次戦争の経験を経て、ほぼ確立したのである。

■他国に先駆けて死者の取扱いを規則として制定

日露戦争当時は、有賀博士が述べているように、死者の保護に関する成文規定はなく、陸戦規則に死者を発見した場合、または病院等で死亡した場合に私物品等を関係者に送付することを述べているだけである。

死者そのものを保護する観点での規定はなかったのである。

そのようななかで日本陸軍は、他の文明国軍隊に先駆けて当時慣行として行われてきた死者の取扱いを規則として制定し、実行した。

まず、第一軍が明治三七年五月二六日に「第一軍戦場掃除規則（九項目）」を制定し、次いで陸軍省が四日後に「戦場掃除及戦死者埋葬規則」二四箇条を制定した。

規定の趣旨は、現行条約規定のもとになったと推定されるような内容である。

さらにその内容は具体的で、捜索地域の範囲、遺留品の保管、将校・下士卒に区分した記録・埋葬要領、土葬・火葬する場合の処置事項など実施部隊が迷わないで整斉と処理できるように規定されている。

日露戦争において日本陸軍が行ってきた死者の取扱いをはじめとして、降伏の要領、捕虜の取扱い、特に宣誓解放の要領等は、その後の陸戦規則及びジュネーブ条約の改正、充実発展に多大な影響を与えているのである。

他方、規則どおりに処理ができないのも死者の取扱いの実態である。本章で紹介された要塞等における凄惨、悲惨な状況は読むに耐えがたいものであった。そのような状況に至る前に必要な措置が執れるよう、規則に基づく実施体制を各国軍は保持する必要があると思っている。

第十三章　軍律及び軍事裁判

一、日露戦争における軍律の状態

予輩ノ所見ヲ以テスレバ、軍律ヲ執行スルハ外国ニ転戦スル軍隊ガ自己ノ安全ヲ保護スル方便ノ一ナリ。

有賀博士は、軍律とは外国に出動した軍隊が自己の安全を図るための臨機の措置の一つであるとしている。同博士は軍律の必要性について次のように述べている。

「軍隊が自国内で行動するときは、自国の現行法律に依って保護され、かつ、その適用を自国の裁判所に一任することができる。自国の裁判所が軍隊の安全に有害な一切の行為を罰することを怠らないといえども、一旦軍隊が外国に出て行動するときは、自ら法律を作り、これを適用する権利はない。

一方、軍隊が駐屯する国の法律がすべての場合において全軍の安全を保護するに足るものか保証はなく、また、法律は十分であると仮定したとしても裁判所が果たしてこれを適用する意志があるか否か、さらに、その執行を確実にするための権能を持っているのか否か、確実ではない。

この二つの理由により、外国に侵入する軍隊は、自ら法律を定め、軍事法廷を編成する権利が必要なことは明らかである。

このことは、外国に転戦する軍隊に適用されるのみならず、清国のような中立国、韓国のような同盟国に駐屯する軍隊にも適用することができる。これが我が軍が清国及び韓国においてこの権利を行使することを躊躇しない理由である」

軍律及びその適用については、全軍統一の規定を設けるべきか否かの問題がある。そもそも、軍律というのは、国の元首である天皇から発せられたものではなく、日本軍の大元帥たる天皇の権力から出される一種の戦争行為である。

したがって、通常の立法手続で定められたものではない。各戦争において特別に規定したものである。過去の先例をみると、日清戦争のときには、当初全軍に適用する規則はなく、第一軍及び第二軍の司令官に与えられた職権に基づき、その軍が執行すべき軍律を定めた。そして、戦争の終末段階、明治二八年二月にはじめて大本営から日本軍全体に統一した規則が発せられた。

日露戦争においては次の二つの理由により統一の規則は設けられなかった。

第一に、戦闘地域は敵国ではなく中立国にある。したがって、その住民は中立国の臣民であり、これに対し厳格な軍律を発すると、中立国の感情を害することを恐れたからである。

しかし、これは政治上の理由に過ぎず、法律上はなんらの価値もない、と有賀博士は批判している。

日本は、清国の中立を承諾する明治三七年二月七日の公文において、清国官民が帝国の敵である者に幇助及び厚遇を与えた場合は、臨機必要な措置を執る権利を留保しているからである。

また、ここで軍律そのものの性質に基づくものとして主張される第二の理由がある。

軍律の適用を必要とする事情は、千差万別であり、時に変化し、清国のような国にあってはなおさらである。したがって、統一した規則で軍衙《ぐんが》活動の自由を制限しないことが良いのである。

この理論はいかなる経験によって立てられたのか。

第一にこの理論は、およそ刑罰においていかなる行為が処罰されるのか予め知らしめておくことを必要とする一般の原則に戻ることである。知って犯すがゆえに罪があるとするのは刑事上の責任における根本の観念である（筆者注：いわゆる罪刑法定主義である）。

軍律の目的は処罰することにあるのではない。軍隊に有害なすべての行為を防止するために処罰規定を示すことによって脅かすことにあり、この目的を果たすためには公布して、その内容を周知することが必要である。

軍律の規定は、一般刑法の規定のように不偏にして制限的なものである必要はなく、必ず規定の末条には概括的条文を置き、前数条に規定した行為の他、有害な行為を罰する明文を置くこととしていた。つまり、軍律のために処罰の自由を妨げることがないようにしていた。

また、罰そのものについても、規則をもって軍衙行動の自由を妨げることはない。なぜなら、多くの場合、軍法違反の罰は死刑であった。しかし、これはただその上限を示すものであり、もし加重な場合は規則を変更するのではなく、罰を軽減することとしていた。

およそ世の中に軍律の適用ほど伸縮自在なものはない。一八七〇年の戦争において、ドイツ軍は死刑を宣告しながら、刑を執行することがなかった。これは一例であるが、柔軟に運用されることが多いのである。

日露戦争中、大本営も満洲軍総司令部も軍律について統一の規則を設けることはなかった。しかし、各部官権はそれぞれ軍律を設けてこれを適用した。したがって、種々の軍律規則が制定され、立法上錯雑した状態であった。

各軍、各守備隊、各兵站司令部及び各軍政委員は、それぞれが立案した軍律と執行規則を有していた。例えば、旅順のおいては、一時、遼東守備軍軍律、旅順口鎮守府軍律、旅順要塞司令部軍律及び旅順軍政署軍律が並び行われたように最も甚だしいものであった。したがって、憲兵はいずれの軍律を適用すべきか判断に悩む場合も少なからずあった。

日露戦争中、各方面において執行された軍律のうちほぼ完全なものといえるのは次の軍律であった。
(一)第一軍軍律案、公布はされなかったが草案として執行されたもの
(二)第二軍政委員の発した告示
(三)第三軍軍律案、公布はされなかったが草案として執行されたもの
(四)第四軍が八月一〇日析木城において発した告示
(五)鴨緑江軍が三八年五月五日興隆街において発した告示
(六)韓国駐劄軍が三八年一月中公布したる軍事警察施行規則
(七)遼東守備軍が三七年一二月二五日を以て公布したるもの
(八)遼東兵站監部が三八年六月を以て公布したるもの
(九)三八年八月八日公布関東州民政治署民事刑事処分令
(十)三八年一月一五日公布旅順要塞地帯の取締に関する軍令
その他軍政委員、兵站司令官等が発した告示中に含蓄する所の罰例にはその種類が極めて多く、もとより枚挙にいとまがないという状況であった。

二、軍律の内容

有賀博士は、韓国及び満洲において日本軍に有害な行為を罰するため発した法律規則を逐条そのまま掲載すると、徒に多くの紙数を要し、かつ、その内容は大同小異にして重複するものがあり、将来軍律を編纂する者の参考に供したいとして、以下の規定を紹介している。

(1)我が陸海軍の軍隊、軍衙又はこれに附属する人員に抵抗すること。
(2)敵軍に随従し正規の軍服を着せずして我が軍に抗敵すること。
(3)間諜行為を為し、又は間諜を蔵匿し又は隠避せしむること。
(4)我が陸海軍の動静を敵に通知すること。
(5)我が軍隊又は軍人の嚮導となり、故意に道を誤らせること(遼東守備軍軍律、第一軍草案においては死刑)。
(6)詐欺の風説を流伝すること。
(7)喧噪呼号して我が軍隊、艦隊の静粛を妨げること。
(8)戦争に不利益なる掲示を為すこと。
(9)集会結社又は新聞、雑誌、広告その他の手段を以て秩序公安を紊乱すること。
(10)敵軍の行動を幇助し、又はその便利を謀ること。
(11)敵兵を誘導すること。
(12)敵兵を蔵匿し、又はこれを隠避せしむること。
(13)俘虜を強奪し、又はこれを逃走せしめ或いは隠匿すること。
(14)戦闘材料、倉庫、兵営、造兵場、兵器、弾薬、糧食等を焼却し、又は奪取すること。
(15)我が軍又は敵軍が戦場に遺棄したる兵器、弾薬その他の物件を破壊し、又は掠奪すること。
(16)各種の軍用交通機関、例えば電信、鉄道、橋梁、運河等を破壊し、又は焼却し、並びに野戦郵便を妨害すること。
(17)軍事上必要なる諸種の標識掲示等を毀損、移転、盗奪すること。
(18)飲用水を汚濁し、又は車両、家畜、穀物、薪炭、糧秣類を隠蔽して我が軍の需要を妨害すること。
(19)水道、電灯を毀損し、又はその効用を減損すること。
(20)日本帝国の貨幣、紙幣及び軍用手票を偽造又は変造し、若しくは偽造変造たることを知りて之を使用すること。
(21) 我が軍の徴発宿舎及び人夫雇入等を妨害し又は之に応ずるを拒むこと。
(22) 詐欺脅迫等により我が軍務に服する者を妨げること。
(23) 許可を得ずして兵器、弾薬等を所持すること。
(24) 許可を得ずして堡塁、砲台その他禁止の場所に出入りすること。
(25) 一定の地域内に出入滞在を禁じられたる場合にその禁を犯すこと。
(26) 許可を得ずして山、岡、地盤の掘削を為すこと。
(27) 許可を得ずして水陸の形状を測量、模写、撮影、録取すること。
(28) 戦場にある負傷者及び死体に属する物件を掠奪すること。
(29) 戦死者の死体を発掘毀棄し、又はこれに附着せる物件を盗奪すること。
(30) 日本軍の軍人軍属を殺傷すること。
(31) 謀殺故殺又は強盗の所為あること。
(32) 阿片煙その他の吸引器又は吸引所を我が軍人軍属その他の従軍者に供給すること。
(33) 右の外帝国軍隊に対し危害を加えること。
(34) 我が軍の命令に違反すること。
(35) 前条に掲げる外、我が陸海軍に有害の所為ある者は帝国陸軍刑法、海軍刑法若しくは普通刑法に準拠して処分す。

三、軍律法廷及びその裁判手続

満洲軍の各軍が採用した軍律法廷の編成及び裁判手続は、概ね一致していた。有賀博士は、その要点は次のとおり述べている。

(一) 軍法会議と軍律法廷とを区別し、軍律を適用するためには軍法会議のように綿密に時間を要する手続を必要としない。将校及び相当官又は文官を以て特別に委員を組織し、さらに迅速な手続により犯罪を処罰した。

（二）軍律法廷においては形式を簡単にした。しかし、合議裁判の制度は遵守し、少なくとも三名の委員によって構成され、多数を以て有罪の決定を行った。

（三）被告には反論する機会を与えた。しかし、普通の刑法の手続と異なり、裁判官が被告の有罪を立証する義務は負わない。被告が反証を提出しその無罪を証明させることとし、反証ない者は有罪とみなされた。

（四）ほとんどすべての軍律違反は死刑にあたる。しかし、裁判官はこれを軽減し、あるいはその執行を中止する自由を与えられていた。それは、軍律の目的は徳義に反し、又は公益を害する行為を禁止するよりも、むしろ脅嚇して日本軍に有害な行為を行わせないことにあり、既にその目的を達した上は必ずしも違反を罰する必要を認めないからである。

第一軍は、軍律草案において軍律法廷、裁判手続を次のとおり定めている。

第三条　前条の所犯は正犯たると従犯たるとを問わず、且つ其の所為の既遂、着手、未遂、予備、陰謀たるとを別たず、総べて本刑を課す。但し、情状に依り軽減し、罰金及び拘禁を併科し、或いは其の一のみを科し、或いは全く刑を免ずることを得。

第四条　前条の罰金及び拘禁の程度は当該官憲の適当と認むる所に依る。

第五条　前第三条に依り処分する場合に於いては、犯罪の性質、地方の状況等に依り、其の地方に行わるる法令慣習を参酌して、拘禁に代わるに枷笞杖《かせちじょう》の刑を以てすることを得。

第六条　死刑は絞首又は銃殺とす。拘禁は拘禁所に幽閉し、且つ労役に服せしむ。枷笞杖は清国の法令を参酌して其の執行を為す。
第七条　本律に依る裁判は即時これを執行す。
第八条　本律の適用は軍法会議或いは軍政署に於てす。
第九条　軍政署以て本律適用の機関とするときは軍政官及び憲兵将校を以て裁判官と為し、憲兵将校をして理事に属する職務を兼ね行わしめ、下士若しくは軍政官は裁判長として憲兵将校と議し裁判を為す。但し其の意見一致せざるときは軍政官の意見に従い裁判すべし。
第十条　本律適用の裁判に於ける審判の手続及び裁判の執行に関しては陸軍治罪法及び陸軍治罪法執行規則に準拠すべし。

第四軍は、軍律法廷及び犯罪の審判手続に特別の規則を設けた。

第一条　犯罪者の審問判決は軍政署、兵站監部、兵站司令部、師団司令部、軍司令部及び各隊にて審判委員会を組織し合議により施行す。

前記諸部隊併合の場合は必ずしも此の例に依らず。

第二条　審判委員会は三名の委員を以て組織し、諸部隊に属する将校、同相当官若しくは高等官一名を以て主任とす。

該委員は左記各官の選任する所とす。
一、軍政署に於いては軍政司令官
二、兵站監部に於いては兵站監
三、兵站司令部に於いては兵站司令官
四、師団司令部に於いては参謀長
五、軍司令部に於いては参謀副長
六、各隊に於いては各隊長
第三条　死刑の執行は軍司令官の認可を経べし。
第四条　第二条諸項の官は犯罪者を其の地の地方官に引渡し審判せしむることを得。若しくは我が軍にて審判し地方官に命じて執行せしむるを得。
第五条　軍司令部以外の審判委員会にて審判したるときは直ちに軍司令部に報告すべし。

四、連座罰及び告発者の褒賞

陸戦規則第五十条は「人民ニ対シ其ノ連帯ノ責アリト認ムベカラザル一個人ノ行為ノ為金銭其ノ他ノ連座罰ヲ科スベカラズ」と定めている。つまり、一般住民に対しては連帯責任がある場合といえども、連座罰を科してはいけないとしている。

しかし、第四軍法律顧問皆川法学士は連座罰の必要性を強く主張する人であった、と有賀博士は述べている。

報道によると、第四軍が進軍した清国地方においては、至る所に支那文で書かれた露軍の告示があった。それは、電信を切断した場合は、その附近五〇清里(一清里は約三分の二キロメートル)以内の家屋を焼却し、殺戮するという内容で、脅迫していたのである。

これは明白な国際法違反である。日本軍は、連座罰を用いるとしても露軍のような甚だしい行為はしないが、清国のような国土において転戦する軍隊にとって連座罰は必要欠くべからざることは論をまたない。

日本軍は連座罰を用いながら、第五十条に違反しないため、特別の方法を設けた。それは、同一地方に所在する住民全部に対し、ある事件に対し責任を負わせ、その共同で責任を負う条件に違反したことに対し連座罰を科すことにした。

例えば、一村落の全住民と協議してその村落の範囲内にある電信、または鉄道の保管を任せ、もし破壊者があったときは全村に罰金を科すのである。

このような諭旨は、禁令を含むすべての告示に付記されたが、有賀博士は、連座罰が執行されたということは一度も聞いたことがない、と述べている。

日本軍は住民に対し、連座の刑に処する旨を諭旨するとともに、軍律違反者を告発した者には褒賞を与えることを告知した。かつ、この約束を反古《ほご》することなく、実際に金銭を賞与したことが多かった。

告発者に金銭を賞与することは清国の刑法及び行政法において慣用されている手段である。したがって、日本軍はこの慣例を新しい目的のために使用したに他ならないのである。

満洲軍総司令部は前述したとおり、軍律については確定した規則を設けて公布しなかったが、鉄道の保護に関してはその必要を認め、満洲軍総司令官の名をもって連座罰を含蓄する規則を設け、東清鉄道の沿道に告示した。しかし、連座罰が行使されたことはなかった。

五、陸戦規則の間諜の意義

陸戦規則は、間諜の定義を明確に定めた。同規則第二十九条は、次のように定めている。

「一方ノ交戦者ニ通知スルノ意思ヲ以テ他ノ一方ノ作戦地帯内ニ於テ隠密ニ行動シ、又ハ虚妄ノ口実ヲ構ヘテ各種ノ情報ヲ収集シ、若クハ収集セムトスルモノノ外、之ヲ間諜ト看做スコトヲ得ズ。故ニ仮扮セザル軍人ニシテ情報ヲ収集センガ為、敵軍ノ作戦地帯内ニ進入シタル者ハ之ヲ間諜ト看做サズ」

日露戦争において日本軍は、この定義に該当する少数の間諜を捕獲した。第二十九条に明示している目的を達するため支那人に扮装して日本軍の戦線内に入ってきた露国兵士を拘束したのだ。しかし、露国人が支那人に変装することは容易なことではなく、このような間諜はあまり多くはなかった。変装の方法は、通常支那服を着用し、支那人の帽子に弁髪を垂れていた。

第四軍司令官は一〇月一〇日、張臺子に於いて部下各部隊に通報（要約）を発している。

「戦況の進捗に伴い毎夜宿営地における土人に対する警戒は特に厳重にすることが必要である。露人が支那服を着て、我が戦線内に入り込むことがあると聞き及んでいる。依って、護衛中隊衛兵、騎兵等は勿論、その他においても各人この点に注意し、特に軍隊の承認するものの外、一切土人の出入りを禁ずる。その他宿営地内若しくは近傍高地等において信号のような動作等を為す者に注意し、何人と雖《いえど》も疑わしき者と認めるときは速やかに報告、若しくは直接憲兵に通報するか、若しくは捕獲するか、便宜の処置をするようそれぞれ達すること」

第十二師団日誌、明治三七年一〇月一日の記事に次の事実があった。

「支那服を着せる敵の兵卒（第七十一師団第二百八十四聯隊の者にして七、八日前、煙臺附近より出でたるものなり）を捕らえ、軍法会議の末昨日之を銃殺せり」

有賀博士は、この記録は簡単であり、果たして陸戦規則第二十九条の間諜の定義に合致する者か否か確かめることができないのは遺憾であると述べている。

第一軍の日誌中、明治三八年二月八日、同軍が半拉子に司令部を置いたときの記録にある事実もまたこれと類似したものであった。

「本日十二師団より橋頭方面に於いて捕獲せる変装俘虜を護送し来たる。取調べのため留置」

有賀博士は、間諜の定義について以下のとおり論じている。

「日本語で『間諜』という語は、一般に我が軍の動静に関する知識を敵に提供する者を意味し、その方法の如何を問うことはない。ハーグ陸戦規則第二十九条の『エスピヨン』なる語の狭隘な定義とは符合しない。よって、普通の軍中反逆を第二十九条の狭い意味でいう間諜と混同しないため、別に『露探』という語を設けた。これにより中立国、又は同盟国の住民たる支那人、又は韓国人が日本軍に有害な行為を行い、又は行うことを指示した者を処分することができるようになった」

　間諜と露探とを明確に区分することは重要である。なぜならば、もし日本軍が第二十九条のいわゆる間諜として支那人及び韓国人を死刑に処することがあれば、日本軍の行動は国際条約違反となるからである。

　さらに、有賀博士は、間諜について詳細に説明する必要があると続いて述べている。

「そもそも間諜行為は、戦争の慣例に於いて認められる奇計の一種にして犯罪ではない。これに反し『露探』は軍中の反逆であるがゆえに、行為そのものの背徳的性質により処罰すべきものである。軍律に於いて、現行犯として捕らえられた間諜を死刑に処するのは、犯罪人なるが故ではなく、その用いた奇計が我が軍のため極めて危険なるにより、脅迫手段を以てこれを防止するためである」

　陸戦規則第二十四条は「奇計並ニ敵情地形探知ノ為、必要ナル手段ノ行使ハ適法ト看做ス」と定めており、間諜行為はこの手段の一つにほかならない。

　また、第三十一条は「一旦所属軍ニ復帰シタル後ニ至リ敵ノ為ニ捕ヘラレタル間諜ハ俘虜トシテ取扱ハルベク、其ノ前ノ間諜行為ニ対シテハ何等ノ責ヲ負フコトナシ」と定めている。

　これは、すなわち間諜を罪人とは看做さず、敵軍に甚だ有害な奇計を用いたものと看做したが故である。したがって、その軍に帰着したときは、その危険はすでに既成の事実となって終わっており、再びこれを捕まえたとき死刑に処してもなんらの益がないため罰しないのである。

　この理由は、俘虜が逃走を完了した場合に罰しないことと同じことである。

　俘虜は本来交戦者である。したがって、逃走してなるべく速やかに戦闘力を回復することは権利であり、かつ自国に対する義務である。俘虜となり宣誓に背いて逃走したのでなければ、一旦逃走の目的を達成したときは、再び俘虜となっても処罰されることはないのである。

多数共謀して逃走を企て、又はまさに逃走しようとする途中に発見されたときに処罰するのは、その行為の背徳にして有罪であるのではなく、脅迫手段として逃走を防止する目的に外ならないのである。

陸戦規則にいわゆる間諜と露探との間に前述したように区別があるとすれば、支那人又は韓国人が中立の態度を守らず、金銭又はその他の目的のために我が軍の動静に関する情報を集め、これを敵に通知したとき、第二十九条のいわゆる間諜としてこれを取り扱う必要が果たしてあるのか。

なぜ我が軍に対する反逆行為を行う者、我が軍の電灯を破壊し電線を切断する者と同様に取り扱うのか。第二十九条の定義は狭隘にして精密なので、露探をこれに擬するとすると、かえって条約違反になるおそれがある。

要するに第二十九条の間諜と看做すためには、その本人は一方の作戦地帯内において各種の情報を収集し、又は収集しようとする者にならざるを得ない。

したがって、実際には敵軍の作戦地帯内に入ることなくして情報を収集する方法は多々ある。いわゆる露探が行うのはこれである。また、真の間諜として罰するためには、現行中に捕らえざるをえない。ある支那人が、敵に我が軍情を通知した事実が明白であっても、我が憲兵が逮捕するため出張したときに、住宅で睡眠しつつある者を間諜として処罰することはできない結果となる。

これを受け、日露戦争中、日本軍は第二十九条における間諜の定義に拘泥せず、換言すれば同条に示した方法によって我が軍情を敵に通じ、又は通じようとした者のみを罰せず、真の間諜が用いる方法とは異なる方法に依ったとしても、敵に同一の利益を与え、又は与えようとした者をも軍中反逆として罰することとした。

論者はこのような措置をとることは、第二十九条が形骸化することだと言う。それは、間諜の定義に該当しないが故に罰を免れた者は、みな軍中反逆者として罰せられることになってしまうと。

しかし、我が軍は、戦場における実際の必要に顧みてこの措置を採らざるを得なかった。その必要性を証明する事実は非常に多かった、と有賀同博士は述べ、三つの事例を紹介している。本書はそのうちの一つを紹介する。

明治三八年六月二四日、鐵嶺軍政官木村宣明より陸軍少将福島安正に呈した報告書
間諜単徳寛、于得喜、取調概要
一、単徳寛（三五年）は鐵嶺城東門外会泉成方に潜伏密かに我が軍情を偵察し居ることを探知し、六月一六日午後一一時、会泉成方に於いて之を逮捕したり。同夜直ちに取調に着手し、翌日に渉り第一回の取調を了せり。この取調に於いて被告は自ら間諜たることを自白し、同一七日第二回の取調に於いて連類者于得喜、任萬春あることを陳述せり。その大要左の如し。

被告は、昨年一〇月鐵嶺発し奉化県売買街に至れり。本年二月中同地駐屯露軍五号馬隊に属し通訳を為し居る秦徳亮の部下に投じたり。同年三月中秦徳亮は被告に対し「日本軍は公樹林停車場及び兵站部並に売買街兵站部に来襲する情報ありて、其の斥候は既に通江口に来れり。汝は通江口に至り日本軍の状況を偵察し来れ」との命を授けたり。依って被告は同月中売買街を発して通江口に来り、商人に仮装し我が軍情を偵察し、四月中売買街に帰り左の如き情報を露軍に致せり。

「通江口には歩兵其その他を合せて二、三万あり。糧秣は営口より鐵嶺に輸送し更に馬峰溝より河船にて通江口に送り、同地より小塔子、金家屯方面に送り居れり」と。この報告を為したる際、被告は報酬として三十円を受けたり。

被告は、本年五月中秦徳亮の命を受け、任萬春と共に我が軍情、殊に馮林閣の所在内偵のため農民に仮装し売買街を出発し、途中四平街に於いて二回我が軍の為に取調を受けたるも無事に通過

し、六、七日後通江口に著したり。

通江口に十余日間滞在中、商人の仮装を為し日々東西を徘徊し、又河船碇泊場に至り糧秣積み卸しの状況を内偵したり。被告が偵察したる状況は左の如し。

「日本軍の駐屯し居るもの総て五、六万、糧食三、四万石、馬草三、四千梱（一梱五、六十斤）、馮林閣は部下を率いて奉天に至り、趙老五は鄭家屯に至り、馮の部下にして広増達に残留しある者七、八十名あり」等なり。

被告は五月下旬、通江口の偵察を了し、任萬春と共に鐵嶺に来り、東門外会泉成方に叔父の趙なるものを頼り、同店内に潜伏し、我が軍情を偵察し居たり。

一、于徳喜（二五年）は単徳寛の自白に依り間諜なること判明し、六月一七日午後四時、鐵嶺城内鄭氏の家宅内に於いて逮捕し、同月二二日に亘り取調を続行し、第一回より第四回に至る調書を作製せり。第一回の取調書に於いて自ら被告は間諜たることを自白し、且つ他に連累者李奎元あることを陳述せり。其の大要左の如し。

被告は本年三月中、李奎元外一名と共に鐵嶺を発し、公樹林に至り労働に従事中、四月中旬同地露軍軍馬隊四十五号に属し居る通訳王起林の為に間諜として雇用され、五月上旬王起林より沿道日本兵站部の情況偵察の命を受け、旅費として二十円を受け、李奎元と前後して公樹林を出発し、二道溝、満井子、双廣子、通江口等沿道兵站部の情況を偵察したり。其の偵察したるもの左の如し。

「二道溝には砲兵其の他合わせ約二万あり。米、麦等の糧秣多大あり。満井子には七、八千の兵ありて糧秣市外に山積しあり。通江口には七、八百の兵ありて糧秣頗る多量等なり。被告の公樹林を出発し来る際は商人に仮装せり。途中双廣子にて一回我が軍の為に取調を受けたるも無事に通過したり。通江口に至りし際、単徳寛と遭遇せり。五月中旬、開原を経て鐵嶺に来れり。爾来鐵嶺に在て薪又は高粱稈等を請負人の手を経て第一軍、第四軍兵站部に納付し、巧みに我が軍情を偵察し居たり。

被告は又遼海屯方面に至りたることあり。同地には我が兵の駐屯し居るものなく、また糧秣なかりしと。

被告は旅行証その他何等の物品を携帯せず」

これらの事実その他の多くの事実により被告が我が軍の動静を敵に通知した事実は明白である上は、その事実が果たして陸戦規則第二十九条に規定した間諜の定義に合致しているものか否かを判別することなく、単に軍中反逆として処分したことは明らかである。

被告の多くは、その私宅において逮捕され、且つ、ほとんど全ての事件において、過去の事実を挙げて反逆を為し又は為そうとした証拠としたのである。

六、清国官吏の軍中反逆

法律上困難な問題であり、従軍法律顧問の意見が分かれたのが清国高官の日本軍に対する反逆事件であった、と有賀博士は述べている。

この事件に対する処分方法は二種類あるが、いずれを選択するか困難な問題であった。日本軍は相反する処分方法を採用した。

最初の事件は遼陽知州（州の長官）陳良杰がその地方官たる地位を利用して日本軍の動静に関する正確な情報を集め、この情報を露軍に提供したときに起こった。

この時、遼東守備軍司令官は中立国の高級官吏に対し厳酷な処分を行うのは不可であるとの意見を容れ、本人を処罰せず、部下九名を死刑に処した。

裁判は大連軍法会議で行われ、明治三八年三月二〇日に判決が行われた。その概要は、次のとおりである。

陳良杰は、奉天在任中、露国駐在武官と親交があり、明治三七年一〇月九日、遼陽知州に赴任する際、露国軍政官に会見した際、日本軍の軍情を通告することを約束して銀六千両を受け取った。着任後、部下の官吏、密偵を四方に放ち、密かに日本軍の動静を探索させた。

当初、軍法会議は三月八日までに確定判決を宣告する予定であったが、二〇日まで延期された。それは、間諜の張本人である陳良杰を被告にすることに対し、さまざまな困難な問題が生起したためである。

日本軍の憲兵が遼陽知州の衙門に於いて張雨亭その他共謀者を捕縛し、軍法会議に附するため大連に護送したのが一月二八日であった。これにより知州陳良杰の反逆行為も直ちに発覚した。直ちに逮捕して大連に護送し、二月署初旬審問を開始した。

しかし、二月一四日、在北京帝国公使から遼東守備軍参謀長宛に電報が到着し、「清国政府は遼陽知州に対して我が軍が行った処置について抗議の申入れがあり、その罪状及び知縣（県の長官）候補者の氏名を至急通知するように」とのことであった。これを受け即日回答している。

二月一七日、内田公使から第三の電報があった。「那桐は慶親王の命を奉じ知州陳の引渡しを懇請し、尚候補者の儀を申し出でたり」と。

一九日、遼東守備軍参謀長はこの事件を大本営に、「遼陽知州はその部下数人を我が軍第一線に派し、我が軍の配備を探知せしめ、これを奉天に出したる形跡あり。一通り調査済みに付き、知州だけは遼陽に送還し同地に監禁しあり」と報告した。

この事件に関して二つの意見があった。

法律顧問及び大連軍法会議員の多数は、軍律において被告の国籍または官職により処分を異にすることはないとの原則の下に知州を処罰することを主張した。

彼等の格言は「軍律は神聖なり。他人の容喙を許さず」である。また、その論は「共謀者はこれをことごとく処罰しながら、犯罪の張本人たる知州を罰せざるは奇態である」というものであった。（国際法雑誌第四巻第六号五九頁、第一軍法律顧問篠田氏）

一方、知州を免除してその共謀者のみを処罰すべしと論じる者は、清国の主権に重きを置いて、「知州は一人にして遼陽州における清国の主権を代表するものなり。これに反しその共謀者は機械的に上官の命を奉ずる間接の官吏なれば、これを処罰するも清国の主権を侵すこととなし」と主張した。

この事件に関して有賀博士は次のように論じている。

遼陽知州が果たして陸戦規則第二十九条の厳密な意味でいう間諜であって現行犯として捕縛されたのであれば、これは犯罪ではなく、我が軍に対する敵対行為を為すものである。故に単純な敵として見るべきであり、その国籍又は地位の如何を問う余地はない。簡潔裁判の上、直ちに銃殺すべきものである。

しかしながら、遼陽知州の場合、これを間諜と称するのは広い意味によるものであって、いわゆる露探を意味するに外ならない。すなわち、我が軍に対し反逆の罪を犯したのである。したがって、我が軍は、これを裁判する権利を有していることは疑いがない。

他方、被告は戦地となっている地方に在って中立国の主権を代表する高官であり、この事件は日本国と清国との間における国際事件となった。帝国政府もまた外交上から容喙《ようかい》する権利があることは当然である。

帝国憲法において陸海軍の大元帥として、同時に国の元首として軍隊と政府とに係わる問題を判断する地位に立ち給えるのは天皇陛下のみなれば、この事件は野戦軍において処分せず、政府と直接交渉する地位にある大本営の決裁を待つべきものである。

しかし、この意見に同意する者は少ないと、同博士は述べている。

結局、知州は処罰されず、高等政略の名義を以て遼陽守備隊の管轄地域街に退去を命ぜられた。

遼東守備軍参謀長神尾少将がこのことに関し、明治三八年四月五日付を以て遼陽軍政官に発した電報は次の通りである。

「前知州ハ新知州到着ノ上ハ清国政府ニ引渡スコトニ清国政府ト交渉済、由テ其ノ監禁ヲ解キ新知州ニ引渡スベシ」

その他、海城地縣及び錫仁山知州の間諜、露探行為についても有賀博士は紹介しているが紙幅の関係で割愛する。

七、天長節における特赦

明治三八年九月五日、ポーツマスにおいて和睦条約に調印後は、新たに軍律により刑の宣告はなかったが、当時刑を執行されている者は数多くいた。

なお、条約調印後といえども、日本軍が占領地にいる間は、日本軍の兵士に対して犯した重・軽犯罪を罰せざるを得なかった。九月五日以降も各軍政署の抑留所及び清国の監獄内には数多くの囚人がいた。日露両軍が満洲を撤退する時、これらの罪人をどのように処置するのか、課題であった。

幸いに一一月三日は天皇陛下の誕生日で、日本国の祭日（天長節）であり、各軍に命令して刑の執行中及び審問中の清国人を一般に釈放した。

満洲軍総司令官大山元帥の命を受け、奉天軍政委員は諭告を発して釈放した。

「其レ宜シク例外ニ恩ヲ施シ、特ニ肆赦《ししゃ》（刑を軽くしたり、免除すること）ヲ行フベシ等ノ語アリ」

奉天においてこの恩恵に浴した者は四〇名であった。その中には、間諜嫌疑で抑留中の元康平知縣殷壽がいた。軍政委員から大山元帥の命令の趣旨を宣示したときは、終始低頭落涙し、宣示が終わるや跪坐叩頭し、感極まったようであった。鐵嶺において、この恩典により釈放された者は一四名であった。

第十三章のまとめ

■軍律及び軍律裁判の目的

軍律及び軍律裁判は、軍刑法及び軍法会議とは違う。

軍律は、戦争下において作戦地、占領地で主として自国民以外の国民を処罰するために、その地の最高指揮官によって設けられ、必要な裁判が行われ処分される。

軍律の目的は、有賀博士が指摘したように「外国に転戦する軍隊が自己の安全を保護する」ために設けられた。つまり、その軍隊の戦闘行動もしくは占領地行政を円滑に行う必要性から設けられたのである。

日本陸軍においては、日清戦争間の明治二八（一八九五）年二月二三日の「占領地人民処分令」に基づき初めて軍律裁判が行われた。

日露戦争においては、満洲軍としては統一の軍律規則は設けられず、各軍に委任された。その理由は、本章で述べてあるとおりだが、有賀博士は、「軍律の目的は処罰することにあるのではない。軍隊に有害なすべての行為を示すことによって脅かすことにあり」と述べている。

つまり軍律は「教育刑」的な性格を有するものである。あらかじめこのような事をすると、このような厳しい罰が待っているので、やってはいけない、と教えているのだ。

有賀博士が例示した軍律規定の案は、利敵行為の内容を示したものであり、現代においても検討すべき事項である。敵対する国民または一部の自国民に、例示されたことを行わせないよう、必要な手立て及び予防策を施すことが重要であることを教えてくれている。

■陸軍刑法に規定されている十一の罪

軍刑法は、自国の軍人、軍属を主たる対象としている。明治四一年四月の陸軍刑法には、十一の罪が規定されている。反乱、擅権、辱職、抗命、暴行脅迫、侮辱、逃亡、軍用物損壊、掠奪、俘虜及び違令の罪である。

軍刑法も、処罰することが目的ではない。教育刑である。軍隊が行動した場合、このような違反行為が生じると教えてくれている。

したがって、そのような行為に将兵が走らないように、指揮官は指導を徹底する必要がある。

軍隊が行う処罰は、違反者に対する報復ではなく、自国軍隊の安全、安寧を維持するための必要な措置なのである。

第十四章　休戦及び講和の交渉

一、満洲軍の休戦交渉

（一）休戦条款の締結

日露戦争の講和条約は、ポーツマスにおいて明治三八年九月五日午後三時五〇分に調印された。この調印に先立ち日露講和全権委員は、同年九月一日に左記の休戦条款を締結した。

下名の日露全権委員は、各本国政府より相当の委任を受け、講和条約の実施に至るまでを有効期限として、両交戦国間に左の休戦条款を協定したり。

第一条　満洲並びに豆満江方面における両国軍隊の間に一定の距離（区画地域）を定むべし。

第二条　両交戦国の一方の海軍は、他の一方の領土若しくは占領地を砲撃することを得ず。

第三条　海上の捕獲は休戦の為に停止せられることなし。

第四条　休戦期間中増援兵を戦地に派遣することを得ず。その派遣の途に在る者は、日本国にありては之を奉天以北に、露西亜国にありては哈爾浜（ハルビン）以南に送ること得ず。

第五条　両国陸海軍司令官は、前数条の規定に遵《したが》い、双方合意の上休戦の条件を決定すべし。

第六条　両国政府は本議定書を実施せむがため、講和条約調印後直ちに其の司令官に命令を発すべし。

一九〇五年九月一日ポーツマスに於いて

小村寿太郎

高平小五郎

セルジュ・ウィッテ
ローゼン

（二）満洲軍の交渉手続

九月六日、大山満洲軍総司令官は、休戦条款第六条の規定に基づき満洲軍の前面の露軍司令官と会合し、第五条に基づき休戦条件を定める旨の命令を受けた。

大山総司令官は、満洲軍参謀次長福島少将を代理人に指名し、全権委任状を交付し、交渉にあたらせた。全権委任状の骨子は次のとおりである。

・予（大山）は、日本皇帝陛下より日露講和全権委員が調印した休戦条款に基づき、満洲北部の戦線における休戦条件を露国軍司令官と協議し決定する権能を付与された。

・予は、満洲軍参謀次長福島少将を予の代理者に指名した。

・予は、福島少将に、露国軍の代表者と交渉し、予の承認を待つことなく直ちに効力を生ずる議定書に調印することができる全権を付与した。

大山総司令官は、満洲軍参謀田中中佐、同司令部付石上騎兵大尉、満洲軍副官田中大尉、通訳官荘司陸軍大学校教授及び国際法顧問有賀博士を、福島少将の随行員に命じた。

福島少将以下随行員は、九月八日、満洲鉄道で奉天を出発、軍使の会見地である第四軍司令部所在地の開原で一泊し、翌日、昌図停車場に進んだ。

まず福島少将は、参謀田中中佐を軍使として露軍の前哨線に派遣し、大山総司令官の書翰《しょかん》を露軍の前哨司令官に手交させた。書翰は英語で記述されており、その概要は次のとおりである。

「奉天一九〇五年九月九日

満洲に於いて露国軍司令官リネウィッチ将軍宛

一、ポーツマスにおいて日露講和全権の間に締結した休戦条款第五条で、同条款を執行する条件及び細目を定めることを両国陸海軍司令官の協定によると保留された。
二、日本皇帝陛下は、本官の指揮下にある軍隊の範囲内において、この件に関し談判する権能を本官に委任された。
三、本官は、このことを閣下に通報するとともに、本官の参謀将校の一人である福島陸軍少将を右談判のため本官の全権代表者に指名し、双廟子停車場の南方約十キロメートルの距離にある沙河子附近の停車場において閣下の代表者と会見することを提議する。
四、この提議に閣下が同意されれば、閣下も代表者を指名し、その官氏名及び会合の時期を通告されたい。
五、本官の代表者に与えた全権委任は、本官の承認を待たずして調印により直ちに効力を生ずる議定書に調印することにまで及ぶものである。
この機を利用して予の深き敬意を表する。

満洲軍総司令官　元帥侯爵　大山巌（自署）」

二日後の九月一一日、リネウィッチ将軍の回答が日本軍の前哨線に届いた。仏文での回答は次のとおりである。
「一、小官は、我が皇帝から休戦条件及び細目を定める旨の勅命を受けた。
二、我が協議委員の指名、彼我会見の地に関する協議に同意する。
参謀次長オラノウスキー少将をその委員とし、小官の承諾を要せず、休戦議定書に調印すべき全権を授けた。
三、同少将は、将校若干を随え、九月十三日午前十時沙河子に到着する」
福島少将は、大山総司令官からの電報による訓令を受け、オラノウスキー少将宛てに、九月一三日午前一〇時、沙河子停車場で会見することを伝えた。

（三）満洲軍の交渉

九月一三日、福島少将一行は、白旗を翻し、石上大尉が率いる騎兵一四名に護衛されて破壊された鉄道の線路沿いの道を前進した。沙河子停車場に近づくと、露国騎兵一名が露国軍使一行は間もなく到着することを伝えた。

そうするうちに、歩兵騎兵の混成集団が現れ、日本軍の前面二〇〇メートルの所に停止した。オラノウスキー少将は、幕僚及び通訳を従えて白旗を掲げて日本軍の方に近づいてきた。日本軍も少し前進して同少将を迎えた。

露天の道路上で白旗を掲揚して談判が開始された。談判は午前一〇時に開始され午後七時二〇分に終わった。

オラノウスキー少将は、かつて熊本大演習のとき、研修のため日本に派遣されたことがあった。ほかの露国士官同様にフランス語を話すが、この日はまったく外国語を知らないと述べ、各代理者は母国語で談判することに決まった（有賀博士は、これははなはだ遺憾なことだと批判している）。

したがって、福島少将は日本語で話し、田中中佐がこれを露語で通訳した。オラノウスキー少将は露語で話し、その通訳官のウラジオストック東洋語学校卒業生ワシケウィッチ氏が未熟な日本語で通訳した。

そして、重要な各問題に関する討論が終了するたびに、その結論を議定書の形式に起草することを、日本側は有賀博士に、露国側はワシケウィッチ氏に命ぜられた。

草案には、英語または仏語のような双方に通じる第三国語を用いることを禁じられたために、双方とも自国語を用いる必要があった。しかも日本語の草案と露語の草案とを正確に符合することは極めて困難であった。なぜならば、ワシケウィッチ氏はわずかに日本語の教科書を解することはで

（1）

（2）

（3）

（4）

（5）

（6）

（7）

（8）

西沙河子途上での休戦談判

（1）日露委員相近づく、（2）両委員の談判開始、（3）国際法事務係議定書を立案、（4）国際法事務係議定書の草案をもって福島派遣委員長の検閲に共す、（5）副官議定書を清写、（6）両委員の間に議定書に付き最後の談判を為す、（7）談判中の彼我将卒、（8）談判中の状況を撮影

きるが、日本語で議定書を作るための緻密な語法には慣れていなかった。

そのため、双方の意志を疎通するのに九時間以上を要したのである。その間に彼我の参謀将校は、地図の上に両軍の前哨線を確定する作業を行い、何ら支障をきたすことなく一致することができた。

長時間を要したものの協議した事項は決定し、調印された。

満洲における休戦に関する議定書は、五箇条の簡潔なものである。

第一条　満洲全部において戦闘を中止する。

第二条　本議定書と共に交換する図面に示したる日露両軍第一線の中間を以て離隔地帯とす。

第三条　両軍に一切の関係を有するものは如何なる口実を以てするに拘わらず離隔地帯に入るを許さず。

第四条　双廟子より沙河子に至る道路を以て両軍

間の公用道路とす。
第五条　本議定書は、一九〇五年九月十六日（露暦九月三日）正午時より効力を生ず。

(四) 休戦条款及び議定書の解釈

(ア) 休戦条款の解釈の齟齬

この交渉中、日露両国政府の間において休戦条款に関する解釈に相違があった。日本政府は、日本が休戦条款第四条により増援兵を奉天以北に輸送してはならない義務は、ポーツマスにおいて休戦条款に調印したときから始まると解釈した。

一方、露国は、増援兵をハルビン以南に動かしてはいけない義務は、満洲における休戦条件を協定したときにはじめて有効であると解釈した。

露国の解釈によるならば、休戦は日露陸海軍の司令官において条件を協定するときまで成立しないことになる。よって彼らは条件談判のときに至るまで引き続き増援軍をハルビン以南に輸送したことを、オラノウスキー少将は明言したのである。

有賀博士は、日本政府の解釈こそが唯一正当なものであると述べている。

(イ) 議定書の表現を簡潔にした理由

交渉に長時間を要したにもかかわらず、議定書ははなはだ簡単なものであり、このことについて有賀博士は次のように説明している。

交戦両軍が休戦中に為すべきことと、為すべからざることとを区別することは困難なことの一つであった。かつ近時の戦争における先例もまちまちであった。

よって、この点を決定する唯一の方法は、休戦条件の議定書そのものに明確に規定することにあった。

露軍代表者は、これに関し休戦中時々起こるべき問題を協議決定するため、両軍から委員を指名することを提議した。しかし、福島少将は実際は不便であると、これを拒否した。

したがって、残る方法は、議定書に綿密に規定するだけである。しかし、その条件が果たして遵守されるかどうかは疑問であった。

日本人の性格によれば、約束は必ず厳格に遵守されるが、露人が果たして誠実にこれを遵守するか否かを監視する方法がないのである。文明国間の戦争においては、この監視は少なくとも世論によって行われるが、満洲国は文明国人の耳目の及ばないところであり、どうしようのない面があったのである。

有賀博士は、この点から考察すると、福島少将がすべて綿密な規定を避け、戦闘を行うことと、奉天の北、ハルビンの南に増援軍を輸送することとを除くほか、両軍ともその前哨線内において何を行うのも自由にし、もって一切の面倒を避けられたことは、時宜に適う措置というべきであると評価している。

議定書によれば、すべての攻勢的及び防勢的行動は自由であり、その攻勢的行動が敵の戦線内に及ばないことを求めているだけである。

露国側において起草した議定書には、このことに関し詳細な規定を設けたが、日本全権は不要であると拒否したのである。

（ウ）第一条「戦闘」の意味

第一条は、「満洲全部における戦闘を中止す」と合意された。日露両国において、この戦闘という用語の意味について議論された。

露国の提議はすべて「敵対行為」を禁ずるというものであった。これに対し、日本は、およそ戦場において行うすべての行為を「敵対行為」と称することは難しく、漠然となる嫌いがある。このような曖昧な用語を避け、日本は「戦闘」という文字を使用することを主張した。

しかし、不幸なことに露語にはこの「戦闘」という文字と符合するものがなかったのである。

そこで露軍は「戦闘行為」という語法を用い、日本軍は「戦闘」を用いたのである。

この点、議定書本文には日露において相違がある。ただし、これは日本軍にとっては利益をもたらした。なぜならば、露軍はいっさい戦闘行為を行わないことを約束したのに対し、日本軍はただ戦闘を行わないことを約束したに過ぎないからである。

(エ) 離隔地帯の意味

離隔地帯を定めることについて着意したのは、防御線が著しく接近していた場合においては互いにいくらか後退させて衝突を避けるように努めたことである。

これは、一八七一年一月二八日の独仏休戦規約第一条「両交戦軍及びその前哨線は互いにその位置を分隔するため画したる線より少なくとも十キロメートルずつ退却すべし」を参考にした。

満洲軍の休戦においては、両軍の防御戦は接近しており、ある場所ではわずか三、四キロメートルというものであった。両軍ともその状態を維持した。

これは、第一線は綿密な防御工事を施し、かつこれを敵に秘匿しており、休戦中であっても陣地から離れることを望まなかったからである。

休戦中、満洲軍総司令部は、露国兵士が議定書第三条に背き、糧食を徴発するため離隔地帯内を徘徊しているとの報告をたびたび受けた。ただし、これは個人的な小違反であり、休戦の一般状況に影響するものではないため、日本軍は休戦条項違反として問題にはしなかった。

(オ) その他

露軍代表者は、日本の各軍と露国の各軍との間に休戦中の交通路を定めることを主張した。しかし、日本軍は、大山元帥の総司令部とリネウィッチ将軍の司令部との間を結ぶ沙河子から双廟子までの道路を交通路と定めることに同意したのみである。

これは日本軍においては、露軍と交渉する権能は、大山総司令官のほか何人にも特別の委任を受けた者はいなかったからである。

議定書の効力開始時期については、休戦条件に関するリネウィッチ将軍の命令が隷下各部隊に達するまでに時間を要するとのことで、九月一六日正午と定められた。

日本軍と占領地住民との関係については、休戦のためとはいえ何も変化はなかった。それは休戦前より露軍地域の住民ではないためであった。したがって、日本軍は、休戦前と同様に宿舎を徴発する権利を行使するとともに、軍律を適用したのである。

二、ポーツマス条約

(一) 条約の概要

明治三八年九月五日、ポーツマスで調印された日露講和条約及び追加約款は、同年一〇月一五日、批准され、翌日公布された。条約本文は一五箇条、約款は第三条及び第九条の運用解釈からなっている。条約本文の主要条項は次のとおりである。

第一条　日本国皇帝陛下と露西亜国皇帝陛下との間、及び両国並びに両国臣民の間に、将来平和及び親睦あるべし。

第二条　露西亜国政府は、日本国政府が韓国に於いて政治上、軍事上、及び経済上の卓絶なる利益を有することを承諾し、日本帝国政府が韓国に於いて必要と認むる指導、保護及び監理の措置を執るに当たり、之を阻害し又は之に干渉せざることを約す。

第三条　日本国及び露西亜国は互いに左の事を約す。

一、本条約に附属する追加約款第一の規定に従い、遼東半島租借権が其の効力を及ぼす地域以外の満洲より全然且つ同時に撤兵すること。

二、前記地域を除くの外、現に日本国又は露西亜国の軍隊に於いて占領し、又は其の監理の下に在る満洲全部を挙げて、全然清国専属の行政に還付すること。露西亜国政府は、清国の主権を侵害し、又は機会均等主義と相容れざる何らの領土上利益、又は優先的若しくは専属的譲与を満洲において有せざることを声明す。

第四条　日本国及び露西亜国は、清国が満洲の商工業を発達せしめんが為列国に共通する一般の措置を執るに当たり、之を阻害せざることを互いに約す。

（第五条〜第八条、略）

第九条　露西亜帝国政府は、薩哈嗹島南部及其の附近に於ける一切の島嶼並に該地方に於ける一切の公共営造物及財産を、完全なる主権と共に永遠日本帝国政府に譲与す。その譲与地域の北方境界は北緯五十度と定む。該地域の正確なる境界線は、本条約に附属する追加約款第二の規定に従い之を決定すべし。

日本国及露西亜国は、薩哈嗹島又は其の附近の島嶼に於ける各自の領域内に堡塁其の他之に類する軍事上工作物を築造せざることに互に同意す。又両国は各宗谷海峡及び韃靼海峡の自由航海を妨礙《ぼうがい》することあるべき何等の軍事上措置を執らざることを約す。

第十条　日本国に譲与せられたる地域の住民たる露西亜臣民については、其の不動産を売却して本国に退去するの自由を留保す。但し該露西亜臣民に於いて譲与地域に在留せむと欲するときは、日本国の法律及び管轄権に服従することを条件として、完全に其の職業に従事し、且つ財産権を行使するに於いて支持保護せらるべし。日本国は政治上又は行政上の権能を失いたる住民に対し、前記地域における居住権を撤回し、又は之を該地域より放逐すべき充分の自由を有す。但し日本国は前記住民の財産権が完全に尊重せらるべきことを約す。

明治38年10月30日、平街において撤兵及び鉄道受渡し手続きの談判（露軍の寝台列車内において）。右列手前から落合外務書記官、有賀博士、福島少将、荻野中佐、川崎大尉。左列手前から露国参謀ロマノフスキー、談判委員オラノウスキー、外交委員グラノウスキー、官訳ウイデム、官訳試補ワシケウィッチ。

（第十一条、略）

第十二条　日露通商航海条約は戦争の為廃止せられたるを以て、日本帝国政府及び露西亜帝国政府は、現下の戦争以前に効力を有したる条約を基礎として、新たに通商航海条約を締結するに至るまでの間、両国通商関係の基礎として相互に最恵国の地位に於ける待遇を与ふるの方法を採用すべきことを約す。而《しか》して輸入税、輸出税、税関手続、通過税及び噸税、並びに一方の代弁者、臣民及び船舶に対する他の一方の領土に於ける入国の許可及び待遇は、何れも前記の方法に依る。

（第十三～第十五条および追加約款、略）

(二) 条約の論点

有賀博士は、条約の問題点について詳細に論じるとすれば別に一巻の書が必要であるが、本書では法律上の課題四点についてのみ述べると前置きして、同『日露陸戦国際法論』で整理されている。以下その課題について要約する。

（ア）清国政府の承諾

条約の数箇条に「両締約国は前記規定に係る清国政府の承諾を得べきことを互いに約す」と規定している。しかし、清国は独立しており、承諾を与えるか否かについて完全な自由裁量権を有している。

したがって、このような約束は理論上何の価値もない。むしろ、第三国の独立を害するものとして、その無効を主張することもできるのである。

このような規定は、政治上の意味を持つと解釈するほかにはなにもない。もし、締約国の一方が清国の同意を得るために兵力を使ったとしても、ほかの一方は問題であると訴えることもできないのである、としている。

（イ）第四条

第四条は、日露両国は満洲の商工業を発達させる目的で清国が行う措置を妨害しないことを約束している。しかし、これは理論上は無意味である。

清国は独立国であり、このような措置を採る自由があり、他国がこれを妨害できないことは当然である。故に本条もまた、ただ政治上の意味を有するもののほかにはない。

日露両国は清国がハルビン、吉林及びその他の市府を外国通商に開放することを妨害しないということである。

（ウ）第十条

講学上最も批判されたのが第十条である。土地の割譲に関する近世の条約は、割譲地内の住民に一定の期限内に国籍を選択することを許し、この期限の終止以前にその従前の国籍を選択することを宣言しない者は、当然その土地の割譲を受けた国の国民になる条件を設けるのを例としている。

しかし、本条に規定しているのはこれと異なっている。日本に割譲された樺太南部の露国住民は日本国民となることなく、無期限に留まることができた。しかしながら、これはただ理論上の相違であるに過ぎない。実際上は、樺太のこの部分に住居する者はすべて罪人であり、政治上または行政上の権能を失った者であり、日本は本条末文によってこれら住民を追放することができるのである。

（エ）第十二条

国際法上最も重要な価値を有するものが通商条約に関する第十二条である。そもそも通商条約は、戦争によって消滅するものであるか否かは、国際法において不定の課題である。多くの著述家は、戦争によって消滅するものではないと主張している。

しかしながら、実際はその反対である。かつて一八七〇年にフランスとドイツ各邦との通商条約がなお有効であったにもかかわらず、戦争が起こったことによってジュール、ファーブル（フランスの都市）は講和交渉において莫大な軍事費賠償をドイツに支払わされたことにより、大変な打撃をこうむった。

このため、フランスは財政状態の改善策として関税率を上げようとして、従前の通商条約は戦争によって消滅したと主張した。

これに対しビスマルクは、はじめはこの理論に反対したが、のちに譲歩してフランクフルト講和条約第十一条に「ドイツ各邦との通商条約は戦争により消滅したるに付き、ドイツ政府及びフランス政府は最恵国条款の下における互恵待遇主義を以て相互通商関係の基礎と為すべし」と規定した。

また、日清戦争時の下関講和条約第六条も同様の原則によって行われた。つまり「日清両国間の一切の条約は交戦のため消滅したれば、清国は本批准交換の後速やかに全権委員を任命し、日本国全権委員と通商航海条約及び陸路交通貿易に関する約定を締結すべきことを約す」と規定した。

ポーツマス講和条約において同様の問題について、マルテンス博士の意見を徴《ちょう》したところ、同博士は慣例によれば講和条約中、特に一条を設け、戦争前に存在した諸条約は再び実施されるべき旨を規定することとなっていると説明した。

これに対し小村全権は、特に明言する必要があるということは、すなわち、明言ない場合はそれは消滅することを証明するものであると述べた。その結果、結論は消滅したものとすることに決したのである。

このように、近世の三大戦争においてこの問題の帰結するところは同一であることをみれば、今日まで著述家の多数が支持してきた議論は、まったく放棄された、と有賀博士は断言しているのである。

第十四章のまとめ

■重要な交渉場所の選定

休戦条款に基づく満洲軍の現地における交渉は、日本軍主導で行われた。

『日露陸戦国際法論』には、条款第五条に基づく満洲軍としての準備案は記述されてはいない。しかし、交渉に臨むに際して、有利な条件で締結できるように周到な準備を行ったことは間違いない。

合意した議定書は五箇条、しかも簡潔な文言で、必要な要素をみな満たしている。

条項数及び内容において、軍隊の合意とは、かくあるべし、との典型といえるのではないかと思う。相互の認識が共有できれば、このようになるのである。

ポーツマス条約の政治的、経済的な配慮をもったものと比較すると、簡潔、明瞭である。

交渉場所の選定も重要なことである。旅順開城規約交渉の初めの段階では野外で行われたが、今回も日露両軍兵士の監視下ともいえる野外で行っている。

交渉そのものに反発する者がいないとは限らない。屋内、屋外いずれが安全な状態での交渉が可能なのか、その時、場所によって決定されるのであろう。

この当時、日露両軍ともこの時を待ち望んでいたことであり、また、騎士道の精神が色濃く残っていたこともあり、野外で、警備兵の配備もほとんどない状況で安全に行われたと思う。

■条約遵守の原則

条約の遵守の原則は、ローマ時代以降、格言ともなっている「合意は守られなければならない（pacta sunt servanda：パクタ・スント・セルヴァンダ）」である。同言は、条約法に関するウィーン条約（一九六九年）第二六条の見出しにも用いられている。

そして、その合意された内容の解釈にあたっては、「文脈によりかつその趣旨及び目的に照らして与えられる用語の通常の意味に従い、誠実に解釈するものとする（同条約第三一条）」である。

したがって、条款第四条の解釈に日露両軍に齟齬があったが、その趣旨、目的に照らすと日本軍の解釈が妥当であろう。

ポーツマス条約に関しては、有賀博士は交渉に参加されておらず、条約の問題点について分析して論じられている。もし、同博士が参加されていたら、どのように発言されたのか興味あるところではある。博士が指摘されたなかで、領土割譲と通商条約の消滅については、現代社会においても課題であり、指摘された内容は有益である。

あとがき

現代は戦争違法化の時代ですが、現実の国際社会において、武力紛争は絶え間なく起きています。

一九四五年に国際連合を創設し、集団安全保障体制の下、世界の平和と安全を維持するという理想はもろくも崩れさったのです。

武力紛争の形態も大きく変化しています。国対国の伝統的な戦争から、植民地の独立・民族解放戦争、独立国家における内戦・内乱、民族・宗教間の対立からの紛争、国際テロリストによる国家・住民に対する攻撃などさまざまな形態の紛争が生じています。

しかし、武力紛争の発生の原因の如何にかかわらず、その戦闘による惨禍を最初にこうむるのは、一戦闘員であり、一非戦闘員・一般住民であるという事実は変わりません。

ここで、課題となるのは、武力紛争時に適用される条約の効力です。

条約は、基本的には国家対国家の戦闘に適用されることになっています。

現在、国際社会を脅かしている国際テロ集団には適用されないどころか、条約があり、戦闘にはルールがあるという認識が彼らにあるのかどうかも疑問です。

そのような認識がないゆえに、ソフトターゲットという戦闘弱者・民間施設を標的とするようなことができるのでしょう。

このような時代に、既存の武力紛争法は無力、無効なのでしょうか？

私は、決して無力、無効ではないし、また、そのような無法状態にしてはならないと考えています。機会あるごとに武装集団に向けて発信し、戦闘のルールを知らしめることが必要であると思います。

無知ゆえの悲劇を繰り返させてはならないのです。人道の精神に立って、条約の趣旨を理解し、準用して行動することを求めていくべきです。


我が国は、平成一五年に我が国に対して武力攻撃があった場合の基本法である「武力攻撃事態対処法」を、翌一六年に国民の生命・身体・財産を守り、生活の安定施策を定めた「国民保護法」を制定しました。これにより我が国が武力攻撃を受けた場合の国内法上の対処の枠組みは整備されました。

しかし、それら関連法制に基づき国を挙げての対処訓練を計画、実施したことはありません。訓練を通じて学ぶことは多くあるにもかかわらずです。

我が国の防衛政策の基本は専守防衛です。専守防衛とは、端的にいえば我が国土を戦場として戦うということです。いわゆる一般住民と戦闘員が混在している場所での戦いです。したがって、一般住民と戦闘員は、武力紛争法（国際法）で定められたそれぞれの権利及び義務を知っておく必要があります。戦闘間、それぞれの立場で、できること、できないことを理解して行動することです。これも訓練を通じて普及徹底していく必要があります。

武力攻撃が発生した場合は、国内法と国際法を適用して対処していかなければなりません。しかし、我が国における国会、マスコミ等の論議を聞いていると国内法偏重であり、敵も我が国の法律を守って行動することを期待しているふしがあります。敵国（軍）との間においては武力紛争法（国際法）のみが適用され、国内法ではないのです。

したがって戦闘員である自衛官の方々は、特に武力紛争法を熟知しておくことが求められています。本書で紹介した先例は、ほとんど部隊では教育をし、訓練することがないものが多かったと思います。その理由としては、例えば攻撃の訓練では、敵部隊を駆逐し、目標地域を奪取・確保までを行うこととしているからです。これは他国の軍隊も同様だと思います。しかし、戦闘は第一の目標を奪取した後からが、やるべきことが多く出てくるのです。

本書では、敵が掲示した白旗への対応、降伏してきた敵兵の取扱い、残置された傷病兵の保護・後送、遺体の処理、軍使が派遣された場合の対応、降伏勧告の要領、部隊単位で降伏してきた敵部隊の武装解除・捕虜手続・捕虜収容所への後送、捕虜収容所における管理、休戦手続の要領などを紹介してきました。

戦場における実相が理解でき、一般の訓練ではやや実施困難な事例を紹介してきました。教育訓練の参考にして頂ければ幸いであります。

最後に、武力紛争法に対する関心度は全般に低いと思っています。イザというときに適切に対応できるよう学校教育の課目へ導入するなど、普及措置を図って欲しいと願っています。

本書で紹介した日露戦争当時の大日本帝国政府及び陸海軍の国際法遵守施策が、今後の施策検討の資となれば幸いであります。

平成二八年六月

佐藤庫八

佐藤庫八（さとう・くらはち）
1950年長崎県生まれ。元陸上自衛隊幹部学校防衛法制教官。1969年陸上自衛隊に入隊。1976年中央大学（法学部）卒業後、幹部自衛官として採用。94年から2005年まで陸上自衛隊陸上幕僚監部法務課法規班（02年から05年まで法規班長）に所属し法務職域に従事。有事関連法制等の整備に携わる。2006年2月定年退官、その後、再任用自衛官として任用され幹部学校教官として2015年2月まで勤務し再退官。現在、学校法人加計学園千葉科学大学危機管理学部教授。防衛法学会理事。

「日露陸戦国際法論」を読み解く
―武力紛争法の研究―

2016年６月25日　印刷
2016年７月10日　発行

著　者　佐藤庫八
発行者　奈須田若仁
発行所　並木書房
〒104-0061東京都中央区銀座1-4-6
電話(03)3561-7062　fax(03)3561-7097
http://www.namiki-shobo.co.jp
印刷製本　モリモト印刷
ISBN978-4-89063-341-8